욕구코칭

아이들과 욕구로 통(通)하다

이해되지 않는 아이들을 수용할 수 있는
새로운 방법, 욕구로 알아가기

욕구 코칭
아이들과 욕구로 통(通)하다

초판 4쇄 2023년 5월 10일
발행인 김성경
저자 김현섭, 김성경
교정 및 윤문 연상미
디자인 문상은, 임누리
발행처 수업디자인연구소 www.sooupjump.org
도서 구입 및 기타 문의 변미정 / 031-502-1359 / eduhope88@naver.com
주소 경기도 군포시 대야2로 147, 2층 201호
정가 17,000원
ISBN 979-11-958100-3-1

들어가며

수업에서 학생들이 어떻게 하면 적극적으로 참여할 수 있을까?

필자가 오랫동안 수업 혁신 운동에 참여하면서 가졌던 질문이다. 그런데 이러한 학습 동기 유발 문제를 연구하면서 깨달은 것은 이것은 교육학 영역을 넘어 심리학 영역의 문제라는 것을 알게 되었다. 인간의 행동과 그 원인을 알아야 행동의 변화를 추구할 수 있는데, 결국 행동의 근본 동기는 욕구라는 것을 알게 되었다. 욕구를 이해하지 않고서는 인간의 행동을 제대로 이해할 수 없다는 것이다. 학습 동기 유발을 고민하다가 욕구에 관심을 가지게 되었다.

　우연히 상담을 전공한 아내를 통해 현실 치료의 욕구 이론을 접하게 되면서 수업과 욕구의 연관성에 대하여 연구하기 시작했다. 처음에는 수많은 욕구들 중 기본 욕구로 왜 5가지를 제시했을까, 문제 행동을 욕구의 역동 관점에서 어떻게 이해할 것인가 등등 많은 질문이 생겼다. 그런데 이러한 욕구에 대한 질문에 대해 연구할수록 그 매력에 푹 빠지게 되었다. 문제 행동을 해결하는 데 있어서 즉각적인 해결책 제시보다 그 원인을 제대로 분석하는 것이 먼저이다. 원인을 잘 분석해야 그에 맞는 적절한 해결 방안을 찾을 수 있기 때문이다. 무엇보다 여기에서 제시하고 있는 욕구 이론은 생각보다 이해하는 데 어렵지 않다. 누구나 손쉽게 이해할 수 있고, 이를 잘 활용하면 현실의 갈등 문제를 해결하는데 큰 도움이 된다.

사람들은 왜 공부를 해도 변하지 않을까?

20여년 동안 수많은 학부모들과 육아모임을 했고 부모교육을 해 왔다. 또 교사로서 아이들을 만나면서 교사교육도 함께 했다. 그러면서 늘 물음표로 남는 것이 있었다. 다들 좋은 교사, 부모가 되길 원하고, 아이들과 소통하길 원하고 아이들을 잘 이해하길 원했다. 그래서 대화법이나 아이들을 대하는 법에 대해 찾아다니면서 배운다. 그러나 며칠 지나지 않아 다시 도루묵이 되는 경우를 너무나 많이 보아 왔다. 무던히 애쓰고 또 배움의 길을 가는데 잘 변하지 않는 것이다.

'원하는 만큼 잘 변하지 않는 이유가 무엇일까?' 그렇게 고민을 하다가 알게 된 것은 스킬이나, 노하우로는 한계가 있다는 것이다. 방법을 아는 것으로는 기껏해야 하루 이틀 이상 가지 않는다. 물론 하루 이틀이라도 아이들에게 잘 한다면 그게 어디냐마는 늘 아쉬움은 남았다.

시간이 지나면서, 가치관이나 보는 눈의 전환이 필요하다는 것을 깨닫게 된다. 아이를 보는 관점에 따라 대하는 태도가 달라진다는 것이다.

이런 관점의 변화를 돕는 여러 요인들이 있겠지만 필자는 욕구라는 주제를 만나면서 이것이 '사람을 새롭게 보는 관점'이 된다는 것을 깨달았다. 그래서 연구하게 되었고, 학부모나 교사대상 강의 및 모임을 하면서, 욕구라는 주제 자체가 가지는 위력을 보게 된다. 특히 교사들이 난감해 하는 아이들을 욕구로 보는 순간, 부담이 아닌 자신감으로 접근하게 되는 사례들을 보면서 욕구를 본다는 것이 문제해결에 있어 얼마나 큰 열쇠인지를 보게 되었다.

교사나 부모가 잘 변하지 않는 이유는, 아이를 보는 눈이 변하지 않았기 때문인 것이다. 욕구로 이해할 수 있으면 아이를 보는 눈이 바뀌게 되고, 마음도 달라져서 대하는 태도가 달라질 수 밖에 없다. 나아가 새로운 시야는 아이들의 변화로 이어질 수 있다.

욕구로 통(通, 痛)하다

욕구는 충족되지 않으면 고통의 이유가 된다. 욕구 자체가 고통을 주지는 않지만 자신이 처한 상황과 잘 부합되지 못하는 경우 욕구가 채워지지 않기 때문에 고통이 오는 것이다. 거절당해도 괜찮다고 여기는 상태에서 거절을 당한다면 문제가 될 것이 없다. 수용해 주기를 간절히 원하는 상황이라면 거절은 큰 상처로 남는다. 이처럼 내가 원하는 것이 있느냐, 없느냐, 혹은 강도가 어떠하냐에 따라 갈등이나 고통은 달라진다.

또 충족되지 못한다는 사실을 알면서도 그 욕구와 목표를 놓아버리지 못할 때도 고통이 생긴다. 충족되지 못한다는 사실은 너무나 큰 고통과 절망을 주는데 이로 인해 감정이 폭발하여 공격적이 되거나 과도한 감정 표현을 드러내게 되어 관계를 어렵게 만들기도 한다.

모든 사람들은 욕구를 가지고 있고, 자신의 욕구에 따라 행동한다. 그런데 그 욕구가 채워지면 행복하다고 느끼지만 그 욕구가 채워지지 않으면 행

복 만족도가 낮을 뿐 아니라 욕구가 억압된 상태에서 문제 행동으로 나타난
다. 그러므로 인간 내면에 감추어진 욕구를 이해하지 않으면 행복한 삶을 살
수 없다.

　욕구를 이해하는 데 있어서 우리는 두 가지 선택지 앞에 있다. 욕구로 소
통할 것인가? 욕구로 고통을 받을 것인가?

윌리엄 글라써와 아들러가 만나면

이 책은 현실 속 교실 갈등 문제를 욕구 관점에서 본격적으로 접근하였다.
즉, 욕구의 의미와 중요성, 기본 욕구, 욕구 갈등과 역동, 욕구 다루기, 욕구
코칭, 격려와 질문하기, 욕구 수업 등을 다루었다.

　이 책은 욕구 문제를 다룸에 있어서 윌리엄 글라써와 아들러의 심리학 성
과를 기반으로 하여 집필하였다. 현실치료의 선택 이론과 욕구 이론, 아들러
의 개인주의 심리학과 행복 훈육, 그리고 코칭 이론에 기반을 두어 현실 속의
다양한 욕구 문제를 다루었다.

　특히 교실에서 교사들에게 필요한 교실 갈등 문제를 욕구 관점에서 해결
할 수 있도록 구성하였다. 먼저 이 책을 통해 교사들이 자신의 내면을 이해
하는데 도움이 되길 희망한다. 왜냐하면 나를 잘 알아야 학생도 잘 알 수 있
기 때문이다. 교사 입장에서 잘 이해가 가지 않는 학생들의 문제 행동도 욕
구의 관점에서 바라보면 이해할 수 있다. 학생들의 욕구를 잘 알고 그에 맞게
접근하면 학생들의 문제 행동도 변화시킬 수 있다. 여기에서 제시하고 있는
욕구 코칭의 접근 방법들과 다양한 기술들을 교실에서 실천하면서 현실적인

교실 갈등 문제를 잘 풀어나가길 소원한다.

이 책을 통해 교사 자신을 이해하고, 아이를 이해하는 열쇠 하나를 얻을 수 있기를 소망한다. 이 책이 나오기 까지 많은 분들의 도움을 받았다. 그중에서도 현실치료와 심리 상담적인 면에서 배움과 도움을 주신 심리상담센터 쉼의 곽은진 교수님과 아들러 이론을 만날 수 있었던 한국 아들러 심리협회 전종국 교수님과의 만남에 감사를 드린다. 그리고 그동안 욕구 문제를 함께 고민했던 욕구코칭연구소의 연구회 선생님들에게도 감사하다. 욕구 코칭 강의를 통해 만난 많은 분들이 우리의 스승이었고 배움의 장이었다. 그분들에게 감사를 드린다. 함께 하는 (사)교육디자인네트워크를 통해 여러 선생님들과 함께 교육 문제를 고민할 수 있어서 늘 힘이 된다. 무엇보다 수업디자인연구소와 부모교육디자인연구소(욕구코칭연구소)가 함께 연구하며 이 책을 집필할 수 있게 되어 감사하다.

자녀인 하림이와 예준이가 이 욕구코칭에 대해 많은 관심을 가져 주었고 가정에서 함께 토론할 수 있어서 더 깊은 이해의 장이 되었다. 고마움을 전한다. 무엇보다 하나님께 감사드리며 ……

2018년 5월 1일
김현섭, 김성경

추천사

김현수 (명지대 교수, 청소년 정신과 전문의, '교사 상처' 저자)

　'아이들의 숨은 욕구를 찾아내라! 그리고 아이들의 욕구에 부합되게 해결하라!' 윌리엄 글라써의 욕구이론에 기초한 새로운 솔루션 기법, 욕구 코칭! 현실치료라는 치료적 전통과 경험에 기초한 글라써 이론에 기반해 아이들을 위한 또 하나의 교육적 다리가 놓아져서 기쁜 마음이다. 이 책은 윌리엄 글라써의 욕구 이론을 통해 아이들의 욕구를 발견하여 건강하게 펼칠 수 있는 안내 지도를 제시하였다. 부디 교실 갈등 문제를 해결하는데 있어서 큰 도움이 되길 바란다.

김정태 (좋은교사운동 공동 대표)

　이 책을 덮으면서 참 많은 아이들이 떠올랐다. 동시에 지나온 교사로서의 내 모습이 여러 장면으로 보였다. 솔직히 언젠가부터 '욕구'가 채워지지 않은 아이의 마음은 그 무엇으로도 움직일 수 없다는 것을 교실에서 느끼고 있던 터였다. 분명 '욕구 코칭'을 만나는 선생님은 교실 속 수많은 아이들 중에 특별히 힘든 한 아이를 이해하는 강력한 무기 하나를 얻은 것이다.

김성환 (PDC-KOREA 대표, 미국 긍정훈육 협회 대한민국 1호 트레이너)

아이들의 행동보다 보이지 않는 아이들의 욕구에 주목한 책! 결국 행동을 이끄는 욕구를 주목하고 그 욕구를 발견하고 이끌어주는 이야기를 윌리엄 글라서의 욕구이론, 아들러 심리학, 긍정의 훈육에 기반하여 쉽게 풀어 쓴 부분이 참 인상적이다. 특히 이론 뿐 아니라 카드를 활용한 실습이나 욕구 강도 프로파일 등을 수록하여 실질적이고 현장성을 갖춘 책이다. 학생, 자녀와의 관계에서 어려움을 겪고 있는 교사와 부모에게 이 책을 추천한다.

박숙영 (회복적생활교육센터 소장, '회복적 생활 교육' 저자)

그동안 교사의 관심은 '어떻게 학생들을 잘 통제할 수 있을까?'에 맞춰져 있었다. 하지만 이제 교사의 관심과 질문은 '학생들의 필요와 욕구는 무엇인가?'로 변화되어야 한다. 학생들의 욕구를 알아차리고 공감할 때, 교사는 학생을 교육의 대상이 아닌 존재 자체로 만나게 된다. 이 책은 학생들과 마음으로 연결되고자 하는 교사들에게 좋은 안내서가 될 것이다.

곽은진 (심리상담센터 쉼 소장)

인간 행동을 선택하게 되는 욕구와 교육을 접목시킨 실질적인 관계 지침서이다. 교육에 대한 새로운 관점과 실제적인 방법을 제시하고 있어서 아이 문제 뿐 아니라 인간 관계에 폭넓게 적용할 수 있다. 관계 문제로 고민하는 교사나 부모들에게 좋은 길잡이 역할을 할 것이다.

박재원 ((사)아름다운배움 행복한공부연구소 소장)

이미 '사람'을 이해하고 바람직한 방향으로 나아가도록 돕는 '방법론'들이 많이 소개되어 있다. 이 책이 담고 있는 '욕구 코칭'이라는 아주 훌륭한 방법론을 알게 되어 기쁘다. 곳곳에서 벌어지는 갈등의 현장에서 크게 쓰일 것이다. 가치의 발견과 실천하는 방법까지 훌륭한 방법론을 완성한 두 분 저자에게 고마운 마음이다.

김성은 (한국아동상담센터 부소장, '아이가 원하는 사랑을 주세요' 저자)

학교 갈등 사례들로 상담하다보면 교사가 생각하기에 교육적인 방법이 실제로는 학생들과의 갈등을 오히려 키우는 경우를 종종 본다. 교사가 자신의 욕구와 학생의 욕구를 조금이라도 알면 좀 더 수월하게 갈등 문제를 해결할 수 있으리라 생각한다. 교사와 학생의 욕구를 이해하는데 도움이 될만한 책이 나와 기쁘다.

김연진 (성결대부속유치원 원장, 유아교육디자인연구소 대표)

진부한 이론서가 아니다. 아이들의 내면 세계로의 경쾌한 여행이다. 여행 중 만나게 되는 아이들의 욕구를 비로소 교육적 요소로 이끄는 단초를 제공한다는 점에서 특별하다. '욕구 코칭', 숨겨진 아이들의 내면을 관찰하고 이해를 바탕으로 교육하는 행복한 교실 만들기의 또 다른 지평이다. 내면의 모호성을 명료하게 풀어 코칭의 방법론을 제시한 고마운 책이다.

조선미 (감성수업연구회, '마음의 힘을 기르는 감성 수업' 저자)

들어가는 시작 문장부터 마지막 끝나는 문장까지 꼼짝하지 않고 한숨에 읽었다. 몇몇 사례에 나오는 아이들 모습에서 아직도 마음생채기로 남아있는 우리 반 제자의 행동이 떠올랐다. 그 아이와 나의 욕구를 알아차리지 못했기 때문에 아팠던 시간들에서 한참을 머물러 있어야 했다. 교육학을 넘어 심리학에서 답을 찾아낸 욕구코칭 책을 마음 아파하는 선생님, 학부모님들 두 손에 가만히 쥐어주고 싶다. 아이들과 마음이 통(通)하는 마법이 펼쳐질 것이다.

김은주 (어세스타 심리평가연구소 소장)

　아이들은 곧잘 어른들이 자신을 이해하려고 조차 하지 않는다고 한다. 반면 교사나 부모는 아이들을 이해하려고 해도 도통 이해되지 않는 행동으로 인해 어찌 해야 할지 오히려 난감하다고 한다. 욕구 코칭은 서로의 이해가 달라 생기게 되는 다양한 갈등상황에 대해 겉으로 드러난 행동 그 자체가 아니라 그 행동의 원인이 되는 욕구에 초점을 두고 구체적인 해결 방안까지 제시하고 있다. 아이들의 행동변화를 위해 우선 아이들부터 진심으로 이해하고자 하시는 모든 분들에게 이 책을 권한다.

차례

1장

왜 욕구인가?

욕구의 중요성

욕구는 행동하게 하는 힘이다.

모든 행동에는 욕구가 있다. 욕구는 행동하게 한다. 모든 사람은 욕구가 바탕이 된 목표가 있고 그 목표가 행동하게 하는 힘이 되는 것이다. 욕구를 충족하려고 노력했을 때 이루어 졌던 행동들은 우리속에 저장된다. 윌리엄 글라써는 이것을 '좋은 세계'라고 했지만 좀 더 이해하기 쉽게 필자는 '욕구충족방법 저장소'라고 부르겠다. 특히 어릴수록 욕구 충족의 방법이 옳은지 그른지에 대한 파악보다 욕구가 충족되었는지가 먼저이기 때문에 부적응적인 행동임에도 불구하고 욕구가 충족되었던 방법을 계속 하게 된다. 그만큼 욕구를 충족한다는 것은 인간에게 절대적인 영역이다.

　예를 들어 어떤 학생이 친구들에게 인정을 받고 싶은 욕구가 있는데 수업 시간에 웃기는 행동을 하면서 친구들의 이목을 집중하고 친구들을 웃게 만드는 경험을 했다. 이 경험은 욕구 충족 방법 저장소에 기억되어 그 후부터 수업 시간에 기회가 있을 때마다 친구들을 웃기는 행동을 하게 된다. 물론 선생님에게는 수업시간에 엉뚱한 행동을 한다고 혼이 난다. 또 다른 예를 들면, 성적 때문에 스트레스를 많이 받던 학생이 몰래 담배를 피웠더니 좀 기분이 좋아졌다. 그래서 그 다음에도 또 담배를 피우게 된다. 이 학생의 욕구 충족 방법 저장소에는 흡연이 스트레스를 해소하는 괜찮은 방법으로 저장이 된 것이다. 이로 인해 마음에 평화를 찾고 싶은 욕구가 올라오면 담배를 찾게 된다.

　이렇게 내가 원하는 것을 얻기 위해 한 행동이 적절치 않다면, 욕구를 충족하면서도 사회에서 수용되는 적절한 방법을 찾아 저장소에 새롭게 새겨넣는 방법이 필요하다. 이 방법을 찾아가는 과정이 욕구 코칭의 과정이다.

감정은 욕구에서 나온다.

감정은 욕구에 대한 평가에서 기인한다. 즉 욕구를 충족하기에 좋다고 느끼거나, 충족되었다고 판단하면 행복, 만족, 기쁨, 즐거움 등의 감정이 나타난다. 반대로 욕구를 충족하기에 어렵다고 여기거나 채워지지 않으면 슬픔, 불안, 분노 등의 감정이 나타나게 된다.

감정의 뿌리는 욕구인 것이다. 그러나 관계 속에서는 감정이 부각되어 부딪힌다. 그러다 보니 감정 코칭 등으로 감정을 통해 아이들을 돕는 이론이나 방법이 많이 나왔다. 감정코칭은 우리 사회에 대중화되었다고 해도 과언이 아니다. 이를 통해 많은 관계들이 회복되고 도움을 받아왔다. 여기에서 감정의 근원인 욕구를 보는 욕구 코칭의 단계가 나아갈 수 있다면 더 깊은 관계가 될 수 있다. 한편 문제 행동이나 갈등의 뿌리를 볼 수 있다는 면에서 갈등 해결에도 적절한 방법이 된다. 그런 면에서 욕구코칭은 핵심을 다루는 것이다.

그러므로 '저 아이가 원하는 것은 무엇일까?' 하고 욕구, 즉 감정의 뿌리가 무엇일지 생각해 보는 것은 우리의 관계 속에서 아주 중요한 부분이다. 욕구를 알면 수용할 수 있기 때문에 욕구를 궁금해 하는 것은 관계성 훈련으로도 탁월한 부분이다.

욕구를 아는 것은 나를 아는 것이다.

때로는 자신의 감정과 욕구도 모른 채 막연하게 불편하고 힘들고 불안한 시간을 보내는 아이들이 많다. 사실은 교사들도 마찬가지이다. 우리 나라의 문화는 자기가 진짜 원하는 것을 잘 모르고 자란다. 남에게 보이는 것이 중요하기에 욕구에 마음을 집중하기가 어려운 것이다. 교사 혹은 엄마들과 활동을 하다 보면 자신의 욕구 찾기를 무척 힘들어 하는 경우가 많다. 그러나 자신의 욕구를 아는 것은 중요하다.

　얼마 전 한 가수의 이야기를 들었다. 가수로서 뜨는 듯 했지만 오랜 기간 제자리만 맴돌아 피신하듯 외국으로 갔다. 한동안 외국에 있었지만 괴로움이 사라지지 않았다. 그러다 엄마가 물었다. "네가 가장 즐거울 때가 언제니?" 생각해 보니 무대에서 노래할 때가 가장 즐거웠다는 것을 생각하게 되었다. 자신의 가장 중요한 욕구가 무엇인지를 알게 되는 순간 다시 돌아갈 용기가 생겨 그녀는 돌아왔다. 힘든 여정이지만 자신이 정말 원하는 것을 알기에 용기를 잃지 않고 지속하다 보니 무대에서 노래하며 사람들에게 인정도 받게 되었다.

　이처럼 욕구를 아는 것은 진정한 나를 아는 길이 된다. 뭔가 복잡하고 정리되지 않은 상황 속에서, 나의 욕구를 알면 길이 보일 수 있다.

　때로는 진로를 결정하지 못한 사람들도 가장 큰 욕구를 알면 방향이 보일 수 있다. 생존의 욕구(상식적, 안전, 규율)가 낮고 자유의 욕구가 높은 사람이라면 틀이나 규율에 매여 있는 쪽의 일은 맞지 않다. 사랑의 욕구가 높은 사람이라면 사람들을 만나는 일이 적절할 수 있다. 즐거움과 배움의 욕구가 높은 사람은 공부하는 쪽이 적절할 수 있다.

　무엇보다 나를 먼저 알면 상대방을 더 깊이 알아갈 수 있다. 내 자신의 욕구를 파악하고 존중할 수 있어야 다른 사람의 욕구에 관심을 가질 수 있는 힘이 생기게 되는 것이다.

욕구를 아는 것이 진정한 상황 파악이다.

초등 3학년 평우에게 갑자기 안하던 행동이 시작되었다. 감기가 걸린 것이 아닌데도 가래가 끓는 것처럼 목을 긁는 소리를 자주 낸다. 한 쪽 어깨를 앞으로 내밀기를 반복하고 턱을 아래로 힘주어 내리는 행동도 보인다. 틱으로 보인다. 놀라서 아이를 만나 이야기를 나눈다. 갑자기 엄마가 여러 가지 과제를 하라고 해서 잘 안 되는 부분인 수학이나 글쓰기를 매일 매일 하기로 해서 싫지만 하고 있다고 한다. 그리고 엄마를 따로 만났다. 틱에 대해 묻자 어떻게 해야 할지 고민 중이라 병원에 가 봐야겠다고 한다. 틱이 심해지면 학습적인 부분이 오히려 더 늦어질 수 있다는 것도 나누면서 평우가 정말 원하는 것이 무엇일까 그리고 아이를 정말 위하는 길은 뭘까 함께 생각해 보았다. 아이가 자유의 욕구가 강한 아이이며 강압적인 부모의 분위기는 표현하기 어려운 고통이었기에 틱으로 나타났음을 파악하고 하기로 했던 과제를 내려놓기로 합의를 봤다. 이렇게 가정에서 분위기를 풀어주고 났더니 며칠 후 틱 증상이 확 줄어 있었다.

　욕구를 안다는 것이 문제의 중요한 핵심 키워드를 발견하는 부분이 되는 것을 보게 된다. 막연한 우울감, 불행감이 있는데 그것이 어떤 욕구로 인해 나타나는 것인지 알게 되면 함께 노력해 나갈 방법을 찾아갈 수 있다.

　사실 모든 행동 속에는 욕구가 있고, "그냥~" 이라고 이야기하더라도 이유는 있다. 바로 찾기가 어렵고 가려 있어서 잘 모를 뿐이다. 그래서 아이의 행동에 대해 왜 그런지를 안다는 것은, 욕구를 아는 것이라고 할 수 있다. '엄마가 아파서 그래' 정도의 원인 파악이 아니라 '엄마가 아프다 보니 돌봄을 받고 싶은 욕구가 충족이 되지 않아서 그래'라는 핵심을 파악하는 것이 필요하다.

　'학원가기 싫어서 딴짓 하는 거야' 가 아니라 '외로워서 친구들과 함께 하고 싶은데 친구들과는 시간이 안 맞아서 학원을 안 가게 되는 거야' 라는 마음의 근원을 파악하는 것이 필요하다. 욕구를 아는 것이 핵심을 아는 것이다.

욕구를 채우지 않고 억압하면 문제 행동이 나타난다.

고등학교 2학년 학생인 명석이는 엄격한 어머니 양육 스타일로 인하여 어렸을 때부터 사교육을 많이 받아왔고, 성적도 상위권이었다. 그런데 고2가 되면서 그 이전처럼 열심히 공부했는데도 불구하고 성적이 점차 하락하기 시작했다. 그러다가 명석이가 갑자기 자퇴를 하겠다고 말했다. 명석이 어머니는 놀라서 명석이와 이야기를 하였지만 잘 해결되지 않아 담임교사와의 상담을 요청했다. 그동안 명석이는 성적을 위해서 자유와 즐거움의 욕구를 누르면서 지내왔지만 욕구억압이 오래되다 보니 스트레스가 많이 쌓여 있었고, 성적까지 하락하자 자신감마저 상실하여 극단적인 방법을 선택한 것이다.

욕구가 채워지지 않으면 내면이 무너지기 쉽고, 다른 사람을 배려할 수 있는 여유도 사라진다. 중독 현상도 이러한 맥락에서 이해할 수 있다. 중독 현상은 어떤 것에 집착하면서 그것에 대한 통제가 되지 않는 것이다. 어떤 학생이 성적에 대한 부담감을 피하기 위해 회피 수단으로 게임에 빠졌다면 주변에서 게임을 강제로 하지 못하게 한다고 해서 게임 중독 문제가 해결되는 것은 아니다. 술이나 담배 등 다른 방식으로 채워지지 않는 욕구를 채우려고 문제 행동을 할 가능성이 높아질 것이다.

욕구란 무엇인가?

욕구란 ○○이다. 왜냐하면 (   )이다.
욕구 코칭 세미나에 참여한 교사들이 욕구란 어떤 것인지 이야기한 것들이다.

- 욕구는 시소다. 왜냐하면 조절이 필요하기 때문이다.
- 욕구는 소통이다. 왜냐하면 다른 사람을 이해하는 소통의 도구이기 때문이다.
- 욕구는 살아가는 힘이다. 왜냐하면 욕구가 없으면 움직이지 않기 때문이다.
- 욕구는 내면 읽기다. 왜냐하면 나와 상대방을 볼 수 있기 때문이다.
- 욕구는 교육의 시작이다. 욕구를 알아야 제대로 교육을 할 수 있기 때문이다.

- 욕구는 자연스러운 것이다. 왜냐하면 모든 사람들이 욕구를 가지고 있기 때문이다. 단지 옳은 행동으로 유도해 주면 된다.
- 욕구는 쓰기 나름이다. 왜냐하면 욕구를 잘못 사용하면 욕망으로 피해를 보게 되지만 욕구를 잘 사용하면 자아실현에 도움이 되기 때문이다.
- 욕구는 별이다. 왜냐하면 다섯 개의 꼭지가 다른 개성을 가지고 있기 때문이다.

욕구의 사전적 의미, '마음속에 있는 근원적인 원함'

사전에 보면 욕구를 '인간이 선천적으로 가지고 있거나 혹은 후천적인 사회 생활의 결과로 만들어진 감정이나 심리상태 중 하나로 자신에게 부족한 물질적이거나 정신적인 어떤 것을 추구하는 상태'를 말한다. 식욕이나 성욕과 같이 인간뿐만 아니라 모든 생명체가 생명 유지와 개체 보존을 위해 가지는 선천적인 욕구도 있지만, 특정한 상품이나 서비스 등에 대한 욕구와 같이 인간이 사회, 경제적 생활을 하는 과정에서 새롭게 학습되어진 욕구도 있다.

사전 상에는 심리 상태 뿐 아니라 상품이나 서비스에 대한 욕구도 욕구로 표현하고 있다. 실제로 이 모든 것을 욕구라는 말로 쓰고 있다. 하지만 이 책에서 다루는 욕구의 개념은 당장의 필요와 수단이나 방법이 아닌 '마음속에 있는 근원적인 원함'을 욕구로 이해하여 이야기하고자 한다.

욕구는 수단 방법과 구별된다.

사람들에게는 돈이 있으면 좋겠다, 여행을 가고 싶다, 자동차를 갖고 싶다 등등의 원함이 있다. 이러한 것은 진정한 욕구라고 하기는 어렵다. 돈이 있으면 뭐가 채워질까? 이것은 사람마다 다르다. 어떤 사람은 돈으로, 인정의 욕구를 채움 받기 원할 것이고, 어떤 사람은 안정의 욕구를 채우려고 하고, 또 어떤 사람은 나눔의 욕구를 원하기 때문일 수도 있다. 그러기에 '돈을 갖고 싶다'는 바람은 이 글의 논의 상 욕구라고 표현하기는 어렵겠다.

우리는 게임하고 싶은 욕구, 장난감을 갖고 싶은 욕구, 남을 놀려주고 싶은 욕구… 등의 욕구라는 표현을 쉽게 쓰지만 엄밀히 말하면 그것은 뭔가 더 깊은 욕구를 채우고 싶은 수단과 방법이지 게임, 장난감 자체를 욕구라고 표현하기는 어렵다. 게임을 통해 아이들이 채우고 싶은 욕구가 있고, 장난감을 구입해서 얻는 욕구가 있는 것이다. 게임을 했는데도, 장난감을 샀는데도 뭔가 채워지지 않기 때문에 아이들은 또 다른 게임, 또 다른 장난감을 사달라고 한다. 아이들이 정말 원하는 것을 찾아가야 할 것이다.

결혼 적령기의 여성이 결혼을 하고 싶다고 할 때의 욕구는 무엇일까? 안정을 위해 결혼하고 싶은 사람이 있을 것이고, 사랑과 소속의 욕구 때문에 결혼하려는 사람도 있을 것이다. 또 어떤 경우는 집에서 벗어나고 싶은 자유의 욕구 때문에 서둘러 결혼하는 사람도 있다. 요즘 드라마를 보면 명예와 돈을 위해 결혼을 선택하는 사람도 있다. 그런 사람들은 인정받고 싶은 욕구가 깔려 있을 수 있다. 결국은 결혼하고 싶다는 것도 욕구가 아니라 수단 방법이다. 그 속을 다시 들여다보아야 우리는 그 사람의 진정한 욕구를 알 수 있는 것이다.

욕구 자체가 악할까?

어떤 경우는 인정받고 싶고, 사랑받고 싶은 욕구 자체를 악이라고 보는 경우도 있다. 이 경우는 인정과 사랑받고 싶은 것 때문에 나타나는 여러 부작용 때문에 그 욕구 자체를 제어하려고 하는 것이 아닌가 싶다. 그러나 인정받고 사랑받고 싶은 마음은 자연스러운 본성이다. 이것이 없다면 사람은 다른 사람과 관계 맺기 자체에 관심이 없을 수도 있다. 솔직히 인간은 결국 인정과 사랑받기 위해 살아간다고 해도 과언이 아닐 것 같다. 아이들은 다른 사람들이 인정하고 사랑해 주는 방식이라고 스스로 믿는 행동방식을 선택해서 살아간다. 사랑을 받아본 경험이 있는 방식으로 살아가는 것이 인간이라는 것이다.

이런 방식은 인간이라면 자연스럽게 나오는 것이기에 이것을 악이라고 보기는 어려울 것 같다.

욕구는 충족되어야 할 것이지 나쁜 것이 아니다. 욕구를 충족하기 위해 쓰는 수단이나 방법이 나쁜 경우가 있을 뿐이다. 욕구를 생각하면 누구든 수용할 수 있다. 사람을 품을 수 있는 방법은 욕구를 생각하는 것이다. 욕구 자체의 문제가 아니라 방법을 잘 못 선택했기 때문이라는 것을 알면 다른 사람을 수용할 수 있게 된다.

나아가 욕구에 집착하여 다른 사람을 밟고라도 1등을 하려는 마음을 가진 사람들이 있다. 이것은 욕망이라고 할 수 있다. 욕망(慾望)의 사전적 의미는 '부족을 느껴 무엇을 가지거나 누리고자 탐하는 행동과 마음'을 말한다. 이런 사람들이 많기에 우리는 욕구를 부정적으로 인식하게 되는 경향이 있다. 욕구와 욕망을 헷갈리는 것이다. 하지만 욕구와 욕망은 중요한 차이점이 있다. 욕망은 자기 욕구만 생각하고 다른 사람의 욕구를 배려하지 못할 뿐 아니라 다른 사람의 욕구를 침해한다. 욕구와 욕망의 차이를 좀 더 세부적으로 비교하면 다음과 같다.

- 욕구는 충족이 가능하지만 욕망은 충족이 불가능할 뿐 아니라 결국 자기까지 파괴한다.
- 욕구는 모든 사람에게 필수적으로 필요한 것이 강도에 따라 다르게 나타나지만, 욕망은 선택적이며 다른 사람에게 피해를 주는 수준까지 원하고 이루려고 한다.
- 욕구는 조작하기 힘들지만 욕망은 조작이 가능하고 새로운 욕망을 만들 수 있다.
- 욕구 자체는 긍정적이지만 욕망 자체는 부정적일 수 있다.

욕구는 선천적인 것인가? 후천적인 것인가?

욕구는 선천적인가? 아니면 환경의 영향인가? 윌리엄 글라써는 선천적이라고 한다. 욕구의 강도 또한 선천적이라고 한다. 하지만 알프레드 아들러는 결핍으로 인한 욕구의 출현을 이야기한다. 아들러는 욕구가 충족이 안 되면 욕구 강도가 더 강해진다고 본다. 학자마다 다른 학설을 주장한다. 그런데 이 문제를 고민해보고 내 경험 사례를 비추어 보면 두 가지가 공존한다는 생각이 든다.

선천적이라는 측면에서 우선 살펴보면 그 예는 주변에서 쉽게 찾아볼 수 있다. 가까이 지내는 한 집에서 아기가 태어났다. 아기가 돌 쯤 되어 한참 이것저것 만져보고 싶은 월령임에도 불구하고 얼마나 조심스러운지 만지지 말라는 것은 절대 만지지 않고, 엄마 주변에서 절대 멀리 떨어지는 일이 없었다. 보통 사람은 힘든 경험을 하면 조심스러워지고 방어적이 되기에 혹 그런 경험이 있었나 싶었지만 아기는 충격적인 일을 당했거나 위험한 일을 겪은 적도 없다. 엄마가 집에서 아이를 큰 문제없이 키우고 있었는데도 그런 모습이 나타났다. 그저 조금만 위험해 보여도 아기는 가만히 있었다. 그렇게 있다가 안정감이 든다 싶을 때 움직이기 시작했다. 이 아이를 보면서 생존의 욕구가 타고 나는구나 싶은 생각이 든다. 똑같은 부모 밑에서 동일한 가정환경에서 자랐지만 형제마다 욕구의 강도는 다르게 나타난다.

이번에는 후천적이라는 측면에서 공감 가는 부분을 살펴보자. 어렸을 적에 안전한 환경이 아니었다면 생존의 욕구에 민감하게 된다. 커서라도 충격적이거나 안전하지 못한 경험을 했다면 조심하고 방어하는 마음이 생기는 경우가 많다. 또 어렸을 적에 사랑의 욕구가 높은데 충족이 안 된 사람은 사랑의 욕구가 더 높아지는 경우가 많다. 사랑을 못 받았다는 결핍감이 사랑을 받는 것에 대해 더 예민하게 되고 그러다 보면 욕구강도가 더 높아질 수밖에 없는 것이다.

이런 측면에서 볼 때 욕구의 강도는 유전과 사회적 환경이 함께 작용을 한다고 볼 수 있겠다. 또한 충족되지 못한 욕구는 좀 더 드러나게 되고 상황에 따라 욕구의 강도가 달라지기도 한다.

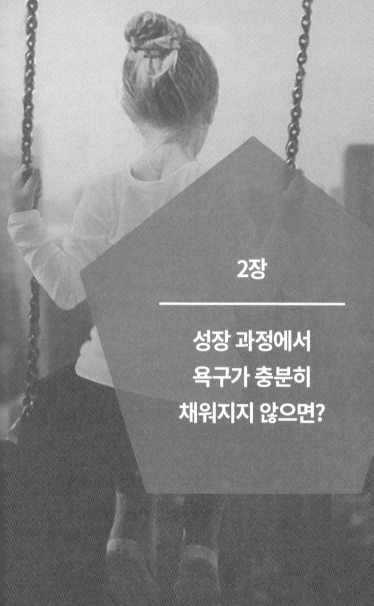

2장

성장 과정에서
욕구가 충분히
채워지지 않으면?

지랄 총량의 법칙?

김두식 경북대 교수가 저서 '불편해도 괜찮아'에 소개한 소위 '지랄 총량의 법칙'이 있다. 누구나 평생 써야 하는 지랄의 총량이 정해져 있어 사람마다 발현의 시기가 다를 뿐 어쨌거나 죽기 전까진 그 양을 다 쓰게 돼 있다는 것이다. 어떤 사람은 그 정해진 양을 사춘기에 다 써 버리고, 어떤 사람은 나중에 늦바람이 나서 그 양을 소비하기도 하는데, 어쨌거나 죽기 전까진 반드시 그 양을 다 쓰게 되어 있다는 이야기이다. 그래서 이왕이면 어릴 때 지랄을 다 떠는 게 낫다는 것이다.

'지랄 총량의 법칙'은 욕구의 관점에서 쉽게 설명된다. 욕구를 채우지 못하면 소위 지랄(?)을 떤다는 것이다. 욕구를 누른다고 사라지는 것이 아니다. 오히려 충족되지 않은 욕구는 평생을 따라 다닌다. 그러므로 욕구는 충족되어야 한다. 욕구는 인간이면 갖고 태어나는 것이다. 그리고 충족되지 않으면 결핍이 삶의 스타일로 드러날 수도 있고, 불만족과 불안, 때로는 우울감으로 올 수도 있다. 그러기에 사람이 성장하고, 자녀를 양육하는 데 있어 핵심 과제 중의 하나는 욕구를 충족시키는 것이다. 충족되지 않은 욕구는 평생 따라다닌다.

성장 과정에서 아이의 욕구를 잘 충족하면 된다고 알고 있다. 하지만 욕구를 어떻게 구체적으로 충족해야 하는지에 대하여는 늘 어렵다. 무슨 욕구가 있는지 표현이 쉽지도 않고, 채워주어도 얼마나 충족되었는지 측정도 쉽지 않기 때문이다.

학교에서 선생님의 골치를 썩게 하는 아이들의 대부분은 욕구가 충족되지 않았기 때문인 경우가 많다. 욕구가 충족되지 않으면, 좋지 못한 행동이나, 다른 사람들에게 수용되지 못할만한 모습으로 나타나게 된다.

욕구 충족은 평생의 과정이다. 어렸을 적 발달과정 속에서 욕구가 충족되지 못할 경우에는 평생 동안 정서적 문제로 괴로움을 느끼며 살 수 있다. 학생들이나 주변 사람들의 정서적 결핍과 문제 상황이 보인다면, 어렸을 적 성장 과정에서 부족했던 것을 유추해 보면 그들에 대한 이해와 수용의 폭을 넓힐 수 있다.

에릭슨은 발달단계를 통해 각 단계별 심리 갈등 요소를 말하고 있다. 그 중에서 신체적 욕구와 심리적 욕구 충족의 밑바탕이 되는 시기가 영유아기인데, 이 시기에 욕구가 충족되지 않을 경우 여러 가지 문제가 발생한다. 현재 아이들에게 드러나는 인격적인 문제가 영유아기에서 비롯된 경우가 많기 때문에 교사들이 꼭 알아두어야 할 부분이기도 하다. 최근 대두되는 애착문제도 대부분 이 시기에 욕구 충족이 되었는가와 관련이 있다.

어렸을 적 욕구가 충족되지 않았을 때 나타나는 증상

[영아기(0-1세)]
영아기 단계는 혼자서는 아무것도 할 수 없는 시기이다. 울거나 떼를 부리거나 빨고, 팔다리를 버둥거리는 것으로 생존의 욕구, 사랑의 욕구를 채우려고 한다. 이때 욕구가 채워지지 않았을 때 의심, 불안, 사회성 저하, 탐식 등이 나타난다.

의심, 불안
의심이 많고 불안이 많은 사람들이 있다. 기질적으로 타고나는 경우도 있겠지만 기질이 아닌 경우는 어렸을 적 초기 경험이 불안과 의심을 만든다.

잦은 이사나, 몇 달씩 혹은 1년씩 이집 저집에 맡겨지며 주거를 옮겨 다닌 경험도 아이에게 영향을 미친다. 또 부부갈등으로 늘 분위기가 긴장되어 있고 물건이 날아다닌다거나 깨지고, 아이에게도 폭력이 가해지는 상황이었다면 아이는 늘 긴장을 하고 살아야 한다. 세상이 믿을 수 없고 예측할 수 없는 곳이라고 느낀다. 누군가 자기를 보호해 줄 것이라는 안전망이 없기에 세상을 신뢰할 수 없는 것이다. 이렇게 안전의 욕구가 채워지지 않을 때 의심이나 불안이라는 감정이 나타나는데 이것은 꼭 필요한 보호 본능이다. 언제 문제가 생길지 모르는 상황이기에 자기 보호를 위해 의심과 불안을 가지고 있는 것이다. 나를 만날 때마다 때리는 사람이 있다면 그런 징조만 보여도 두 팔을 방어하듯 올리는 자세를 취하는 것과 마찬가지로 불안과 의심을 가지고 있어야 조심할 수 있기 때문이다.

이 불안과 의심은 엄마가 눈에만 벗어나도 울거나 부모에게서 잘 떨어지지 않으려는 분리 불안으로 나타나기도 하며, 나이가 들어서는 누군가를 쉽게 믿지 못하고, 다른 사람과 친해지기도 어려우며, 걱정을 많이 하는 사람으로 드러난다.

애착 장애로 인한 사회성 저하
불안과 의심을 만들었던 경험들 뿐 아니라 양육자의 우울증으로 인하여 아기가 울어도 안아주지 않는다거나, 배고프거나 기저귀를 갈아야 하는데도 필요를 봐주지 못하고 방치를 했을 때, 혹은 눈 맞춤을 잘 해 주지 못할 때 아기들은 어디에다 정을 붙여야 할지 모른다. 이렇게 사랑과 보호의 욕구가 충족되지 못할 때 애착 장애가 생길 수 있다. 애착 장애는 기초가 잘 놓이지 못한 상황이 되기에 크면서 사회성이 현저히 떨어진다. 사람들과 만날 때 자기가 원할 때만 소통을 하려 하는 모습으로 드러나기도 하고, 놀이 규칙을 파악하거나 따르기가 힘들다. 사회성이 떨어지는 것은 지적인 부분에도 영향을 미친다. 예를들어 관심 분야에만 관심을 보이고 다른 영역은 보통의 발달 단계보다 많이 떨어질 가능성이 있다.

탐식

이 시기 시간 맞춰 우유를 먹여야 한다는 이유로 제 때 먹을 것을 주지 않거나, 자기가 원하는 만큼 충분히 먹지 못했을 때는 부모가 나의 욕구를 채워줄 것이라는 믿음을 갖지 못한다. 그러면 아기는 '아 이 세상은 알아서 먹여주는 세상이 아니구나. 그럼 내가 먹을 건 내가 챙겨야지' 라는 마음이 생긴다. 사랑과 보호의 욕구가 채워지지 않은 것이다. 그러면 아기들은 한 번 젖을 빨면 빼지 않으려 한다거나 우유를 먹어도 있을 때 많이 먹자는 태도로 끝없이 먹으려 한다. 이유식을 먹어도 배가 빵빵해지도록 계속 먹는다. 자신이 스스로를 챙기지 않으면 안된다는 마음이 생겨, 커서도 먹을 것이 생기면 남보다 빨리, 많이 먹으려 하거나, 자기 것을 과하게 챙기는 모습으로 나타날 수 있다. 어른이 되어도 탐식적인 태도를 취하는 경우가 있는데, 이는 어렸을 적 경험이 어른이 되어도 그대로 남아있기 때문이다. 물론 원래 양이 많아서 그런 경우도 분명 있을 것이다.

[유아기(2-3세)]

유아기는 자율성의 시기이다. 유아기는 걷기 시작하면서 자기 마음대로 다니고 싶고, 보이는 대로 만지려 하며 자유의 욕구를 여러 가지로 시험해 보는 시기이다. 이 때 마음대로 하려고 했는데 심하게 혼나거나 하고 싶은 것들이 좌절되는 경험이 많아지면 수치심을 느낀다. 이 시기 아이와 어떤 관계를 맺느냐 하는 것은 중요하다. 자유의 욕구가 충족되지 못하면 결정 장애 혹은 남에게 맞추어주는 아이, 강박, 남 탓, 의존 등의 모습이 나타날 수 있다.

결정 장애, 다른 사람에게 맞추어 주며 사는 아이

이로 인한 결과는 자기의 뜻을 주장하기보다 주어진 환경에 순응하는 모습으로 나타난다. 주어진 가치관에 맞추어 살기 위해, 혹은 부모가 제시한 기준에 부합해서 살기 위해 자신의 자유로운 욕구는 억압하는 것이다. 이런 경우 다른 사람들에게 너무 맞추어 주는 사람이 되고, 절대 다른 사람의 기분을 나쁘게 하면 안 된다고 여긴다. 또 자기만족은 희생한 채 다른 사람의 욕구를 채우는데 집착하거나, 거절에 너무 민감하게 된다. 즉 내가 원하는 것이 있지만 내 것은 별 볼일 없는 거라 여기고 자기가 원하는 것을 지워버리며 살기 때문에 결정하는 것이 어렵다. 음식을 고르는 것도 어려워질 수 있다. 찬반의 문제에서도 다른 사람에게 늘 맞추려 하게 된다.

강박

엄격하고 요구적이며 처벌적인 가족 분위기에서 가족 안의 의무, 본분, 규칙 중심적 행동으로 자유나 즐거움의 욕구가 억압된 경우에 강박적인 모습이 나타나기도 한다. 과도하게 옳고 그름에 대해 분별하려고 하며, 옳고 그름에 예민해진다. 감정을 숨기고(정서를 억제, 이성 중시) 실수를 피하고 완벽을 추구하며 살게 된다. 또 긍정적이고 낙관적인 부분을 최소화하거나 무시하며 사는 부정적인 사람이 되기도 한다. 걱정이 많고 늘 경계하며 우유부단한 특징을 지닐 수 있다. 또 과잉비판하거나 처벌적인 사람이 될 수도 있다.

남 탓하기

학교에서 문제만 생기면 남 탓하는 아이, 학교 늦으면 엄마 탓 하는 아이, 숙제 잘 못해서 선생님에게 혼나면 집에 와서 엄마 탓 하는 아이… 왜 남 탓을 하게 될까? 독특한 것은 보호를 받지 못하거나 방치되어서가 아니라 과잉보호가 원인이 된다는 것이다. 요즘 아이를 하나만 키우는 가정이 많다보니 일 거수 일투족을 놓치지 않고 본다. 귀한 아이라 이것도, 저것도 혼자 할 수 없을 것 같아서 도와주는 것이 많아진다. 또는 아이가 실수할거나 다칠까봐 미연에 방지하려고 다 돕다 보니, 은연중에 자유롭게 하고 싶은 일에까지 부모가 다 관여하고 있는 경우들이다. 예를 들면, 아이가 2-3세 때, 계단을 오르내리는 걸 즐거워하며 혼자 오르내리려는 시기인데, 조금만 위험해 보여도 얼른 안아서 옮겨주는 부모, 해 달라는 것은 뭐든 그 이상으로 해 주는 부모의 모습 등이다. 아이를 잘 키우고 싶은 마음은 좋지만, 너무 좋은 엄마, 너무 좋은 아빠는 오히려 부족함이 된다. 점수로 따져본다면 100점짜리가 아니라 80점 정도가 가장 적절할 것이다. 조금은 다칠 수도 있고, 실수할 수도 있다는 것을 수용해 주지 않으면 아이가 스스로 뭔가를 하고 싶어 시도할 때 '자율성' 즉 자유의 욕구를 저해하는 역할을 하게 된다. 이 부모들은 생존과 사랑의 욕구가 너무 높아서 아이의 자율성을 막고 있는 셈이다. 이 아이들은 부모가 너무 많이 간섭하고 도와줘서 자기에게 주도권이 있다고 생각하지 않기 때문에 도와주는 사람의 탓이 되는 것이다.

자율성이 저해된 아이의 심리에는 '나는 문제를 해결할 수 없어. 나는 실망을 이겨낼 수 없어. 나를 돌봐주고 나를 해결해 줄 사람이 꼭 필요해' 라는 생각이 당연한 듯이 자리 잡고 있다. 이것이 당연한 것이라면 자기 잘못은 없는 것이다. 이런 심리가 집에서 엄마에게 작동하다가 밖에서는 다른 사람에게도 이어져서 남 탓으로 친구 관계에서 문제가 생긴다.

이런 생각이 수정되지 않고 계속 있는 경우 아이의 친구들은 억울함이 쌓이고 그러다 보면 관계가 어려워질 수 있고 친구를 사귀기도 어려워진다. 아이는 이유도 모른 채 소외감을 느낄 것이고 외롭게 살아갈 가능성이 있다. 극단적으로는 왕따를 당할 수도 있음을 기억하며 과잉보호에서 벗어나야 할 것이다.

의존 (난 못해)

이 시기에 부모가 과잉보호로, 별 것 아닌 것도 다 도와주거나 해 주게 될 때 남 탓과는 또 다른 모습이 나타날 수 있다. "나는 못 해" 하며 부모에게 늘 의존하는 모습이다. 힘도 낮고, 자유의 욕구도 낮으며 사랑의 욕구만 높다. 컵에 물 붓는 것, 밥 먹는 것, 신발 신는 것 등등에서 다 해 주면 아이는 '나는 할 수 있는 것이 없다' 거나 '다른 사람이 대신 일을 해 줄 때만 사랑받는 거야' 라는 잘못된 믿음을 키울 수도 있다. 이런 믿음은 무슨 일이든 새로운 시도를 하는데 두려움이나 거부감으로 나타날 수도 있고, 무기력한 모습으로 나타나기도 한다.

[유년기(4-6세)]

힘의 욕구를 발현하는 시기이다. 주도성을 가지고 뭔가 새로운 일을 시도하려고 한다. 발걸음이 자유로워지면서 어디든지 갈 수 있고, 무엇이든 만질 수 있으며, 다른 사람도 내 마음대로 해 보려고 한다. 그래서 말과 행동에 힘이 실려서 억지를 부리거나 떼를 부리거나, 때리거나 욕하거나 망가뜨리거나 하는 등의 행동으로 나타난다. 어디로 튈 지 모르기에 처다보고 있어야 하고, 어디까지가 괜찮은지 한계를 정하지 못하기 때문에 부모로부터 통제가 필요하고, 혼나는 경우가 많다. 이럴 때 통제가 너무 과하거나 부족할 경우, 문제가 나타난다.

눈치 보기, 자신 없음

통제가 너무 지나칠 경우는 벌 받을 것에 대한 두려움이나 죄책감이 생겨 눈치를 보거나, 자신 없음으로 나타난다. 힘의 욕구가 낮아지는 것이다. 어른이 세게 나오면 그냥 받아들이는 것이다. 이것을 도날드 캡스는 '회색 지대'라고 표현하는데 '내가 꼭 이걸 해야 하는 건 아니고 뭐…' 하면서 회색지대로 숨어버리는 것이다. 뚫고 들어가는 경험은 필요하다. 이것은 이후 뭔가를 밀어붙일 수 있고 성취해 나가는 힘이 된다. 이러한 것은 '내가 밀어붙이거나 싫다고 밀어내도 받아주겠지' 하는 신뢰가 있어야 가능하다. 부모는 다른 사람에게 피해를 주거나 비도덕적인 상황이 아니라면 받아줄 필요가 있다. 그래야 적절한 힘을 키울 수 있다. 만약 힘의 욕구가 높은 아이에게 지나친 통제가 주어지면 아이는 분노나 힘의 왜곡으로 드러낼 수도 있다.

탐욕

반대로 통제가 너무 부족할 경우에는 욕망의 경계를 모르는 탐욕으로 나타날 수 있다. 힘을 과하게 쓰게 되는 것이다. 또 힘을 더 쓰려 하고 욕구의 강도가 더 높아질 수 있다. 적절한 통제가 되면 갖고 싶은 것이 있을 때 "흥미롭네, 그건 무엇에 쓰는 거야? 어떻게 작동하는 거야?"라고 묻지만 너무 지나치거나 방치될 경우에는 "난 그것을 가져야만 해, 나에게 줘" 식의 반응으로 나타날 수 있다.

문제와 원인	충족되지 않는 욕구	문제 현상
잦은 이사, 위탁 양육, 부부 갈등, 가정 폭력	안전	의심과 불안
애정 결핍 환경, 양육자의 우울증	사랑과 보호	사회성 저하
부모의 방치, 방임	사랑과 보호	탐식
부모의 억압	자유	결정장애, 순응
엄격한 규칙 준수 및 억압	자유와 즐거움	강박
과잉 보호, 자율성 침해	자유	남 탓하기, 의존
지나친 통제, 주변의 높은 기대 수준	힘	눈치보기
통제의 부족, 과다 충족	자유	탐욕

3장

행동 속에 숨겨진
5가지 기본 욕구

윌리엄 글라써의 현실 치료 이론

욕구이론의 모체가 되는 현실 치료를 창안한 사람은 미국의 정신과 의사였던 윌리엄 글라써(William Glasser)이다. 사람의 과거사나 감정보다 현재 무엇을 하고 있는지에 중점을 두어야 한다고 주장한 해링톤에게 영향을 받은 글라써는 현실 치료 프로그램을 개발하여 여러 학교에서 자신의 아이디어를 실천하였다. 현재 윌리엄 글라써 연구소를 운영하면서 다양한 교육과 상담 활동을 활발히 진행하고 현실 치료를 연구하며 전 세계에 확산하는 일을 하고 있다.

필자는 윌리엄 글라써의 현실치료 이론 중 욕구이론을 중점적으로 다루지만 철학이 바탕이 되지 않고는 욕구를 다루는데 한계가 있음을 본다. 윌리엄 글라써의 인간관이나 선택이론은 욕구 코칭에 바탕이 되어야 할 관점들을 제시한다.

윌리엄 글라써의 인간관

- 인간은 긍정적이며, 자신의 행동과 정서에 대하여 책임을 지는 존재이다.
- 인간은 자신의 결정에 의존함으로써 책임을 다할 수 있고, 성공적이며 만족스러운 삶을 살 수 있다.
- 우리는 자기 자신을 가치 있는 인간으로 알고 이해하며 주위 사람들도 자신을 가치 있는 사람으로 여긴다.
- 인간은 누구나 자신의 좋은 세계(필자는 욕구충족저장소라고 부른다)를 위해 최선을 다하고 있다.

선택 이론

윌리엄 글라써는 인간은 오로지 자기 자신만을 통제할 수 있고, 성숙한 삶과 건강한 관계는 각 개인이 스스로 가장 좋은 선택을 하고, 그 선택에 책임을 질 수 있을 때 가능하다고 생각했다. 이러한 인간관을 바탕으로 선택 이론을 제시하였다.

- 모든 행동은 목적이 있다.
- 다른 사람이나 외부의 힘, 사건들이 우리를 통제하지 않는다.
- 우리는 자기 욕구를 채우려고 노력하고 현실에서 욕구를 실현하려고 한다.
- 우리가 선택한 것에 대한 책임은 결국 나에게 있다.
- 우리는 우리의 행동, 원함, 그리고 생각을 바꿀 수 있다.
- 우리의 행동을 바꾸면 원함이나 생각도 바뀔 수 있다.
- 우리는 다른 사람을 어떤 행동을 하도록 만들 수 없다. 다만 우리는 정보를 줄 수 있을 뿐이다.

마음을 움직이는 원리

윌리엄 글라써의 마음을 움직이는 원리는 욕구코칭을 통해 변화를 도모할 때 참고가 될 중요한 시사점이 있다.

- 인간은 욕구와 바람(필요)을 충족시키기 위해 노력한다. 인간의 욕구는 모든 사람에게 공통적이지만 바람(필요)은 개인적이고 독특한 것이다.
- 인간은 자신이 원하는 것과 외적인 환경이 크게 다르면 특정한 행동을 하고 행동의 강도가 높아진다. 자기가 원하는 것을 환경이나 상황으로 인하여 이루기 힘들게 되면 강한 행동을 보인다.
- 인간의 행동은 목적이 있다. 원하는 것과 얻고 있다고 지각한 것이 간격을 줄이기 위해 노력한다. 행동의 목적에는 욕구가 들어 있다.

윌리엄 글라써는 행동을 바꾸려면 그 사람이 가지고 있는 '좋은 세계

(Quality World)'를 다른 형태의 좋은 세계로 바꾸어주어야 한다고 생각했다. 여기에서 '좋은 세계'란 살기 좋은 세상을 말하는 것이 아니라 개인적 이상향으로서 자신이 생각하는 바람직한 욕구 충족 방법들이 저장된 세계이다. 예컨대, 어린 아이가 엄마에게 떼를 부려 자기가 원하는 장난감을 구입했다고 하자. 이 경우, 그 아이 입장에서 원하는 것을 얻으려면 무조건 떼를 부려야 한다고 생각하기 쉬운데, 이것이 '욕구충족방법 저장소'에 기억된다. 수업 시간에 장난스러운 농담으로 친구들을 웃게 하는 학생이 있다고 보자. 그 아이는 예전에 다른 사람에게 웃음을 주는 행위가 그들에게 사랑을 받는 것이라고 저장되었을 수 있는 것이다. 이러한 행동을 바꾸려면 수업 시간에 장난스러운 농담을 하는 것이 다른 사람들에게 인정을 받는 행위가 아니라는 것을 깨달을 수 있어야 한다.

욕구의 강도에 따라 행동이 달라진다.
실제 다양한 욕구들이 존재하지만 윌리엄 글라써는 기본 욕구로 생존, 사랑, 힘, 자유, 즐거움의 5가지 욕구에 주목했다. 모든 사람은 기본적으로 5가지의 기본 욕구를 다 가지고 있다. 그런데 모든 사람의 5가지 기본 욕구들의 강도는 동일하지는 않다. 힘의 욕구가 강한 사람이 있고, 약한 사람도 있는 것이다. 5가지 욕구 중 강한 욕구가 있고 약한 욕구가 있는데 강한 욕구가 채워지면 삶의 만족도가 높다. 특히 제일 강한 욕구가 채워지면 다른 욕구는 좀 덜 채워져도 크게 불만 없이 살 수 있다. 또 낮은 욕구는 그다지 채우려 하지 않고, 안 채워도 그만인 경우가 많다. 그래서 영국의 시인이자 화가인 윌리엄 블레이크라는 사람은 "욕구를 절제하는 사람은 절제할 수 있을 만큼 약한 것이기에 절제한다."라고 말했다.

　사람들은 욕구의 강하고 약함에 따라 아주 다른 행동의 차이를 보인다.

예를 들면 힘의 욕구가 강한 사람은 자신이 결정하려고 하지만 힘의 욕구가 낮으면 결정을 누가 하든 크게 상관이 없다.

윌리엄 글라써는 기본적으로 욕구 강도는 태어나면서부터 결정되는 것으로 본다. 하지만 욕구 강도 테스트 결과로 볼 때는 변화가 있을 수 있다. 본인이 채점하는 것이기 때문에 스스로에 대해 긍정적인 상황이면 점수가 높게 나올 가능성이 많고, 무기력해진 상태가 되면 점수가 낮을 수 있다. 또 그다지 욕구가 많지 않은 사람은 전반적으로 낮게 나올 수도 있다. 무엇보다 인생의 발달단계와 주기에 따라 발현되는 욕구가 달라져서 욕구 테스트 결과에도 변화가 있을 수 밖에 없다.

5가지 기본 욕구

윌리엄 글라써는 인간의 가장 기본적인 욕구로 5가지를 제시했다. 모두가 다 들어서 아는 쉬운 단어들이라 알기 쉽고 이해하기도 쉽다. 생존의 욕구, 사랑과 소속의 욕구, 힘의 욕구, 자유의 욕구, 즐거움의 욕구가 어떤 특징을 가지고 있는지를 먼저 살펴보겠다.

1. 생존의 욕구

생존의 욕구는 말 그대로 사회 속에서 살아남기 위해 열심히, 투쟁적으로 살게 한다. 또한 미래를 생각하며 긴 안목으로 살게 한다. 일을 잘 마무리하게도 한다. 건강과 안전, 몸, 상식이 중요하며 보수적인 경향이 많은 사람들이다. 유지하거나 좀 더 나아지려는 마음이 크나. 생존욕구는 가속환경이나 부모의 영향을 많이 받는 경향이 있어서 습관적으로 나오는 경우가 많다.

몸을 생각하는 마음

건강에 관심이 많다. 건강을 위해 운동을 열심히 하고, 균형 잡힌 식생활을 하려고 노력하는 경향이 있다. 끼니를 잘 거르지 않으며 외식보다는 집에서 영양가 있는 음식으로 해 먹으려 한다. 자기 몸을 아주 잘 챙기는데 영양제를 잘 챙겨먹으며, 먹어야 될 약은 꼬박꼬박 규칙적으로 잘 챙겨먹는다. 몸에 안 좋으니 커피를 끊어야 한다거나, 매운 것을 먹지 말아야 한다면 바로 끊을 수 있다. 필요한 경우에는 단식을 해서라도 몸의 건강을 챙긴다. 하지만 생존의 욕구가 낮으면 몸에 필요하다고 생각하더라도 단식을 하지 않는다.

또 생존의 욕구가 높으면 내일을 위해 잠을 제 시간에 자고 무리하지 않는 경향이 많다. 밤늦게 영화를 보자고 하면 피곤하니까 안 본다. 생존의 욕구가 낮거나 즐거움의 욕구가 높으면 좀 피곤해도 오늘 밤 보고 싶은 영화를 늦게까지라도 볼 수 있을 것이다.

생존의 욕구가 강한 교사는 편식을 하는 학생들에게 골고루 먹어야 할 필요성을 역설하며, 싫은 음식이라도 가급적 먹도록 지도할 것이다.

사회적 규칙, 상식을 지키려는 욕구

생존의 욕구가 높은 사람의 생활태도는 대부분 보수적이다. 상식이 중요하기에, 상식이 통용될 것 같지 않은 상황에도 상식을 따르는 경향이 있다. 이혼하면 안된다는 가치관이 있는 사회 속에서 산다면 아무리 힘들어도 이혼은 절대 하지 않는다. 생존의 욕구가 아주 높은 60대 여성이 있는데 이 여성은 남편에게 자주 폭행을 당한다. 어떤 경우는 병원에 입원할 정도로 맞았다. 그러나 치료를 위해 잠시 떨어져 있다가 다시 또 들어가 산다. 물론 동반의존 등의 문제가 있을 수 있겠지만 욕구로 보자면 절대 이혼하면 안 된다는 자신의 가치를 지키려는 욕구가 고통보다 더 크다고 볼 수 있겠다.

한편 생존의 욕구가 높은 아이들은 주어진 규칙을 잘 지킨다. 하라는 대로 잘 한다. 교사가 생존의 욕구가 높다면 기본적으로 지켜야 한다고 생각하는 규칙이나 과업들이 있다. 책은 많이 읽어야 한다거나, 식사 이후에는 바로 양치질을 하고 3분을 꼭 지켜야 하며, 줄 서기가 중요하기에 늘 강조한다. 교실도 정리정돈이 잘 되고 깨끗해야 한다는 마음이 크다. 반면 생존의 욕구가 낮고 자유의 욕구가 높다면 '꼭 그래야 하나' '한 번 씩은 안 해도 되지' 등의 생각을 한다.

아이들의 경우도 생존의 욕구가 높은 경우 이를 닦지 않으면 이가 썩고 아프게 된다고 하면 겁이 나서라도 이를 닦는 경우가 많다. 하지만 생존의 욕구가 낮은 아이는 이가 아파서 치료를 하며 힘든 경험을 했어도 귀찮고 불편한 것이 더 커서 이를 닦지 않으려 하기도 한다.

상식을 지키려는 마음은 원칙이나 정의를 지키려는 마음, 혹은 사회가 더 나아지게 만들려는 노력으로 나타날 수 있다.

아끼고 모으려는 욕구

생존의 욕구 강도가 높을 경우 저축을 중요하게 여기며, 저축을 하지 않으면 안된다는 생각을 가진다. 쿠폰이나 적립을 잊지 않고 아주 잘 활용한다. 아주 어둡지 않으면 교실이나 집에서 전등을 켜지 않기도 하고, 불을 켜면 낭비라고 생각한다. 학교나 집에서 나오거나 전기를 쓰지 않는 상황에서는 코드를 뽑아 두어 전기세를 아끼려고 한다.

아이들의 경우도 비슷하다. 어렸을 적부터 돈을 아낀다. 자기 물건에 대한 애착이 많고, 비싸면 안 사려고 한다.

고등학교 2학년인 준석이는 떡볶이를 좋아한다. 그 이유는 맛도 있지만 가격이 싸기 때문이다. 비싼 식당은 잘 가지 않으려고 하고 싸고 맛난 것이 제일 좋다고 한다. 이것도 생존의 욕구가 높은 예이다.

어떤 엄마는 재정 형편이 어렵지만 한 해 입고 버릴 옷은 오히려 아까워서 사지 않고, 좀 비싸더라도 오래 입을 수 있는 품질이 좋은 옷을 사는 것이 훨씬 이득이라 여기고 고르고 고른다.

절약하고 아끼는 사람들이다. 이사 가려고 짐 정리를 하면서 쓴 적이 없는 물건을 버릴까 생각하다가도 언젠가 쓸 것 같아 버리지 못한다.

또 생존의 욕구가 높으면 잘 모은다. 재활용수거함에서 좋은 물건을 보면 주워 오면서 즐거움을 누리기도 한다. 엄마의 경우, 아이를 키울 때는 아이를 위해 언젠가 쓸 것이라 여기고 재활용 랩심, 휴지심, 박스 등도 모아 놓는다. 아이가 작품으로 만든 것들이 쌓여도 잘 버리지 못한다. 버리게 되면 사진을 찍어서 잘 보관하려고 한다. 어떤 주부는 언젠가 담을 일이 있으리라 여기고 예쁜 병도 고이고이 모아 놓는다. 이사 할 때 보면 온갖 종류의 병이 다 모여 있는 걸 보게 된다. 빳빳한 새 돈은 꼭 챙겨놓고 언젠가 쓸 일을 생각하며 고이 간직하기도 한다.

반면 생존의 욕구가 낮다면 반대로 행동하게 된다. 새로운 것을 사는 것을 좋아하고, 비싸도 필요해 보이면 생존의 욕구가 높은 사람보다 쉽게 산다. 어떤 경우는 빚을 내서라도 산다. 또 버리는 일을 잘 한다. 비싼 것을 먹어도 크게 걱정하지 않는다. 돈을 투자하거나 빌리는 것도 남보다 쉽게 한다. 생존의 욕구가 낮으면서 사랑이나 힘의 욕구가 높다면 '한턱 쏘기'를 아주 잘 할 수도 있다.

안전을 중요하게 여김

대개 걱정이 많은 편이다. 여행 가려고 했던 지역이 아닌 옆 지역이 위험하다 하더라도 여행자체를 포기할 가능성이 많다. 지진이 날까 걱정스러워 지진이 났던 지역에는 절대 여행을 안 가기도 한다. 일본 원전 사고 후 몇 년이 지났어도 일본 여행은 아예 생각지도 않는 사람도 있다. 번지점프 같은 위험한 놀이(?)는 돈을 줘도 하지 않는다. 안전이 중요하기에 모험을 하지 않고, 주식 투자도 모험이기에 하지 않는다.

생존욕구가 높은 어떤 아기는 뜨겁다거나 위험하다는 말을 들으면 두세 살에도 부모가 보살필 필요가 없을 정도로 자신이 더 조심한다. 만지면 안된다고 하면 절대 만지지 않는다. 안전하다는 느낌이 들어야 움직이거나 만져본다. 위험해 보이면 절대 높은 곳에서 뛰어 내리거나 하는 행동을 하지 않는다. 또 국이 뜨거워서 흘릴 수 있다고 하면 무릎과 발을 국이 흘러도 데이지 않도록 멀리 해 놓고 국그릇에 수저를 넣는다. 반면 생존욕구가 낮은 경우는 위험하다고 해도 올라간다. 올라가서 뛰어내리다 다쳐도 그 다음에 개의치 않고 또 올라갈 수 있다.

생존의 욕구가 높은 사람들이 자주 하는 말

자주 하는 말을 보면 어떤 욕구가 높은 사람인지를 파악할 수 있기도 하다.

상식을 어기면 안된다는 측면에서 "그러면 안되지", "그건 아니지" 등의 말을 많이 하고 건강과 안전에 대한 걱정으로 "아프면 어떡하려고 그래?", "너 그러다 다친다", "그러면 병 걸려", "조심 조심", "겁난다 얘", "많이 먹어~", "일찍 자야 키 커" 등의 말을 많이 한다. 또 해야 할 일들을 잘 해야 한다는 측면에서 "해야 할 일 해야지. 빨리 청소하라니까" "상냥하게 말해", "숙제 안하고 TV보면 안되지", "일찍 집에 가라", "손은 씻었어?", "숙제 다 했니?", "그거 왜 버려?", "빨리 빨리", "이 꼭 닦아야지, 안 그러면 병원을 가야 해" 등의 말들을 많이 한다.

2. 사랑과 소속의 욕구

사람에게 사랑의 욕구는 가장 중요한 심리적 욕구이다. 사랑을 위해 극심한 고통을 참기도 하고, 관계를 위해 장기간의 고통과 불쾌한 활동도 자발적으로 한다.

사랑의 욕구는 흔히 우리가 알고 있는 사랑과 같다. 사람에 관심이 많고, 친밀한 관계, 함께 있는 시간을 좋아한다. 또 누군가와 결속되어 있으려 하는 마음이다. 다른 사람의 필요를 잘 보고 채워 주려 한다.

그러나 사랑의 욕구와 소속의 욕구는 서로 다를 수 있다. 사랑의 욕구가 높은 사람은 친밀한 관계를 원한다. 소속의 욕구가 높은 사람은 소속된 만남과 관계가 많고, 두루두루 많은 사람과 친할 수 있다. 모임에는 열심히 잘 참석하지만 깊은 만남에는 크게 관심 없는 사람들이 있는데 이런 사람들은 소속의 욕구가 높은 사람이라고 보면 되겠다. 친밀감을 원하는 욕구는 내향성에 가깝고, 소속의 욕구는 외향적이라 볼 수 있다.

소속감의 욕구를 채워야 한다.

사랑의 욕구는 모든 사람에게 필요한 욕구다. 특히 자라나는 아이들에게 채워져야 할 필수적인 욕구이다. 그러나 사랑을 많이 받았지만 문제가 생기는 것을 보면 사랑만으로는 부족함을 본다. 사랑에 덧붙여야 할 것이 바로 소속감이다. 사랑으로 버릇없이 키우기도 하고, 아이에게 벌을 주기도 하고, 장기적으로는 아이의 큰 관심분야를 놓쳐버릴 수도 있다. 하지만 아이들은 소속감이 필요한데 행동과 능력에 상관없이, 있는 그대로 받아들여지는 것을 원한다. 이것이 소속감이다. 사실 아이들에게는 소속감에 대한 필요성이 훨씬 더 절박하다. 아이들은 자신의 세계가 어떤 곳인지, 자신이 있을 곳이 어딘지 배워가는 중인데 자신이 아무리 떼를 쓰고 음식을 엎지르고, 아빠의 핸드폰을 망가뜨리고, 부엌을 엉망으로 만들어도 계속 사랑받고 있다는 느낌을 갖고 싶어 하는 것, 이것이 소속감이다.

아들러는 소속감을 인간의 기본적인 욕구라고 생각한다. 소속감은 여기에 있어도 된다는 느낌, 예를 들면 가족이나 학교, 직장이라는 공동체에 자신이 있을 곳이 있다는 느낌을 말한다. 여기서 중요한 것은 공동체에 소속된다는 것이, 공동체 안에 있는 것이지 공동체의 중심에 있다는 말은 아니다. 이렇게 자신이 공동체의 중심에 있어야만 하는 것은 아니라는 점을 알고 있는 아이는 타인이 자신에게 특별히 주목하지 않아도 불평하지 않는다. 그리고 자신이 다른 사람에게 무엇을 할 수 있는지를 생각한다.

함께 하는 것을 좋아함

사랑의 욕구가 높은 사람들은 어디를 가도 같이 가는 것을 좋아하고, 뭘 해도 함께 하는 것을 좋아한다. 그러다 보니 주변 사람들에게 '같이 하자'라는 말을 자주 한다. 여학생들은 화장실을 갈 때에도 친구들끼리 몰려간다. 기혼 여성인 경우는 남편이나 아이와 함께 있는 시간이 너무 좋다고 말하기도 한다. 사랑의 욕구가 낮은 사람은 꼭 같이 가거나 함께 하지 않아도 문제 될 것이 없다.

사랑의 욕구가 높은 사람은 식사도 함께 먹는 것을 좋아해서 웬만하지 않으면 혼밥을 하지 않는다. 물론 자유의 욕구가 높은 사람은 사랑의 욕구가 높더라도 혼자 밥을 먹거나 혼자 뭘 편하게 할 수도 있다.

친밀함을 원함

깊은 관계와 깊은 나눔을 좋아한다. 얕은 관계는 원치 않는다. 그래서 만나면 아주 친하게 지낸다. 소유욕도 있다. 짝꿍이 있어야 하고 친구들이 있더라도 단짝이 없으면 외로움을 많이 탄다. 사랑의 욕구가 높은 사람들의 경우 싱글로 오래 못 있고, 늘 누군가를 사귀고 있다고 말을 한다. 누군가에게 소속되어 있지 않은 시간이 힘들게 느껴진다는 것이다.

서운함을 잘 느낌

사랑을 주는 만큼 받는 것도 중요한데, 이들은 주는 사랑과 받는 사랑의 균형에 민감하다. 사랑에 초점이 맞추어져 있기에 그만큼 서운함도 잘 느낀다. 나랑 친한 아이가 다른 그룹을 짜면 서운하고 나랑 있으면서 다른 사람과 문자하면 섭섭하다. 남자친구와 만난 후 헤어질 때는 속상하다. 어른이지만 아이의 거절에도 상처를 잘 받고 가족 안에서 소외감도 잘 느낀다. 그래서 어떤 교사는 아이들에게 잘 하는 이유가 아이들에게도 사랑받기 위해서라고 고백하기도 했다.

사랑의 욕구가 충족되지 않으면 사랑의 욕구가 낮은 사람보다 더 많이 상처입고 더 힘들어 할 수 있다. 학교에서 아이들이 점심때 밥을 같이 먹는데 같이 먹을 친구가 없을 경우 사랑의 욕구가 높은 아이들은 더 크게 소외감을 느낄 가능성이 크다. 같이 밥을 먹을 사람이 없으면 아예 굶기도 한다. 그러나 사랑의 욕구가 낮거나, 자유의 욕구가 높은 사람이라면 혼자서 먹으면서도 크게 스트레스를 받지 않을 가능성이 크다.

잘 돕고 베풂

사랑의 욕구가 큰 사람들은 친절하고, 공감하려고 하며, 누군가 힘든 사람이 보이면 돕고 베푸는 것을 좋아한다. 사람을 집에 잘 초대하기도 하고 함께 하는 시간을 소중히 여기고, 같이 활동을 많이 한다. 다른 사람에게 관심이 많으며 특별한 감동을 주고 싶어 하며 모임에서 섬기는 역할을 나서서 한다. 잘

퍼주고 선물해 주는 걸 좋아한다. 사랑의 욕구가 큰 사람은 주변의 뭔가 불편한 상황을 빨리 캐치해서 얼른얼른 채워주는 것을 아주 잘 한다. 옆에 사람이 밥 먹다가 흘리면 그 사람이 말하지 않아도 얼른 휴지를 가져다준다.

사랑과 베푸는 것을 중요한 원칙으로 여기면서 함께 하는 것의 가치를 중요하게 여기고 아이들에게도 이것을 가르친다. 또 사랑과 힘의 욕구가 함께 높고, 자유의 욕구가 낮다면 베풀지 않는 것은 문제라 여기고 그렇게 못하는 사람을 정죄할 수도 있다.

마음으로 이어지기 원함

다른 사람의 마음에 관심이 많으며 말 한마디를 해도 감성이 묻어나는 경우가 많다. 애교섞인 발음(잉~)을 잘 하며, 문자나 SNS 메시지에는 이모티콘이 꼭 들어간다. 고맙다는 메시지를 전해도 '고맙다'로 끝나지 않고 마음에 전달되게 하기 위해 어떤 상황에서 어떤 마음으로 받았기에 고마운지 자신의 상황을 잘 전달하려고 한다. 단문으로 문자를 받아도 사랑의 욕구가 낮거나 자유의 욕구가 높은 사람들은 큰 느낌이 없을 수도 있지만 사랑의 욕구가 높은 사람은 경직되고 딱딱하게 느낀다. 마음으로 이어지는 것이 중요하기에 감동을 줄만한 말이나 행동을 잘 한다. 선물이나 편지를 해도 정성이 묻어나고 특별한 느낌이 들게 한다.

사랑의 욕구가 높은 사람들이 자주 하는 말

함께 하고 싶은 욕구가 강하기에 "우리…", "같이…", "나도 나도!", "같이 놀자!", "~하자" 등의 말을 많이 한다. 사람에 대한 관심이 많고 마음이 이어지고 싶은 것으로 인해 "사랑해", "엄마 기분 괜찮아?", "전화 좀 받아요", "아이 예뻐라~" 등의 표현을 잘 하며, 사랑을 원하기에 "봐봐~", "엄마 안아줘~",

"엄마가 해준 밥이 맛있어", "나 동생보다 더 사랑해?", "흥 삐침!", "미워, 안 놀아!" 등의 말을 많이 한다. 또 교사의 경우 "같이 하는 거야", "서로 나누면 더 행복해" 등의 말을 많이 하여 삶에서 중요한 사랑을 아이들에게 가르치고 싶어 한다.

하지만 사랑의 욕구가 낮은 경우는 다른 사람에 대한 관심이 적을 수 있고, 우르르 몰려다니는 것을 부담스러워 하거나 불편해 할 수 있으며 냉정하다는 소리를 들을 수도 있다. 다른 사람을 챙기거나 베푸는 일에 관심이 잘 가지 않는다. 혼자 알아서 일 처리 하는 것을 더 좋아한다.

3. 힘의 욕구

힘의 욕구는 뭔가를 성취해 내는 욕구이다. 추진력이 좋으며, 옳다 싶은 것은 강하게 주장할 수 있고, 결단력이 좋다. 늘 당당해 보이고, 자기표현이 분명하다. 끊어야 할 것을 끊어낼 수 있는 사람들이다.

성취하려는 욕구, 추진력

뜻을 정하면 계획한 것은 이루어야 한다는 생각을 가지고 있으며, 일을 추진할 때는 불도저처럼 밀고 나간다. 성격이 급하기도 하다. 힘의 욕구는 목적이 분명하며 노력하여 이루어내려고 한다. 다른 사람들이 어쩔 수 없는 상황이라 여기는 때에라도 자신이 포기해야 하는 상황을 못 견뎌 하는데 이런 성향이 일을 이루게 하는 원동력이 된다. 힘든 상황에서도 주도적으로 일을 이끌어 성취해 낸다.

인정받고 싶어함

자기가 하는 일에 대해 인정받고 싶은 마음으로 더 열심히 노력하며, 자신이 이룬 성과나 자기가 한 일에 대해 잘 표현하는 편이다. 힘의 욕구는 인정받는 것을 사랑받는 것으로 여길 가능성이 많은데 주변 사람들에게 인정받지 못할 때 사랑받지 못한다는 느낌을 받기도 한다.

당당함

자기 의사가 분명하고 확고해서 눈치 보지 않고 자기가 원하는 행동을 할 수 있다. 음식을 먹다가 맛이 없어서 먹기 싫으면 먹다가도 그만두거나 뱉는다. 예의상 억지로 하는 것은 좋아하지 않는다. 무엇을 해도 떳떳하게 할 가능성이 많다.

눈치 보지 않는 면은 타인과의 관계에서도 분명히 드러나는데 호불호가 분명하여, 상대가 나쁘다고 판단되면 과감하게 관계나 소통을 단절할 수도 있다. 좋고 나쁨이나 옳고 그름이 분명한 사람들이다.

이기려 함

힘의 욕구는 다른 사람과의 경쟁에서 뒤처지는 것을 견디기 힘들어 한다. 이것이 성취의 원동력이 되기도 한다. 아이들의 경우 줄을 서도 맨 앞에 서려고 하고, 게임을 해도 무조건 이기려 한다. 이런 이기려는 마음은 더 노력하게 만들고 악을 써서라도 견뎌내게 만든다.

또한 힘과 힘이 부딪힐 경우에는 세게 나오는 사람에게는 더 세게 치고 나가는 것이 힘의 특성이다. 오히려 불쌍하거나 약해 보이는 경우는 부드러워지고 돌보는 자세로 바뀐다.

자기주장

힘의 욕구는 자기가 옳게 여기는 것에 대해 강한 의지를 가지고 있다. 나아가 다른 사람도 따르기를 원하는 마음이 크기에 자기 의견에 대한 주장을 잘 하며, 이것이 다른 사람에게 강요로 느껴질 수도 있다. 자기 생각과 맞지 않는 상황에서는 참기가 힘들어 윗사람, 선배, 상사 등에게도 자기주장을 한다. 정치적 성향 차이가 있어도 의견을 굽히지 않는 편이다.

지시, 지적

리더로서 책임자로서 시켜야 할 일을 잘 시키며, 잘못한 부분에 대해서는 어렵지 않게 지적을 한다. 반면 힘의 욕구가 낮으면 시키는 것을 어려워하고 지적해야 할 일도 지적하지 못하는 경향이 있다.

힘의 욕구가 높은 사람이 자주 하는 말

자신에 대한 이야기가 많아서 "내 생각에는…", "나는…" 등의 단어를 자주 사용한다. 무엇이든 되게 하고 할 수 있다고 생각하기 때문에 "그게 왜 안돼?", "하면 되지(할 수 있어)" "되게 해야지", "노력하면 돼", "해 봐" 등의 말을 자주 사용한다. 자기의 주장을 끝까지 주장하는 아이들은 실컷 설명을 듣고도 "근데요~", "그래도~" 라는 말로 들은 말을 무효화시키기도 한다.

　또한 "울지 말고 얘기해", "이거 해, 저거 해" 등의 지시하는 말을 많이 하고, "할 일 다 했어?", "같은 말을 몇 번 하니?", "조용히 해라" 등의 채근하고 강제하는 말을 많이 쓴다.

힘의 욕구가 낮을 때

힘의 욕구가 낮은 사람은 순종적이며 어디서든 적응을 잘한다. 어떤 안건을 관철시키려 강하게 주장하는 사람이 있으면 자기 고집을 피우지 않고, 타협하거나 맞춰주는 걸 더 편하게 여긴다. 밖에서 보기에는 다른 사람의 결정에 잘 따르는 사람으로 보인다. 부모인 경우 아이가 고집이 세면 가능한 맞춰주면서 갈등을 최소화하려고 한다. '어쩔 수 없지' 라는 말을 잘 하고 수용한다. 또 우유부단한 면이 있어서 결정을 잘 못하기도 한다. 이것을 힘의 욕구가 높은 사람이 보면 순응하는 모습이 답답하고 이해가 잘 되지 않기도 한다. 또 내가 드러나는 것을 좋아하지 않아서 눈에 띄는 자리를 맡는 것을 부담스러워 한다. 때로는 앞에 나서서 진행하는 일에 재능이 있어 보이고 탁월할지라도 정작 본인은 부담스러워 할 수도 있다. 욕구에 따라 좋아하는 것이 다를 수 있음을 기억해야 한다.

어떻게 쓰느냐에 따라 다른 힘

성취하고 경쟁하고 자기가 중요한 존재임을 확인하고 싶어 하는 힘의 욕구는 이 세상을 이끌어가는 욕구이다. 힘은 사회 속에 서열을 만들어 내기도 한다. 성적, 부귀, 미모, 인종, 힘, 차, 집, 시청률 등 생각할 수 있는 모든 것들이 힘겨루기로 전환되었다. 그러나 또 다른 측면에서 힘은 평등을 생각하고, 정의를 부르짖고, 잘못된 사회제도를 고치며 함께 어우러지는 사회를 만들기 위해 애쓰기도 한다. 힘은 어떻게 쓰느냐에 따라 극과 극의 모습을 드러낸다. 그러기에 학생들을 지도할 때에도 쉽지 않은 것이 힘의 욕구이다. 힘의 욕구가 강한 학생은 교사의 말에 따르기 보다 자기가 생각한 것을 더 관철시키고 싶어 한다. 그래서 교사와 부딪히게 되고 갈등이 생긴다. 그러나 힘을 잘 조절하고 안내할 수 있으면 우리 사회를 변화시키고, 좋은 리더십을 보여줄 수 있는 욕구이기도 하다.

힘의 욕구 자체는 분명 좋은 것이다. 힘의 욕구는 무엇인가를 이루어 내고, 성취하게 하며, 집단을 이끌고, 리더가 되어 이끌어가는 역할을 하고, 분위기를 만들어간다. 하지만 힘의 욕구가 왜곡되는 만큼 부딪힘이 생기게 된다. 힘을 왜곡되게 채우려고 하는 순간, 주변 관계와 친밀성이 점점 떨어질 가능성이 많기 때문이다.

특히 아들러의 표현대로라면 어렸을 적에 결핍되었던 열등감을 보상하기 위한 기제로 힘의 욕구가 사용될 경우에는 가족 간 부모 사랑을 놓고 생기는 다툼부터, 학교에서 점수경쟁으로 나타나기도 하고, 직장에서 권력을 차지하기 위한 암투로 나타날 수도 있다. 이로 인해 따뜻한 관계를 잃어버리게 되고, 고독과 외로움 속에서 살 가능성이 많아진다. 이렇게 강도가 커져버린 힘의 욕구는 위축이나 자아도취의 양극단으로 왜곡될 수 있다.

어찌 보면 어렸을 적 타고난 힘의 욕구를 정상적으로 충족시킬 기회와 방법이 없었기 때문에 왜곡된 방법으로 드러나는 것이 아닐까 싶다. 자기가 남에게 어떻게 보이고 어떻게 평가받는지에만 관심을 갖게 되는 것이다. 정상적인 방법으로 욕구 충족이 좌절되면 단순한 보상으로는 만족하지 못하고 과잉 행동을 해서라도 보상받으려고 한다. 나아가 무가치한 일과 노력을 하게 한다. 예를 들어 다른 사람이나 동물 등 생명 있는 것들에 대한 감정이입이 잘 되지 않아서 다른 사람이나 동물을 학대하거나 고통을 주는 위험한 장난을 하거나 다른 사람의 실패를 즐거워한다.

4. 자유의 욕구

강요하는 것이 싫고, 규칙에 순응하는 것도 싫다. 자기가 하고 싶은 걸 하고 싶은 때 하려고 한다. 자유의 욕구는 어딘가로부터 벗어나고 싶은 욕구이다. 다른 사람과 함께 추구하기에는 어려운 욕구라고 볼 수 있다. 그러나 다른 사람으로부터의 자유이지만 모든 사람으로부터의 자유는 아니다. 함께 할 사람은 언제나 필요하다.

구속하는 건 싫다. 시키는 것도 싫다

억지로 시키는 것을 싫어한다. 전체적으로 모두가 해야 하는 것을 부담스러워 한다. 누군가가 나를 구속하는 것도 싫다. '여기 있는 구성원 모두는 이것을 해야 합니다'라고 하면 '그걸 왜 꼭 해야 하나' 하면서 잘 하지 않으려고 한다. 수련회 등 프로그램이 꽉 짜여진 곳에 가는 것을 부담스러워 한다. 또 정해져 있는 주제에 시간 맞춰 토론하는 상황을 부담스러워 한다.

　자유의 욕구가 큰 학생은 교사의 지시와 잔소리를 싫어한다. 똑같은 일이라도 시키면 싫어진다. 하지만 실랑이를 벌이는 것이 더 귀찮아서 앞에서는 "네" 하고 막상 하지 않는 경향이 있다. 이 사람들의 마음은 '내가 하고 싶을 때 할 거야'가 많다. 어떤 교사는 청소년 시절 새벽기도를 가는데, 스스로 일어나면 갔고, 엄마가 가자 그러면 가기 싫어서 가지 않았다. 자신이 왜 그럴까 이해가 안됐는데 자유의 욕구로 보니 이해가 된다고 했다. 자유의 욕구는 '너는 너, 나는 나 자유롭게 살자. 간섭하지 말자'라고 생각한다. 아이들에게도 "네가 하고 싶은 대로 네가 선택해"라는 말을 잘 한다.

　자유의 욕구가 높은 사람은 누군가 자기에게 시키는 것도 싫고, 자기가 다른 사람에게 시키는 것도 싫어한다.

　등하교나 출퇴근 시간 같은 면에서 다른 사람을 구속하기 싫어하고 구속받는 것도 싫어한다. 다른 사람의 귀가 시간을 따지고 통제하는 사람에 대해 이해하기 어려워한다. 아이에게 왜 그렇게 행동해야 하는지 여러 번 설명해 주어도 되지 않으면, 그 다음부터는 신경을 쓰지 않는다. 물론 남에게 피해를 주지 않는다는 전제하에서 말이다.

규칙이나 강제에 자유로움

자유의 욕구가 높은 아이들은 학급 규칙을 꼭 지켜야 한다는 것에 부담이 있다. "책을 꼭 읽어야 되나요?", "줄을 꼭 서야 하나요?" 등 자유의 욕구가 높은 아이들은 계속 묻는다.

자유의 욕구가 높은 교사라면 꼭 그렇게 하지 않아도 된다고 대답할 것이다. 또 '손을 꼭 씻지 않고, 규칙을 좀 어겨도 죽지 않는다'고 말한다. 죄가 되지 않는다면 허용해도 된다는 것이 많다. 자유의 욕구가 높은 교사는 '그럴 수도 있지'라는 마음이 잘 들어서 아이의 행동에 대한 허용 범위가 큰 편이다. 규칙에 대해 꼼꼼히 체크하는 것을 잘하지 못하며 학급 규칙에서 정한 것을 교사가 잘 점검하지 못하거나 정작 본인이 잘 지키지 못한 경우도 있다. 교사의 경우, 업무 추진 시 회신서 수합이나 학생 상황을 점검하는 것을 힘들게 느낀다.

자유의 욕구가 큰 사람은 상대방에 대해 대체로 관대한 경우가 많은데, 정리되지 않은 자녀의 방이 언젠가 정리될 것이라 기다릴 수 있고, 시간 약속에 대해서도 관대하다. 내가 늦을 수도 있고, 타인이 늦어도 크게 화내지 않는다. 상대방이 갑자기 약속을 취소해도 크게 스트레스를 받지 않는다.

혼자 하는 것을 즐김

자유의 욕구가 높은 사람은 주변에 친구가 없어도 혼자서 밥 먹는 것을 편하게 여기고 잘 먹는다. 어딘가 새로운 곳을 가고 싶은데 동행이 없어도 갈 수 있다. 제빵사 꿈을 가진 중학교 여학생은 베이커리 카페 탐방을 하고 싶다며 한 번도 가보지 못한 전국의 빵집과 카페를 혼자서도 잘 갔다 온다. 이런 경우는 자유와 즐거움의 욕구(호기심 충족)가 같이 높을 가능성이 많다. 혼자만의 시간이 필요하다고 생각하며, 혼자만의 시간을 위해 남들에게 자신을 드러내지 않고 숨어서 잠수를 타기도 한다.

혼자 하는 것이 더 편하기에 함께 어디를 가야 되는 상황은 편한 사람들이 아니면 가려고 하지 않는다. 그래서 단체 생활이 부담스럽다.

나가야겠다 싶으면 강원도 태백이고 어디고 그냥 간다. 아침 일찍 혼자 집에서 사라진다. 식구들은 늘 그렇게 행동하니까 그러려니 한다. 이런 자유의 욕구를 가진 사람들이 어렸을 적 불리었던 별명은 '돌개', '발바리' 등으로 일치하는 경우가 꽤 많았다. 역마살이 끼었다는 이야기를 듣기도 했다.

사람에 매이는 것이 싫다

대인관계에서 사람들과 적정한 거리를 유지하는 것이 편하게 느껴진다. '너는 너, 나는 나' 라는 생각이 있기 때문에 어느 정도의 선을 지킨다. 너무 집착하는 사람을 싫어한다. 가족이라도 독립된 개체라는 생각이 있기 때문에 자유롭게 해 주고 객관적으로 여긴다. 가까운 이웃과도 어느 정도 선을 지키는데 너무 친하면 사생활을 간섭하고 공개되는 것이 싫어서이다.

사랑의 욕구가 높다면 배우자의 실수나 흠을 내 것이라 여기고 속상하고 화내는 경우가 꽤 있지만 자유의 욕구가 높다면 배우자의 실수는 그 사람의 몫이라 여기고 화가 덜 나서 싸움이 덜 할 수 있다. 남편이 회식이나 늦은 귀가에 연락을 잘하지 않아도 괜찮고, 외박해도 스트레스를 받지 않는다. 멀리 여행 가서도 중간에 전화를 잘 하지 않으며, 자유의 욕구가 높은 상대는 자주 전화해주길 기대하지 않는다. 전화를 하더라도 시시콜콜 얘기하는 것이 싫어서 짧고 간단히 하는 편이다. 이것에 대해 사랑의 욕구를 가진 사람은 서운함이나 편치 않음을 느낄 수 있다.

또 자유의 욕구가 높은 사람은 엄마가 "너밖에 없어" 라고 하면 무한한 부담을 느낀다. 결혼을 하여 집안에 묶이는 상황이라 여겨지면 부적이나 부담스러워 한다.

다른 사람의 생활에 관심은 있지만 깊은 관심을 가지지는 않는다. 이성 친구도 매일 만나는 것 보다 만나고 싶을 때 만나는 게 좋다. 너무 자주 만나면 매이는 느낌이 든다.

　내가 친절하고 베푸는 건 좋지만 그 사람이 내게 너무 잘해주려고 하면 왠지 부담스러워진다. 오랫동안 전화통화 하는 것을 좋아하지 않고 시시콜콜 이야기하는 것도 싫다. 선생님이나 부모님이 자꾸 캐묻는 것이 너무 싫다고 자유의 아이들은 이야기한다. 다른 사람의 감정에 대해서도 자신과 연결시키려 하지 않는다. 상대방의 감정에 자신이 말려들어가는 것이 싫다.

창의성

자유의 욕구는 모두가 그렇다고 생각되는 것과는 전혀 다른 것을 볼 수 있다는 측면에서 창의적이다. 이 창의성은 즐거움을 주기도 하고, 고통을 주기도 한다. 예를 들어 자유롭게 자기를 표현하고, 드러낼 수 있다면 그것은 자기와 많은 사람들에게 기쁨이 된다. 전혀 생각하지도 않던 것들을 생각해내는 것이 기쁨이 된다. 그러나 반대로 자유롭게 느끼고, 표현하는 것이 안 될 경우에는 심리적으로 고통스럽기도 하고 이것이 쌓이면 신체적인 질병으로 드러나기도 한다.

자주 하는 말

아이들은 "꼭 (왜) 해야 돼요?", "학교 안 가면 안돼요? 왜 가야해요?"라고 묻는다. 뭘 물어보면 "꼬치꼬치 캐묻지 좀 마" 라는 반응이 나온다. 대답하기 싫으면 "그냥요~", "잘 모르겠어요." 라고 대충 대답한다. 아이에게 잔소리를 하려고 하면 "좀 내버려 두세요" 혹은 "제가 알아서 할게요." 라고 대답한다.

　"귀찮아", "지겨워" 등의 표현을 편한 친구에게 혹은 혼잣말로 잘 쓰는 편이다.

부모나 교사인 경우 "그럴 수 있지", "네 마음대로 해~", "입고 싶은 옷 입어" 등의 말을 많이 쓴다. 또 자유의 욕구가 높으면 스킨십을 좋아하지 않는 편이라 "좀 붙지 마라~" 라는 말을 자주 한다.

자유의 욕구가 낮다면

순응적으로 따르며 무난하고 티가 잘 나지 않게 지낼 가능성이 많다. 주어진 일, 시키는 일을 하는 것이 편하다. 힘이나 사랑의 욕구가 높으면서 자유의 욕구가 낮다면 연락 안하면 섭섭해 하고, 힘들어하며, 연락하는 것을 당연히 여기며 강요할 수도 있다.

충족이 어려운 욕구

자유의 욕구는 가장 충족하기 어려운 욕구이기도 하다. 특히 우리나라는, 꼭 하거나 속해야만 하는 것들이 많다. 학교는 꼭 다녀야 하고, 안정적인 직장을 꼭 가져야 하고, 결혼은 꼭 해야만 한다. 그렇지 않으면 비정상으로 취급을 받는다. 아니더라도 어른들의 걱정하는 잔소리를 들어야만 한다. 물론 최근에는 분위기가 좀 바뀌기는 했지만 완전히 자유로운 분위기는 아니다.

규칙에 순응하지 않고 왜 꼭 그래야 하느냐 이의 제기를 하는 경우에 대해서도 별난 사람으로 또 까다로운 사람으로 취급받는다. 여기저기 자주 옮겨 다니는 것에 대해서도 인내력이 없는 문제 상황으로 보게 된다.

어딘가에 매이는 직업보다는 자유를 선택하여 프리랜서로 사는 사람에 대해서는 유명하거나, 돈이 많이 들어오는 직업이 아닌 이상 뭔가 부족하다 여기거나 주변의 걱정거리가 된다. 안정적인 직업이라는 것이 우리나라에서는 아주 중요한 것이기 때문이다.

또 학교를 자퇴하거나 학교를 자주 빠지는 아이들의 경우도 문제아로 취급을 받는다. 아이가 매이는 것이 싫어서 다른 공부를 하고 싶어서 학교에서 나오는 경우에도 마찬가지다. 홈스쿨이나 대안학교를 다니는 경우에 대해서도 아직도 많은 사람들이 선입견을 가지고 보곤 하는데 생각해 볼 문제이다.

내면 갈등을 초래함

자유의 욕구 자체적으로 내면의 갈등이 일어날 수도 있다. 누군가에게 시키는 것이 싫고 시킴을 받는 것도 싫은 이유는 관계에 얽매이는 것이 싫기 때문이라고 본다면, 하기 싫고 규칙에서 벗어나려고 하면 할수록 규칙을 지키도록 요청하는 사람과 관계 속에서 매이기 때문이다. 사회 속에서 규칙을 지키지 않으면 함께 살아가기가 힘들기 때문에 부모나 교사로부터 자꾸 간섭받게 되고 하라는 소리를 듣게 되므로 규칙을 지켜도 괴롭고, 지키지 않아도 괴롭게 된다.

다루기 어려운 욕구

자유의 욕구를 가진 사람들은 다른 욕구가 적절하게 높아서 균형을 잡아주지 않는다면 다른 사람들에게 이해받기 쉽지 않은 면이 많다. 규칙에서 벗어나려 하고, 억지로 시키는 건 싫어하고, 시작한 걸 금방 포기하며, 다른 사람이 좋아해 주면 밀어내고, 자기만의 세계를 쌓는 것처럼 보이니 난감할 수밖에 없다. 특히 자녀나 학생이 이런 경우 어떻게 아이를 대해야 할지 난감하다. 잘 안하면서도 시키면 더 안하려고 하니 속만 답답해지는 경우가 허다하다.

자유의 욕구가 높은데, 생존의 욕구가 낮다면 규칙에 대해 더 벗어나고 싶은 마음이 많을 것이기에 규칙에 저항하는 일이 더 많아진다. 사랑의 욕구와 자유의 욕구가 함께 높은 경우도 스스로 좋았다 부담스러웠다가 반복되니 자신도 괴롭다. 가장 지혜로운 충족과 조절이 필요한 욕구가 바로 자유의 욕구이다. 행동으로 드러나는 욕구가 아니기에 더 다루기가 어렵다.

꼭 기억해야 할 것은 자유는 다른 사람으로부터의 자유이지만 결코 모든 사람으로부터의 자유는 아님을 기억해야 한다. 자유는 한계가 있고, '우리'라는 원 안에서 선택해야 함께 살 수 있다. 무엇보다 인간에게는 사랑과 생존 등의 욕구가 함께 있기 때문에 다른 욕구를 충족하기 위해서라도 자유는 한계가 있어야 하고 균형을 잡아야 한다.

한계의 기준은 다른 사람들의 욕구를 훼손하지 않고 자신의 욕구를 더 많이 충족시킬 수 있다면 가장 바람직하다. 그렇게 되면 자신과 다른 사람들을 위해 창의성을 더 많이 사용할 수 있게 된다.

5. 즐거움의 욕구

즐거움의 욕구가 큰 사람들은 노는 것을 좋아하고, 호기심이 많으며 일을 해도 새로운 방식으로 일하려고 한다. 음악이나 미술 등의 취미생활을 즐기는 경우가 많다. 긍정적이며 잘 웃고, 재미있고 즐거울 때 행복함을 느낀다. 배우는 것을 좋아하고 가르치는 것도 좋아한다. 욕구 강도에 따라 이런 모든 영역이 다 들어가 있는 경우도 있지만 취미생활은 별로 없고 배우는 것만 좋아하는 경우도 있다.

즐거움을 추구함

작은 것에서 즐거움을 찾고, 쉬는 것도 즐거움을 누리면서 쉬려고 한다. 힘들어도 밤새 즐긴다(웹툰, 드라마, 책 등등). 많은 일에 시달리다 퇴근하면, 자정이 넘더라도 영화를 본다. 가족들이 '피곤하다면서 잠을 안자고 웬 영화를 보느냐'고 구박도 하지만 영화를 보는 게 스트레스 해소라며 새벽까지 영화를 보고 늦게 잠들었다가 또 일찍 출근을 한다. 재미를 추구하다 보니 재미있는 부분에 대해서는 중독 증세가 있는 것처럼 보이는데 그러다가 금세 새로운 것으로 바뀌는 경향이 있다(영화, 여행, 드라마, 연수...). 즐거움의 욕구가 강한 어떤 교사는 '즐길 수 없으면 피하라'는 인생 모토를 가지고 산다고 한다.

즐거움의 욕구가 강한 교사는 수업하는데 일단 자신이 재미있어야 한다고 생각하고 똑같은 방식으로 수업을 하면 지겨우니 늘 다른 방식을 한 가지씩 추가한다. 차를 타고 가면서도 재미있어야 하기에 차 안에서 음악을 크게 틀고 감상하거나 동승자들과 보드게임 등의 놀이를 하기도 한다. 재미를 위해서라면 돈을 아끼지 않는다.

아이랑 노는데 아이보다 어른이 더 신나 보이기도 한다. 놀아주는 것이 아니라 함께 논다. 아이에게 책을 읽어주거나 영화를 볼 때도 교사나 부모 본인이 더 즐긴다. 나이가 들어도 동화책이 재미있다고 표현한다.

요즘 즐거움의 욕구가 큰 사람들은 음주가무를 즐긴다. 주말에도 집에 가만히 있지 못해서 동네 마트라도 간다. 즐거움은 먹거리를 통해서도 많이 누리는데, 맛집을 찾아다니는 것을 좋아한다.

취미 활동
최신 영화나 만화, 소설 등은 나올 때마다 챙겨본다. 생존의 욕구가 같이 높다면 값이 싼 조조 영화를 보려고 한다. 음악이나 미술 등을 즐긴다. 시간이 날 때는 그냥 쉬기보다 영화나 그림, 음악 등을 즐기며 시간을 보낸다.

긍정적 태도
잘 웃고, 밝은 편이다. 큰 걱정 없이 하고 싶은 것을 시도해 본다. 스트레스를 잘 안 받고 스트레스가 있어도 잘 잊는다. 즐거움의 욕구가 큰 교사는 담당

교실에서 큰 사건이 발생해도 '별 일이 아니다'라고 말한다. 남들에게는 큰 스트레스가 되는 상황이라도 즐거움의 욕구가 큰 사람에게는 그리 크게 느껴지지 않는다. 마음의 긴장, 스트레스는 즐거움으로 해소를 한다. 모든 것을 긍정적으로 보는 경향이 있어 아름다움에도 감동을 잘 느끼고 잘 표현한다.

배움과 가르침을 좋아함

스터디 모임이나 자발적 연수에 참여하는 사람들을 분석해보면, 대개 즐거움의 욕구가 높은 사람들이 많다. 새로운 지식에 대한 호기심이 많다. 그래서 이 욕구가 큰 사람은 이곳저곳 걸쳐있는 배움의 주제가 많다보니 바쁘다. 늘 뭔가를 배우고 있어서 몸이 피곤하다. 스스로 교육 중독이라 표현할 만큼 많이 배운다. 도서관에 가는 것을 좋아하는데 책을 보면 스트레스가 풀린다고 한다. 또 박물관 가면 배우고 싶고 궁금한 마음에 설명을 다 읽으려고 한다. 이것저것 많은 것들을 배워서 많은 자격증을 가지고 있기도 하다. 배우는 것을 좋아할 뿐 아니라 가르치는 것도 즐기며, 가르칠 때는 아이들이 재미있고 즐겁게 배우도록 가르치는 편이다. 즐거움의 욕구가 높은 교사들은 책을 읽어줄 때도 흥미를 북돋우게 되고, 독서 습관을 가지도록 돕는 것을 잘한다. 또 놀이나 활동을 함께 하며 학생들의 수업 참여도를 이끌어 내기 위해 많은 노력을 기울인다. 즐거움의 욕구가 큰 교사는 수업에 생기가 넘치는 편이다.

호기심이 많다

어떤 선생님은 선거 시기가 되면 투표사무원은 어떤 느낌일까 궁금해서 자원해서 해 보고, 개표원은 어떤 것일까 궁금해서 해 봤다고 한다. 임용고시 감독도 그건 어떨까 궁금해서 지원해서 해 봤다. 해 보니 어떤 것인지 아니까 이제는 하지 않는다.

버스를 타고 일부러 종점까지 가 보거나 이 곳 저 곳을 더 가 본다. 산을 가더라도 늘 갔던 길 보다는 새로운 길을 찾아서 가 보려고 한다.

즐거움의 욕구를 가진 아이들은 실험이나 시도를 많이 해 본다. 냉동고에 혀를 대 보기도 하고, '이게 없으면 어떨까' 하면서 눈썹도 깎아본다. 어떤 6 살짜리 아이는 똥이나 오줌 맛이 어떨까 궁금해서 먹어보기도 했다고 한다.

배움에 대한 호기심과 다양한 것에 대한 호기심이 합쳐지면 자격증을 몇 십 개씩 따는 경우도 있다. 궁금해서 외국인과 이런 저런 이야기를 나누다 궁 금해서 자꾸 더 물어보고 만나다보니 사랑하게 되고 외국인과 결혼까지 하 게 되었다는 사람도 있다.

호기심은 한 우물을 파기보다 새로운 즐거움을 찾아 나서게 만드는 경향 이 있다. 또 남이 안하는 것이 하고 싶어지기도 한다.

이 호기심은 때로 신기함과 감동으로 드러난다. 사랑의 욕구까지 높은 사 람이면 아이들 하나하나의 모습이나 반응이 궁금하고 신기하여 '라이브로 예능을 보는 것 같다'라고 표현하기도 한다. 아이들의 문제 행동에 대해서도 어렵고 힘들게 느끼기보다 신기하고 궁금해 한다. 아이가 독특해도, 문제를 일으켜도 다른 사람보다는 스트레스를 덜 받는 편이다.

호기심은 사람에 대해서도 나타나는데 사랑의 욕구가 함께 높을 때는 모 르는 사람들과도 쉽게 친해지고, 사람을 만나는 것을 좋아한다.

자주 쓰는 말

즐거움의 욕구가 높은 사람은 "너무 좋아~", "신난다~", "이쁘다!", "재밌지?!", "맛있다~" 등의 감탄사를 잘한다. 그러면서 재미와 즐거움에 관심이 많기에 "재미있겠다", "노잼!" "같이 놀아요", "놀아줘~", "지루해", "심심해", "이야기 해 주세요~", "한 번만 더 하면 안돼요?" 등의 말을 많이 한다. 또 호기심이 많 아 "이게 뭐야?", "오늘 저녁 뭐 먹어요?" 등의 말을 많이 한다.

즐거움의 욕구가 낮으면

즐거움의 욕구가 낮다면 놀이에 큰 의미를 못 느끼며 재미를 많이 느끼지 못한다. 공짜 시간이 주어져도 내일 할 일을 준비하는 것으로 쓰는 경향이 있다. 악기를 다루거나 취미 생활이나 노는 것에 관심이 많지 않다. 놀러가는 것도 별로 좋아하지 않는다. 놀아도 유익하게 노는 것을 좋아한다.

또한 배우는데 많은 노력을 기울이고 싶어 하지 않으며, 다른 사람들의 즐거움에 의존하여 즐거움을 누리는 경향이 있다.

여행을 가려 한다.

거기 치안은 어때?
돈은 얼마나 들어?

생존

가서 뭐하고 놀까? 즐거움   사랑 여행은 누구랑
가느냐가 중요해

무작정 떠나는 거야 자유   힘 얘들아 모여봐
나한테 좋은 계획이 있어

5가지 욕구 속 세밀한 욕구

	생존	사랑	힘	자유	즐거움
높을 때	휴식 잠 안전 안정 질서 조화 정직 진실 건강 예측가능성 효율성 일관성 회복 치유 자기돌봄 성실 청결	감사 배려 수용 친밀함 따뜻함 부드러움 우정 소속감 관심 존중 공유 기여 나눔 도움 지지 협력 소통 연결 유대 상호의존 상호성 공감 연민 스킨십 돌봄 보호 이해 신뢰	인정 목표 보람 능력 자신감 성취 숙달 도전	혼자만의 시간 평화 자율성 창조성 선택 자유로운 움직임 독립 자기주관 자기표현 개성 평등	독특함 아름다움 배움 성장 놀이 재미 유머 창조성 발견 기쁨 새로움 경험
낮을 때	즐거움 다양성	혼자만의 시간 독립 자유	수용 평화 허용	룰이 필요해요	의미 실용적

자신의 욕구 알아보기(욕구강도 프로파일)

이름 :

▪ 아래 질문에 답하고 아래에 있는 점수를 적어 보세요.
▪ 전혀 그렇지 않다(1) 별로 그렇지 않다(2) 때때로 그렇다(3) 자주 그렇다(4) 언제나 그렇다(5)

A	돈이나 물건을 절약한다 ( ) 계획을 짜야 마음이 편안하다 ( ) 균형잡힌 식생활을 하려고 노력한다 ( ) 꼼꼼하고 세심한 편이다 ( ) 청소나 정리가 되어야 마음이 편하다 ( ) 상식이나 규범에서 벗어나지 않으려고 한다 ( ) 안정된 미래를 위해 저축하거나 투자한다 ( ) 모험은 될 수 있는 한 피하고 싶다 ( ) 외모를 단정하게 가꾸는데 관심이 있다 ( ) 잘 쓰지 않은 물건이라도 쓸 일이 있을 것 같아서 버리지 않고 보관한다( ) 점수합계:( )
B	나는 사랑과 친근감을 많이 필요로 한다 ( ) 모임이나 행사 후 설거지 등 뒷정리를 자발적으로 한다 ( ) 다른 사람을 위한 일에 기꺼이 시간을 낸다 ( ) 어색한 상황이면 말을 먼저 하는 편이다 ( ) 사람들과 함께 있는 것을 좋아한다 ( ) 아는 사람과는 가깝고 친밀하게 지내는 편이다 ( ) 내가 속한 모임에 새로운 사람이 오면 적응을 잘 하도록 돕고 싶다 ( ) 사랑하는 사이에는 비밀이 없어야 한다고 생각한다 ( ) 좋은 것이 있으면 나눠주고 싶다 ( ) 힘든 사람을 보면 도와주고 싶다 ( ) 점수합계:( )
C	내가 하는 일에 대해 사람들로부터 인정받고 싶다 ( ) 조언을 잘 하는 편이다 ( ) 일을 시키는 것이 어렵지 않다 ( ) 옳다고 생각되면 강하게 주장하는 편이다 ( ) 승부의 상황일 때는 이기고 싶다 ( ) 잘못된 일에 대해서는 내 생각을 표현하는 편이다. ( ) 내 분야에서 탁월한 사람이 되고 싶다 ( ) 내가 있는 곳에서 리더 역할을 한다 ( ) 내가 속한 집단이 내가 생각하는 방향으로 바뀌기 원한다 ( ) 내 성취와 재능이 자랑스럽다 ( ) 점수합계:( )

D	사람들이 내게 어떻게 하라고 지시하는 것이 싫다 (　) 나를 구속하려는 느낌이 들면 거리를 두게 된다 (　) 아무리 옳은 말이어도 반복해서 말하지 않는다 (　) 정해진 규칙을 반드시 지켜야 한다고 생각하지는 않는다 (　) 혼자만의 시간(공간)이 꼭 필요하다 (　) 누가 뭐라고 해도 내 방식대로 살고 싶다 (　) 친한 사람이어도 연락을 자주 하지는 않는 편이다 (　) 뭔가를 끝까지 하기가 어렵다 (　) 큰 문제가 생기지 않는 한 자유를 허용한다 (　) 꽉 짜여진 일정을 따르는 것이 부담스럽다 (　)
	점수합계:(　　　　)
E	큰소리로 웃는다 (　) 유머를 사용하거나 듣는 것이 즐겁다 (　) 나 자신에 대해서도 웃을 때가 있다 (　) 무엇을 하든 즐기는 것이 중요하다 (　) 흥미있는 게임이나 놀이를 즐긴다 (　) 여행을 많이 다니는 편이다 (　) 시끌벅적한 분위기를 즐긴다 (　) 영화나 음악 감상을 좋아한다 (　) 새로운 것에 대한 호기심이 많아서 경험하거나 배우려고 한다 (　) 새로운 방식으로 일하거나 생각해 보는 것이 즐겁다 (　)
	점수합계:(　　　　)

2019년 5월 25일 수정본 욕구코칭연구소

욕구강도 순위 (201　　년　　　월　　　일)

	A 생존의 욕구	B 사랑의 욕구	C 힘의 욕구	D 자유의 욕구	E 즐거움의 욕구
점수					
순위					

점수의 의미

자신이 자신을 보는 것은 객관적이기 어렵다. 그래서 이 욕구 테스트도 자신이 체크한 것이기에 객관적이거나 절대적일 수 없다. 그저 자신을 더 알기 위한 자료 혹은 대화를 하기 위한 참고 자료로 사용하면 좋을 것이다.

점수가 35점 이상이면 욕구가 높고, 30점 이하면 욕구가 낮다고 이야기할 수 있다. 어떤 경우는 대부분의 점수가 45점 이상인 경우도 있는데 에너지가 아주 많은 사람들이 이렇게 나타난다.

점수가 20점대나 그 이하로 낮게 나오는 경우는, 이상이 높은 사람들, 세상을 달관해서 사는 사람들, 도를 닦는 사람들 등 세상 뭐 별거 있나 하면서 하나 하나에 큰 의미를 두지 않는 사람들에게 나타날 수 있다. 또 우울증에 빠졌거나 의욕이 없는 무기력의 경우도 전반적으로 점수가 낮게 나올 수 있다.

5가지 욕구는 인간이라면 누구든지 많든 적든 채우려고 하는 욕구이다. 단 5가지 중 어떤 것에 강도가 높은지 낮은지에 따라 사람의 특성이 달라지고 행동이 달라진다.

욕구는 그냥 모든 사람에게 높든 낮든 존재하는 것이다. 높음과 낮음이 성숙을 결정하지는 않는다. 다만 욕구가 잘 채워지면 편안한 모습으로 욕구가 발현이 되는 것이고 잘 채워지지 못할 때는 부정적이거나 병리적인 모습으로 나타날 수 있는 것이다. 긍정적인 방법으로 욕구를 채우는 경험이 필요하다.

욕구로 바라보는 행복과 스트레스

사람은 모두 다 참 다르다. 다르다는 것은 알지만 다름의 근원이 바로 욕구라는 것을 인지하는 것이 쉽지는 않다. 욕구의 다름은 행복과 스트레스 상황에서도 나타난다.

언제 행복하냐고 물어보면 공통적인 면이 많지만, 같은 욕구끼리 모여 그룹 활동을 하면 가장 행복할 때가 욕구마다 다름을 알 수 있다. 욕구가 채워지면 행복하고 욕구가 채워지지 않으면 행복하지 않은 데 원하는 것이 강렬하다면, 채워질 때 그만큼 더 행복하고 채워지지 않을 때는 그만큼 스트레스가 되는 것이기 때문이다.

5가지 욕구 강도로 보면 욕구 강도가 제일 높은 영역에서 개개인의 행복과 스트레스가 나타날 수 있음을 볼 수 있다.

사랑의 욕구가 높은 사람들

사랑의 욕구 강도가 높은 사람들은 혼자 있을 때 보다는 누군가를 만나거나, 공감대 형성이 되거나, 밤새서라도 수다를 떠는 등의 시간에 공통적으로 좀 더 많이 행복을 느낀다. 정서를 지지 받는 경우를 누구든 좋아하겠지만 다른 욕구 강도가 더 높은 사람보다 사랑의 욕구가 높은 사람들이 훨씬 더 깊은 의미를 느낀다. 마음과 마음이 연결되고 친밀한 느낌이 들 때 가장 행복한 것이다.

반대로 스트레스 받는 상황을 보면, 사랑의 욕구 강도가 높은 사람들은 관계에 예민하므로 오해받거나 무시당할 때 혹은 누군가가 자신을 곱지 않은 눈으로 볼 때 스트레스를 받는다. 사랑의 욕구가 가장 높은 한 교사는 종일 세미나에 참여하는 경우 함께 밥 먹을 사람이 없을 까봐 가기 전부터 걱정을 하고, 혼자 있어야 하는 상황이 되면 슬픔과 외로움으로 힘든 시간을 보내기도 한다. 아이들의 경우에도 단짝이 없으면 불안하고 안정감이 생기지 않는다. 어디를 가도 함께 할 수 있는 사람이 있어야 스트레스를 덜 받는다.

자유의 욕구가 높은 사람들

반대로 자유의 욕구가 높은 사람은 혼자만의 시간을 가질 때 행복을 느낀다. 여러 사람이 어울려 있는 시간이 누군가에게는 행복이지만 자유의 욕구가 높은 사람에게는 스트레스 상황이 될 수도 있는 것이다. 그러기에 자유의 욕구가 높은 사람이 많은 사람들과 어울려 하루를 보냈다면 혼자 있는 시간이 필요할 가능성이 큰 것이다. 그런 면에서 자유의 욕구는 내향적으로 보인다.

자유의 욕구가 높은 어떤 고등학생은 학교에서 종일 친구들과 부대끼고 모임도 하고 오면 방에 틀어박혀 문을 잠그고 있을 때가 많다. 부모가 이러한 행동을 '왜 저럴까?' 하고 문을 열어 놓으라고 한다면 아이는 자유의 욕구를 온전히 채우지는 못할 것이다.

사랑과 힘의 욕구가 높은 엄마의 경우는 '우리 집은 각자 방문을 잠그는 것은 안된다'고 가정규칙으로 정해 놓는 경우가 있다. 이런 규칙이 잘못된 것은 아니다. 함께 하는 공동체성에 꼭 필요하기도 한다. 그러나 이런 엄마 밑에 자유의 욕구가 높은 아이가 있다면 혼자 있는 시간을 확보하지 못해서 받는 스트레스가 클 수 있다는 것이다. 이럴 경우는 욕구를 보고 조율할 필요가 있다. 어떤 때는 문을 잠가도 되는지를 토론해 볼 수도 있을 것이다.

자유의 욕구가 높은 사람들은 내가 할 일이 아니라고 생각했는데 외부에서 누군가 일을 시켰을 때 스트레스를 많이 받는다. 물론 이런 경우 대부분 스트레스를 받겠지만 자유의 욕구가 높은 사람들이 느끼는 스트레스 강도는 좀 더 클 수 있는 것이다.

수영이는 친구가 미리 계획이 되지 않았는데 갑자기 전화가 와서 빠른 시간 안에 부탁을 들어달라고 하면 일단 친구 관계상 부탁을 들어준다. 하지만 그날 저녁 기분은 아주 나빠진다. 짜증이 나고 기분이 좋지 않아서 얼굴은 일그러지고 한동안 툴툴거린다. 그러면서 내가 계획해서 하는 일이 아니고 불쑥 들어오는 일, 또는 누군가 시키는 일을 해야 할 때, 스트레스를 과하게 받는 자신을 발견한다. 수영이는 자유의 욕구 점수가 가장 높게 나타났다.

수련회, 캠프 등의 짜인 일정을 엄수해야 할 때 그런 곳을 별로 가고 싶어하지 않을 뿐 아니라 짜인 프로그램 속에 있을 때 스트레스를 받는다.

즐거움의 욕구가 높은 사람들

즐거움의 욕구가 높은 사람들은 좀 단순한 것에서 행복을 느낀다. 제일 먼저 떠오르는 것이 맛있는 것을 먹을 때, 놀 때, 쇼핑할 때 행복하며, 쉬는 주말을 앞둔 시간이 행복하고, 여행할 때 행복하며, 어떤 사람은 잠자기 직전에 너무나 행복하다고 이야기한다.

반대로 스트레스를 받는 상황은 교사라면 개학 전, 행사 전, 혹은 보고서 쓰기 직전 등 일을 시작해야 할 상황에서 스트레스를 받는다. 그러나 즐거움의 욕구가 높은 사람들은 막상 일이 닥치면 또 즐겁게 일을 처리하는 경향이 있다. 또 자신이 즐거워서 해야 하는 상황이 아닐 때도 스트레스를 받는다.

힘의 욕구가 높은 사람들

힘의 욕구가 높은 사람들은 힘의 욕구에 걸맞게 주어진 역할을 잘 감당하여 성과가 이루어졌을 때 특히 행복하며, 계획한 것이 원활하게 이루어졌을 때 행복을 느낀다.

스트레스 받는 상황은, 뜻대로 되지 않을 때, 그리고 뚜렷한 역할 없이 서포트를 해야 하는 상황을 견디기 힘들어한다. 강한 권위와 불합리한 요구를 수용할 수밖에 없는 상황이 될 때 큰 스트레스를 받는다.

힘의 욕구는 성취가 중요하기 때문에, 일의 성취 여부가 행복 여부에 중요한 역할을 하고 있음을 볼 수 있다.

생존의 욕구가 높은 사람들

생존의 욕구가 높은 사람들은 뭔가를 해야 되는 부담이 없거나, 아무런 '문제'가 없는 상황이 가장 행복하다고 한다. 반면 스트레스를 받는 상황은 정해진 일정이 틀어질 때가 힘들다. 또 예측하지 않은 상황이나 준비되지 않았는데 갑작스럽게 밀고 들어오는 일정들을 힘들어 한다. 예를 들면 친구가 갑자기 전화를 해서 놀자고 하는 것도 곤란한데 더 많은 시간 동안 놀자고 하면 더 힘들게 느껴진다. 또 생존의 욕구가 높은 사람은 아플 때 혹은 천재지변이 났을 때 가장 스트레스를 받는다.

갈등이 생겼을 때

그 사람 그러면 안되지~
생존

괜찮을거야 즐거움   사랑   어떻게 나한테
이럴 수가 있어~

나는 상관없는 일이야   자유   힘   코를 납작하게 해 줘야지

가장 행복할 때

아무 일 없이 편안할 때
생존

일을 끝마칠 때 즐거움

사랑 마음 맞는 사람과
수다 떨 때

혼자 있을 때 자유

힘 원하는 걸 이뤘을 때

가장 스트레스 받을 때

예측하지 못한 일이
생겼을 때
생존

일을 앞두고 있을 때 즐거움

사랑 누군가 나를
불편하게 할 때

나에게 일을 시킬 때 자유

힘 일이 계획한 대로
안 되었을 때

욕구강도 프로파일 특징

욕구	특징	관계 속 역동
생존의 욕구	보수적, 절약적, 잘 못 버림/ 소비보다는 저축 / 위험감수하기 싫어함 / 건강, 몸에 관심이 많고 식생활에 노력 / 단정한 외모에 관심 / 상식을 따르는 경향	서로 욕구가 다를 때 : 타협안 마련하기 / 타협 않았을 때 : 힘의 욕구 비슷한 경우 자기 입장을 더 고수 / 협상의 방법은 타협뿐
사랑과 소속의 욕구	사람들을 좋아하고 잘 사귐, 친절, 가깝고 친밀한 관계 좋아함 / 얼마나 주고 싶은가로 측정 / 다른 사람을 위해 시간 냄 / 사랑과 관심을 받고 싶어함 / 얼마만큼의 사랑을 충분하다고 여기는지 그 강도가 사람마다 다름 / 사랑의 욕구와 소속의 욕구는 다를 수 있음	밖에서만 상냥한 사람 : 집에서 통제를 당한다는 생각 때문에 마음껏 주지 못함 / 자유의 욕구와 사랑의 욕구가 동시 30점 이상이면 딜레마
힘의 욕구	가장 충족 어려운 욕구 / 지시, 충고, 조언 / 인정받고 싶은 마음 / 내 말이 옳다 / 내 방식대로 / 탁월성과 리더를 원함 / 자신에 대해 자랑스럽고 가치 있게 여김 / 통제형, 사람을 소유하려 함 / 존중으로 욕구가 채워지기도 함.	힘의 욕구가 큰 친구: 힘을 합하기 / 힘의 욕구가 큰 사람들은 타협하기 어려움 / 낮은 힘의 욕구는 타협하고자 하는 강한 욕망
자유의 욕구	오래 지속되는 관계 힘듦 / 소유되는 것이 싫음 / 같은 욕구를 공유하기 어려움 / 규칙에 대한 순응이 어려움 / 한 장소나 한 집단에 오래 머무는 것 어려움 / 순응하면 자유의 욕구가 낮은 것 / 지시, 억지로 시킴 싫음 / 상대방의 자유도 구속하고 싶어하지 않음 / 열린 마음	자유의 욕구가 다를 때: 욕구 제한을 하지 않기, 양보 / 높은 자유의 욕구는 대인 관계에 어려움이 될 수 있음 / 더 큰 자유로 결합이 어려움 / 자유에 동의하지 않은 것을 사랑과 연결시키지 않기
즐거움의 욕구	잘 웃고 유머를 좋아함 / 스스로에게 만족도 높음 / 새로운 것을 배우고 싶어함 / 더 알고 싶고 알아내고 싶어함 / 게임 놀이 좋아함 / 여행, 독서, 영화, 음악감상 등을 좋아힘 / 새로운 방식으로 일하고 싶어함 / 가르치는 것 좋아함	모든 관계에 좋다. / 대인 관계에 해가 없음 / 즐거움의 욕구와 생존의 욕구가 동시에 30이상인 경우 딜레마 가능

욕구로 보는
사랑의 심리

밀당은 기술일까?

드라마를 보면 밀고 당기기의 고수들이 있다. 어떤 사이트에는 연애를 위해 밀당하는 방법을 안내하기도 한다. 첫 번째 만남은 연락을 하고(당기기) 두 번째 만남 후에는 연락을 하지 않고(밀기) 세 번째 만남에는 또 연락을 하고(당기기) 그 다음에는 또 연락을 않는 방식이다. 그러면서 티나는 일이 없도록 조심하라는 단서도 붙는다. 이렇게 연애에는 밀당이 필요할 수도 있다. 그런데 밀당을 잘 하는 사람은 어딘가에서 배워서일까?

욕구로 보면 자연스럽게 밀당을 하는 유형이 있음을 보게 된다. 자유의 욕구와 사랑의 욕구가 높은 사람이다. 이 사람들은 사랑의 욕구가 높기 때문에 깊은 관계를 좋아하고 사람과 친밀한 만남을 가지려고 한다. 그럴 때는 당기는 시기이다. 그러나 너무 깊어진다 싶거나 상대가 너무 날 좋아한다 싶으면 부담이 확 오면서 자연스럽게 거리를 두게 되어 띄엄띄엄 만나게 된다. 밀어내게 되는 것이다. 이것은 상대가 마음을 놓지 못하게 하고, 애간장을 태우게 만드는 역할을 한다.

결혼한 후 한 남편이 아내에게 '밀당의 고수'라고 말했다. 아내는 '내가 언제?' 라고 의아해 했는데 아내는 사랑과 자유가 높기 때문에 밀당이 자연스럽게 되었던 것이다.

그러나 부모가 되어서도 밀당의 기술을 자연스럽게 아이에게 구사하고 있다면 어떻게 될까? 아이에게 사랑을 퍼부어주는데 아이가 엄마에게 매달리는 순간은 다른 사람보다 스트레스를 더 받아서 아이를 밀어낼 수 있다. 그러면 아이에 다라 다르겠지만 자유의 욕구가 낮고 사랑의 욕구가 높은 아이라면 엄마의 밀어내는 순간을 견디기 어려울 수 있다.

엄마가 자신을 사랑하는 것 같은데 언제 또 밀어낼지 모른다는 불안이 있을 수도 있다. 사랑에 대한 안정감을 갖기 어려울 가능성이 크다. 이는 집착으로 나타날 수도 있다.

순애보는?

어릴 때 사랑했던 사람을 끝까지 사랑하고 헌신적으로 자기의 모든 것을 내어주는 사람들이 있다. 이런 사람들은 어떤 욕구 때문에 그런 사랑이 가능한 걸까?

생존의 욕구가 높으면서 사랑의 욕구도 높고 자유의 욕구가 낮으며 즐거움의 욕구가 낮은 경우는 순애보를 만들 가능성이 있다. 한 사람을 사랑해야 한다는 상식을 가진 생존의 욕구가 있으면 나이가 어림에도 이 사람 저 사람을 만나보는 것이 좋다는 생각을 하지는 않게 되기에 한 사람에게 빠질 가능성이 있다. 또 자유의 욕구가 낮기에 한 사람에게 구속되는 것이 스트레스가 되지 않는다. 또 즐거움의 욕구가 낮기에 다른 사람은 어떨까 하는 호기심이 생기지 않으므로 한 사람에게 더 올인 할 수 있게 된다.

바람둥이를 욕구로 이해할 수 있을까?

바람둥이는 이 사람 저 사람 쉽게 사귀면서 즐기는 것이 중요하고, 언제든 헤어질 수 있고, 책임을 지지는 않는 사람을 말한다. 이런 사람들은 이성교제는 어떠해야 한다는 일반적인 상식이 적기에 생존의 욕구는 많이 낮다고 볼 수 있겠다. 한 편, 사랑의 욕구와 즐거움의 욕구가 높기에 친밀함을 즐긴다. 또 자유의 욕구가 높아서 한 사람에게 매이는 것은 싫다. 구속되는 것도 싫고 어느 정도 만나고 나면 지겨움이 느껴져 오래가는 관계도 싫다. 또 즐거움의 욕구가 높은 것 때문에 새로운 사람에 대한 호기심으로 다른 사람을 만나게 된다. 그러면서 힘의 욕구가 높다면 마음대로 선택하고 버리는 일을 떳떳하게 할 수도 있겠다. 물론 사람에 대한 상처나 보복의 마음으로 이 사람 사귀다 버리고 저 사람 사귀다 버리는 경우도 있겠으나 그런 경우는 욕구 뿐 아니라 상처가 있고, 욕구 충족이 되지 않음으로 왜곡된 부분이 있는 것이다.

생존의 욕구를 높여서 책임을 지는 사랑을 배울 필요가 있고, 자유의 욕구를 낮추어 매이는 것도 인생에 필요함을 연습하는 것이 좋다.

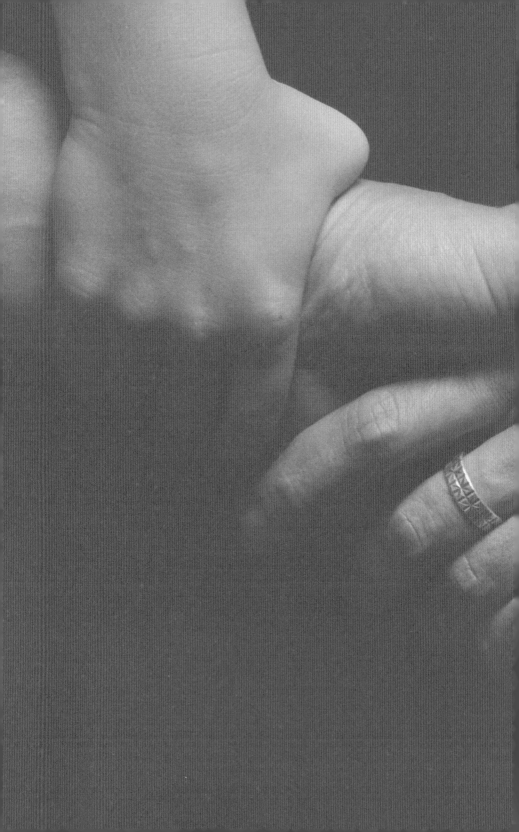

4장

욕구와 욕구가
만나면?

내 안의 욕구 딜레마

내 안에 또 다른 내가 존재한다? 사람에게는 내면의 갈등이 있다. 그 갈등은 많은 생각으로 나타나기도 하고, 독특한 행동으로 드러나기도 한다. 그런데 다른 사람들은 이를 이해하기 힘들어 한다. 생각이 복잡한 사람들에 대해서는 왜 그리 생각이 많으냐고 타박하고, 양면적인 마음을 가지고 있는 사람에 대해서는 변덕스럽다며 비난하기도 한다. 그래서 스스로도 힘든데 보는 이들마저 부정적으로 보니 더 심한 내면의 갈등이 되는 경우가 많다.

그러나 타고난 욕구가 내면의 갈등으로 나타나는 것임을 안다면, 비난이 아니라 오히려 위로와 이해로 접근할 수 있다. 내면의 욕구끼리 부딪히고 있음을 아는 것은 자신과 다른 사람을 이해하는데 큰 도움이 된다.

생존의 욕구와 즐거움의 욕구가 함께 높을 때

즐거움의 욕구가 제일 높은 사람은 생존의 욕구가 낮게 나오는 경우가 많다. 두 가지가 서로 반대되는 성질이 있기 때문이다. 그런데도 둘 다 높다면 그만큼 내적 갈등이 클 가능성이 많은 것이다. 예를 들어 여행을 하고 싶은 즐거움의 욕구로 이곳저곳 알아보고 있다. 하지만, 생존의 욕구로 인해 비용이 얼마나 들며 이것이 우리 집 경제 상황에 지금 맞나 고민하거나, 안전한가를 미리 점검하다가 결국은 포기하게 되는 경우가 많다. 이런 경우는 두 욕구가 부딪히고 있다는 사실을 아는 것도 중요하다. 둘 다 높다면 두 욕구가 번갈아 가면서 채워질 수 있도록 선택하는 것도 방법이다.

또, 보통 즐거움의 욕구는, 배우는데 즐겁고 긍정적이라 만족도가 높다. 그러나 생존의 욕구가 같이 높을 경우에는 만족도가 높지 않아 늘 부족한 마음으로 더 큰 배움을 추구하게 된다.

자유의 욕구와 사랑의 욕구가 함께 높을 때

사랑은 소속되고 싶은 마음이지만 자유는 벗어나고 싶은 마음이기 때문에 둘 다 높으면 딜레마 상황이 된다. 한 혼기가 꽉 찬 여선생님은 결혼을 하고 싶어서 애쓰는 중에 연애를 하게 되었다. 한참 잘 사귀고 있는데 남자친구가 통화하는 소리—지금 사귀는 나와 당연히 조만간 결혼할 것처럼 말하는—를 들었다. 남자친구가 좋기는 하지만 아직 결혼까지 깊이 생각하지 않았는데 그 소리를 들으니 너무 부담이 되면서 그 사람 자체에 대해서도 부담스러워져 거리를 두게 되었다.

생존의 욕구와 자유의 욕구가 함께 높을 때

이러한 경우에도 딜레마가 발생한다. 생존의 욕구가 높아서 규칙을 잘 지키고 싶고, 상식적으로 살고 싶지만 한편에서는 자유의 욕구로 인해 규칙에서 벗어나고 싶은 것이다. 그러한 갈등 속에서 규칙을 잘 지키는 아이들은 다른 사람이 규칙을 지키지 않을 때 당연히 화가 난다. 자신은 힘들게 규칙을 지키고 있는데 지키지 않는 사람을 이해하기가 쉽지는 않기 때문이다. 이 화난 마음은 고자질 등으로 나타날 수 있다. 힘이 함께 높다면 직접 지적질을 하는 모습으로 드러난다.

　반면 자유를 선택해서 규칙을 지키지 않는 아이들은 규칙을 지키지 않는 것에 대한 불편함이 커서 마음껏 자유를 누리지도 못한다. 잘못해서 혼내면 '나도 힘들다구요'하면서 오히려 항변하기도 한다. 생존과 자유가 함께 높을 때 아이들은 이래도 저래도 힘든 마음이 든다는 것을 먼저 이해할 필요가 있다.

　또 교사인 경우, 생존의 욕구가 높아서 아이들에게 이러저러하게 규칙을 지키게 하고 싶지만 또 한편으로는 억지로 시키고 싶지 않기에 자유를 많이 주다 보니 규칙을 지키는 분위기를 만들기 어려울 수 있다. 여기에다 힘의 욕구가 낮다면 더욱 규칙을 만들어 준수하는 분위기를 만들기가 어려울 수 있다.

욕구의 높낮이로 인해 나타나는 행동 양상

생존의 욕구가 높고 자유의 욕구가 낮은 경우

원칙과 규칙을 철저하게 지키려고 노력한다. 차량이 드문 새벽에도 신호를 지킨다.

교사의 경우는 생활 규칙을 학생들에게 강조한다. 교실 구석마다 책장, 도구함, 작품 전시 등 코너를 정해놓고 해당 물건이 제 자리에 있어야 마음의 안정감을 누린다. 일부 학생들이 제자리에 물건을 놓지 않는 경우, 그냥 용납하지 않고 원래 자리에 놓을 수 있도록 강조한다. 자기가 계획한 일이나 규칙은 잘 지키는 편이다. 출근하기 전에 아침마다 운동을 30분씩 하기로 했으면 날씨와 상관없이 꼭 운동을 한 후 출근하려고 한다. 학생의 경우. 청소 후 선생님이 와서 점검을 해 주셔야 집에 가기로 약속이 되었으면 선생님이 늦게 와도 올 때까지 기다리기도 한다. 또 생존의 욕구가 높기 때문에 걱정이 많은 편이다. 자유가 낮아서 '너는 너, 나는 나'가 잘 되지 않기 때문에 잔소리가 많을 가능성이 있다.

생존의 욕구는 높은데 힘의 욕구가 낮은 경우

소비생활이나 생활 속에서 어떻게 살아야 하는지에 대해 높은 가치를 가지고 있지만 힘의 욕구가 낮아서 그것을 주장하거나 관철시키지 못한다. 이로 인해 자신이 원하는 대로 살지 못하는 불만족이 있을 수 있다.

생존의 욕구와 힘의 욕구가 함께 높은 경우

자기 관리를 아주 잘 할 수 있다. 운동을 시작하면 시간을 철저히 지키면서 해 낸다. 스스로 하겠다고 하면 무엇이든지 이를 지키는 뚝심이 있다. 또 가족이나 반 아이들이 내 영향력 안에 들어와 있어야 마음이 편하다. 그리고 교사가 생각하는 불안이나 걱정을 아이에게 그대로 강요할 가능성이 있다. 밤에는 혼자 다니면 큰일 나니까 절대 혼자 다니면 안 된다거나, 가스레인지 밸브를 잠그지 않으면 어떤 일이 일어나는지를 상세하게 극단적인 사례를 들어 설명한다. 이로 인해 아이에게는 전혀 없던 걱정도 하게 만든다. 그래서 아이도 가스레인지 밸브에 예민하고 나아가 불안하게 만들 수 있다. 불안을 전염시키고 강요하는 행동이라고 할 수 있다.

공부는 꼭 열심히 해야 한다는 가치관을 가지고 힘으로 몰아 부치는 부모들도 있다. 이러한 경우 아이는, 자신이 공부와 성적 빚쟁이가 된 것 같다며 '우리 엄마는 생물학적 모친으로 점검하고 확인하며 채근하고 압박할 뿐'이라고 말하기도 한다.

어떤 남편은 외식을 싫어하고 항상 집밥을 먹으려 해서 늦게 귀가를 하더라도 부인이 밥을 차려야 된다. 또 생존과 힘이 높으면 집안 살림 중 자신이 모르는 돈이 있는 것을 용납하지 못한다.

어떤 초등학교 1학년 담임 선생님은 아이가 숙제를 하지 않자 숙제를 꼭 하는 아이로 돕고 싶은 마음에서 모두가 1시면 마치는데 4시까지 숙제를 하고 집에 가도록 했다. 숙제는 꼭 해야 한다는 생존이, 힘을 만난 예이다.

생존과 즐거움의 욕구가 함께 높은 경우

생존과 즐거움이 함께 높으면 인터넷이나 모바일을 활용한 정보 수집을 아주 잘한다. 여행을 가기 전 숙소를 구할 때도 안전하면서 아늑하고 싼 곳을 잘 고른다. 할인 이벤트도 잘 찾고, 할인 쿠폰 활용도 적극적으로 한다. 단체여행 멤버 중 한 사람이 생존과 즐거움 둘 다 높은 사람이 있으면 어디가 저렴하면서 맛있는지 인터넷으로 금세 잘 찾아서 만족스러운 식사를 할 가능성이 아주 높다. 그러나 여행지가 위험하다거나 여행 경비가 부족하다 싶으면 생존의 욕구로 인해 원래 계획했던 여행을 못가기도 한다. 여행을 가서 놀면서도 걱정이 많아 아이들에게 안전에 대한 잔소리를 많이 하게 된다.

아이의 경우, 모래놀이나 밀가루, 물감놀이를 하고 싶지만 옷에 묻을까봐 망설인다.

어떤 사람은 즐거움의 욕구로 쇼핑을 하고 싶은데, 생존 욕구로 인해 과소비가 걱정되어 나름대로의 방법을 만들었다. 홈쇼핑이나 인터넷 쇼핑에서 원하는 건 다 장바구니에 넣어 두었다가 그 다음 날 다시 생각해 보고 일부만 구입하고 나머지는 삭제를 한다.

사랑과 힘의 욕구가 함께 높은 경우

이 경우 사랑으로 통제하려 한다. 나이 든 엄마가 스무살 넘은 아들에게도 몸에 좋은 음식만 먹으라고 강요한다. 어떤 아빠는 가족끼리 식당에 가면 어디에 앉으라고 자리를 정해 준다. 교사가 주도해서 학생들에게 자리 배치를 하고나서 교사의 허락 없이 자리를 옮기는 경우 크게 야단을 친다. 아이들은 사랑을 받지만 답답함을 함께 느낄 수 있는 것이다. 이런 경우에는 사랑을 주되 내 마음대로 하려고 하는 것을 포기할 수 있어야 한다. 힘의 욕구를 조절하는 것이 필요하다.

또 사랑과 힘이 함께 높은 경우의 사람은 가족이나 가까운 사람 속에서 인정과 지지받는 것을 사랑으로 느끼는 경향이 있다. 그래서 자신을 인정해 주거나 지지해 주지 않으면 사랑을 받지 못했다고 느끼고 크게 화를 내기도 한다. 늘 친절해서 수용적일 듯 한데 얘기하다 보면 그 사람 원하는 방향으로 이야기가 진행되는 경우, 힘과 사랑의 욕구가 함께 높은 사람들일 가능성이 많다. 또한 상대가 세게 나올 때는 힘으로 누르려고 하지만 상대가 약자라는 느낌이 들면 사랑이라는 방식으로 돌보는 모습을 보인다.

또 어떤 사람은 주변 사람의 필요가 자기 눈에 잘 보여서 이를 다 채워주려고 하기도 한다. 함께 강의를 듣는데 옆 사람이 볼펜이 없는 걸 보고 그 사람이 빌려 달라고 요청하지 않아도 얼른 자기 볼펜을 빌려주기도 한다. 옆 사람이 핸드폰에 이물질이 묻은 것을 닦으려는데 언제 그걸 쳐다보고 알았는지 얼른 안경 닦기 천을 내어준다. 옆에 앉아 있는 친구가 밥을 먹다가 음식을 실수로 흘리면 얼른 휴지를 가져다 줘서 닦으라고 한다. 사랑과 힘의 욕구가 큰 사람은 친절하고 다른 사람을 잘 배려하기 때문에 주변에서 좋아하는 사람이 많다. 하지만 자유의 욕구가 높은 사람은 이런 상황을 힘들어 할 수 있다.

어떤 중년의 아주머니는 친절하게 주변 사람들을 챙기려고 하는데, 상대방이 이를 잘 받지 않으면 이를 강요하기도 한다. 친구가 피곤하거나 아파 보이면 자기 가방 속에 늘 가지고 다니던 몸에 좋은 보약을 컵에 타서 먹으라고 내민다. 그런데 아는 사람이 안 먹고 싶다고 하자 이거 꼭 먹어야 한다며 억지로 입에 밀어 넣는다. 또 피곤해 하는 친구에게 소파에 누워서 자라고 권했는데, 자지 않고 주변 사람들과 이야기를 하고 있으니 잡고 눕힌 후 이불을 머리 위까지 덮어주며 자라고 눌러주기도 한다. 이런 경우들은 그래도 사랑으로 느껴져서 웃고 넘어갈 수 있을 때가 많다. 하지만 자유의 욕구가 높은 사람들은 짜증을 내며 싫어할 수 있다.

아이가 사랑과 힘의 욕구가 높은 경우는 주변 친구들을 자기 마음대로 하려고 한다. 사랑과 힘을 섞어서 협박을 하기도 한다. '지우개 나 줘. 안주면 친구 안할 거야' 식이다.

때로는 놀이에 집착하기도 한다. 에너지가 넘치는 6살 희지. 가끔씩 가족들끼리 모여 언니, 오빠들과 놀게 되는데 한 번 놀면 끝을 봐야 한다. 자기를 잠시도 안 봐주면 삐쳐서 울거나 어른들에게 칭얼대서 언니와 오빠는 계속

쉬지도 않고 놀아 주어야 한다. 언니 오빠가 지쳐서 그만 쉬자고 해도 절대 허락하지 않는다. 언니 오빠가 누우면 위에서 뛰거나 못 눕게 한다. 또 잠을 자도 바로 깨워서 낮잠을 잘 수도 없다. 이런 경우는 자유의 욕구가 낮고 사랑과 힘은 높은 경우라고 볼 수 있다. 만약 자유가 높다면 혼자서도 잘 놀 수 있을 것이다. 이런 아이를 키우려면 부모 입장에서는 손이 많이 가고 계속 상호작용을 하지 않으면 쉽게 심심해하고, 힘들어 한다.

사랑과 생존의 욕구가 함께 높은 경우
함께 있는 것이 좋고 안전하다고 느끼기에, 단체생활이 오히려 마음이 편하다. 또한 사랑과 생존이 높으면서 자유의 욕구가 낮은 경우는 종교생활을 더 깊이 잘 할 가능성이 높다.

　조심이라는 말을 많이 사용하는데 다른 사람의 안전과 건강에 대해 걱정을 많이 한다. 여기에다 힘도 함께 높을 경우, 교사는 학교 아이들이 조심하지 않을 때 화가 나기도 한다. 또 아이들과 간식을 먹어도 패스트푸드나 탄산음료 같은 건 가능하면 못 먹게 한다.

사랑의 욕구가 높은데 힘과 자유가 낮을 때
다른 사람들이 나와 같이 밥을 먹자고 하지 않으면 혼자서 밥을 먹기가 애매해서 아예 먹지 않고 혼자 있으려 한다. 이런 일이 잦으면 스스로 왕따라는 의식을 가진다. 자유의 욕구가 높은 사람은 이런 상황에서도 자신을 '왕따'라고 여기지 않는다. 또 정이 많고 다른 사람을 돕고자 하는 마음이 많은 만큼 다른 사람에게 기대하는 것도 많아 기대가 채워지지 않을 때는 서운함을 잘 느끼고 상처를 받기도 한다.

　사랑의 욕구는 높은데, 자유의 욕구가 낮은 경우 사랑하는 사이에서도 소위 '밀당'이 잘 되지 않는다. 자신이 상대방보다 더 사랑하고 있지 않은가 하는 마음이 드는데도 상대방보다 먼저 메시지를 보내고 있다. 하지만 자유의 욕구가 높다면 다른 사람에 대해 덜 예민할 수 있다.

사랑의 욕구만 높고 다른 욕구가 모두 낮은 경우

누군가의 도움 없이는 생존이 어려운 사람이 이런 욕구 분포를 보인다. 이런 사람은 마마보이가 되기 쉽고, 직업을 오랫동안 지속하기도 쉽지 않다. 이런 경우는 부모의 잘못된 양육태도의 문제로 인한 것일 수도 있다. 이러한 사람은 일상생활 속에서 생활력을 기르거나 주장하는 법, 스스로 개척해 나가고 선택하며 사는 법을 훈련해 나가야 한다. 다른 욕구의 강도를 높여줄 필요가 있다.

사랑의 욕구가 높은데 힘의 욕구가 낮은 경우

나를 먼저 챙기고 싶은 마음도 있지만 다른 사람이 부탁을 하면 불편한 상황인데도 거절하지 못하는 경향이 있다. 대개 착한 사람 콤플렉스가 있으며, 다른 사람을 배려하려고 이 사람, 저 사람, 상황까지 살피다 보니 결정을 잘하지 못한다. 심지어 다른 사람의 마음을 거절하기가 어려워서 아주 싫지만 않다면 다른 사람의 프로포즈도 그냥 받기도 한다. 해외 난민 아동 결연을 맺어 지속적으로 돕고 싶은 마음이 있지만 배우자가 소극적인 반응을 보이면, 밀어붙이지도 못하고 그냥 늘 마음만 지니고 있기도 한다.

상대방과의 관계를 위해 그다지 좋아하지 않는 것을 하기도 한다. 예를 들어 좋아하는 영화가 아니어서 보러 가는 것이 싫지만 그래도 상대방과의 관계를 위해 그냥 따라간다.

사랑의 욕구가 낮고 즐거움의 욕구가 높은 경우

친구들 집에 가면 놀 생각은 하지 않고 책만 보는 아이가 있다. 엄마는 걱정스럽게 아이를 쳐다본다. 친구들이 안 놀아줘서 그럴 것이라고 생각하거나 아이가 잘 어울리지 못해서 그렇다고 걱정하기도 한다. 그러나 아이는 이렇게 책을 보는 것이 스트레스가 아닐 가능성도 크다. 왜냐하면 친구랑 노는 것보다 책으로 얻는 즐거움의 욕구가 더 클 수 있기 때문이다. 이런 아이들은 친한 친구 한 두 명으로도 만족하면서 사는 경우가 많다.

힘의 욕구는 높은데 생존의 욕구는 낮은 경우

힘의 욕구는 높아서 거창하게 말하고 꿈은 꾸지만 생존의 욕구가 많이 낮다면 성취하는 데는 어려움을 겪을 수 있다. 이 경우, 생존의 욕구를 끌어올릴 필요가 있다. 성취할 수 있도록 구체적인 실천 과정에서 성실하게 목표를 이룰 수 있도록 동기 부여하고 점검해야 한다.

힘의 욕구에서 중요하다고 생각하는 것에는 열심히 노력하지만 생존의 욕구가 낮기 때문에 그 밖의 많은 부분에서 꼼꼼하게 챙기지 못한다.

힘의 욕구와 자유의 욕구가 같이 높은 경우

자신에게 집중하는 경향이 있으며, 자신의 시간과 영역을 방해하는 것을 힘으로 저지하려 할 수 있다. 그래서 교사나 부모인 경우 자녀가 자신을 귀찮게 하면 싫어하고 혼내기도 한다.

힘의 욕구로 타인에게는 엄격하면서, 자신에게는 자유의 욕구로 관대한 모습을 보이기도 한다. 상대방이 뭐하는지는 알고 싶은데, 자신은 내버려두기를 바라는 마음이 있다고 이야기하기도 한다. 어떤 경우는 힘의 욕구로 강제를 했다가 어떤 때는 자유의 욕구로 허용하는 등 일관적이지 못한 모습이 나오기도 한다. 지각한 학생에게 엄격하게 야단치다가, 교사가 기분이 좋거나 바쁜 경우에는 잘 점검하지 않고 대충 적당하게 주의를 주고 넘어가기도 한다. 이러한 교사나 부모의 경우, 아이가 헷갈릴 수 있다.

힘의 욕구는 높은데 자유의 욕구가 낮은 경우

교사가 원하는 것을 아이가 그대로 하기를 바란다. 아이에게 다른 선택권을 잘 주지 않을 가능성이 있다. 반대로 같은 욕구를 가진 아이라면 교사나 부모가 권위 있다고 여길 경우에는 시키는 것에 별 불만 없이 따른다.

자유의 욕구는 높은데 생존의 욕구는 낮은 경우

다른 사람의 시선에 상관없는 경우가 많다. 어떤 여중생 아이는 머리를 감지 않고 학교를 간다. 머리가 엉망이어도 '다른 사람 시선이 뭐가 중요해? 내가 괜찮은데 어때?' 라고 말한다. 청소나 위생은 문제가 되지 않을 만큼 적절하게 유지한다. 계획하지 않은 지출도 쉽게 할 수 있다. 교사나 부모 입장에서는 이해하기 힘든 아이 유형이다.

자유와 사랑의 욕구가 함께 높은 경우

친구가 좋긴 하지만 어느 정도의 거리를 두며 SNS나 문자 서비스를 오랫동안 주고받는 것이 힘들다. 구속되고 싶으면 자유롭고 싶고, 외로우면 또 구속되고 싶다. 상호 모순적 감정이 오고 간다. 그래서 이러한 행동에 친구들도 속상해 할 수 있다.

　사랑과 힘이 같이 높으면 사랑이라는 이름으로 통제하려고 하는 반면 사랑과 자유가 함께 높으면 사랑이라는 이름으로 모든 것을 허용한다. 사랑하니까 많은 것을 하게 해 준다. 둘 다 장점도 있고 단점도 있기에 적절함이 필요하다.

자유가 높고 힘이 낮은 경우

자유가 높으면, 내가 선택하고 추진하고 싶은 마음이 많지만 힘의 욕구가 낮아서 실제로 일을 추진하는데 어려움이 생긴다. 예를 들면 공부를 하겠다고 야심차게 말하지만 그 순간이 되면 귀찮아져서 결국은 공부를 안하게 되는 경우도 있다. 또 놀러 가고 싶은 곳이 있었지만, 주도적이고 계획적인 다른 사람의 제안을 반대하는 과정에서 부딪히는 것이 싫어서 순응하다 보니 자신이 가고 싶은 곳에는 못 가게 된다.

교사인 경우, 학급 규칙을 정하긴 하지만 학급 규칙에 대한 예외적 상황을 많이 생각하게 되고, 지키지 못하는 것을 쉽게 이해하거나 수용하게 되는 경우가 많다. 그래서 결국 학급 규칙이 흐지부지 되거나 용두사미가 되는 경우가 있다. 부모인 경우, 꼭 아이에게 맞는 필요한 생활 습관을 잡아야 하지만 아이가 너무 싫어하거나 울면서 강하게 버티면 허용하거나 방치가 되는 부분이 생길 수 있다.

자유와 즐거움의 욕구가 함께 높은 경우

대개 이사하는 것은 아이들에게 큰 변화여서 스트레스가 된다. 하지만 자유와 즐거움이 높은 아이는 큰 이유도 없이 새로운 공간으로 이사를 가고 싶어하기도 한다. 종종 버스를 타고 목적지 없이 끝까지 가보기도 한다. 또 여행가는 날 아침에야 부랴부랴 짐을 싼다.

즐거운 일엔 일단 저지르지만 그 뒷일에 대한 생각은 잘 하지 않는다. 해야하는 것보다 하고 싶은 걸 먼저 한다. 계획된 일정보다 취미나 즐거움이 우선이다. 그래서 학창시절 땡땡이(?)를 과감하게 치기도 한다. 다른 사람이 없어도 잘 즐길 수 있다. 쇼핑이나 영화를 혼자서도 잘 보고 즐긴다.

즐거운 일을 하지만 자유가 함께 높다보니 지속성이 떨어지고 피로감이 빨리 올 가능성이 있다. 도전이 쉽지만 쉽게 질리고 마무리가 힘든 면이 있다.

부모인 경우 위험한 곳에 올라가려는 아이를 주의를 주지 않고 내버려 두어 주변 사람들이 오히려 더 많은 걱정을 하기도 한다.

학생의 경우, 학교 등 꼭 필요한 경우라고 여겨지는 것이 아니면 규칙을 정하는 것을 거부한다. 일정이 변경되는 것이 별로 어렵지 않다. 상황에 따라 유연하게 행동한다.

자유와 즐거움 뿐 아니라 생존의 욕구까지 같이 높은 경우에는 혼자 여행을 가기는 하지만 출발하기 전에 걱정이 많고, 가더라도 충분히 즐기지 못할 수 있다.

자유의 욕구는 높으나 즐거움이 낮은 경우

자유가 높기에 혼자 있고 싶은 마음이 많다. 혼자 여기저기 다니는 것을 좋아한다. 어떤 사람은 장래 희망이 독거노인이라고 말하기도 한다. 인생에서 큰 재미를 잘 느끼지 못한다. 아이들인 경우, 자유 시간에 자고, 아무 것도 하기 싫어한다.

즐거움과 힘의 욕구가 함께 높은 경우

다른 사람에게 장난을 치기 좋아하고, 상대방이 싫어해도 계속해서 장난을 치는 경우가 많다. 다른 사람에 비해 경쟁심이 많고 놀이에서도 지는 것을 싫어한다. 심지어 어른의 경우, 어린 아이와의 놀이에서도 이기려고 노력한다.

즐거움과 힘은 계속 재미있는 일을 만들려 하고, 다른 사람들을 이끌고 놀러 가는 것을 좋아한다. 그래서 친교 모임의 리더가 된다. 대신 자신이 모임을 주최했는데 반응이 별로 없으면 실망이 크다. 그렇게 여러 가지 모임을 진행하다가 힘들면 아무 것도 하지 않는다. 그런데 아무 것도 하지 않으면 무기력해지고 스트레스를 많이 받는다.

교사가 학생들을 지도할 때는 학급 운영 시 즐거운 이벤트 제안을 많이 하기도 한다. 자신이 생각하는 이벤트나 아이디어에 관심이 집중되면 정작 학생들의 관심사에 대하여는 놓칠 수도 있다.

즐거움의 욕구는 긍정성과 외부 활동에 초점을 맞추고, 힘의 욕구는 일을 성취하는 데 초점을 두기 때문에 즐거움과 힘은 둘 다 외부 방향으로 초점이 향해 있다. 이러한 경우, 자아 성찰을 하는 것이 어려울 수 있다. 반면 생존이나 사랑의 경우는 내면에 대한 관심이 많을 가능성이 높다. 생존의 욕구는 더 나은 내가 되고 싶은 것이기에 깊은 성찰이 가능하고, 사랑의 욕구는 관계 속에서 자신이 어떤 모습으로 비추어지는지에 대하여 관심이 높다. 그래서 에너지가 자기에게로 향할 가능성이 크다.

즐거움과 사랑의 욕구가 높은 경우

아이들의 경우, 새벽 늦게까지 친구들과 문자나 SNS를 하느라 늦게 자서 학교에 지각을 하기도 한다. 연애 소설, 연애 드라마에 쉽게 감정 이입이 되어 눈물을 흘리기도 하고 행복해 할 수도 있다. 다른 사람들을 자기 집에 초대하는 것을 좋아하고 잘 먹이기도 한다. 여러 사람과 함께 여행을 가거나 함께 노는 것을 좋아한다. 쇼핑도 혼자 하는 것보다 함께 하는 것을 좋아한다. 반면 자유와 즐거움이 높으면 혼자 놀고, 혼자 여행을 즐긴다.

즐거움의 욕구는 높으나 생존이 낮은 경우

남들이 볼 땐 위험해 보이지만 방치하는 느낌을 주는 상황이 많다. 교사의 경우, 자기가 어떤 일에 몰입하고 있으면 그 상황에서 학생들이 문제 행동을 해도 잘 놓칠 수 있다. 아이가 높은 곳에 올라가서 다른 사람이 볼 때는 위험해 보이는 상황인데 그냥 내버려 두는 부모도 있다.

어떤 아이들은 놀이를 위해 잠이나 식사 등을 포기할 때도 있다. 새로운 것을 도전하거나 즐길 때 안전이나 안정적인 것을 잘 고려하지 않는다

주욕구	부욕구	특징
생존↑	힘↑	• 끝까지 점검, 확인하고 채근함 • 교사의 불안 걱정을 강요할 수 있음 • 스스로를 통제하고 억누르려 함 • 내가 완벽하면 지적하고, 완벽하지 않으면 의욕이 저하됨 • 가정, 학급, 학교 예산 중 내가 모르는 돈은 없어야 함 • 항상 집밥을 먹으려고 함
	힘↓	• 교사의 소신을 관철시키지 못함 • 친구의 말이 옳다고 생각지 않아도 상대가 강하게 주장하면 수긍하거나 참는 편
	자유↓	• 새벽에도 교통 신호를 잘 지킴 • 신발은 꼭 신발장에, 물건은 제 자리에 있어야 함 • 잔소리가 많을 수 있음
	즐거움↑	• 저가를 알아보고 이용함 • 싸고 좋은 곳, 싸고 맛있는 곳을 잘 찾음 • 쿠폰을 잘 찾고 잘 챙겨서 써 먹음
	즐거움↓	• 뭔가 생산적인 일을 찾거나 의미 있는 일을 즐거워 함 • 여행을 별로 좋아하지 않고, 잘 가지 못함 • 스트레스를 풀 데가 없어 쉽게 무료함을 느낌 • 새벽 시간이라도 짬을 내서 뭔가를 하며 삶
사랑↑	힘↑	• 친절로 다른 사람들을 통제함 • 끝없이 놀아달라는 아이 • 추진력이 높고 오지랖이 넓다. • 내가 원하는 방향으로 되지 않을 때 화가 남
	힘↓	• 끼워달라는 이야기를 잘 하지 못함, 소외감을 잘 느낌 • 거절을 잘 못함
	자유↓	• 떨어져 있는 시간을 힘들어 함 • 의존 가능성 • 단체생활이 마음 편함
	생존↑	• 안전에 대한 걱정이 과해도 사랑이라 여김 • 상대가 좋은 사람이라고 생각하면 쉽게 퍼줌 • 종교생활을 잘 할 가능성이 큼

힘↑	생존↓	• 꿈은 크지만 성취를 잘하지 못함 • 중요한 영역이라 여기면 열심히 통제하나 그 외의 것은 신경을 잘 쓰지 못함
	자유↑	• 일관성이 떨어져서 아이 입장에서 헷갈릴 수 있음 • 상대방은 통제하고 싶지만 나에 대해서는 내버려두기를 바람 • 일을 맡길 때 크게 간섭 않으며 믿고 맡기는 스타일 • 리더십과 추진력이 있음
	자유↓	• 아이에게 선택권을 잘 주지 않을 가능성 있음
	즐거움↑	• 어린 아이와의 놀이에도 지는 것이 싫음 • 하지 말라고 해도 자꾸 장난을 침 • 사람들이 많이 모인 곳에서 주도를 잘함 • 자기내면에 대한 관심이 적을 수 있음
자유↑	생존↑	• 만나면 잘 지내지만 친구들에게 연락 잘 하지 않음 • 프리랜서로 사는 것이 편함 • 스트레스는 잘 받으나 해소는 잘 못함
	생존↓	• 다른 사람 시선에 대하여 별로 상관하지 않음 • 청소나 위생에 별로 관심이 없음 • 과도한 규칙을 답답하게 느끼고 싫어함
	힘↓	• 훈육 시 허용적인 편 • 갈등을 싫어함
	사랑↑	• 밀당을 잘함 • 적절한 거리가 편한데 다른 사람들이 서운해 함 • 아이들이 스스로 알아서 하길 바라며 잔소리를 잘 안함 • 사랑하지만 잦은 만남이나 문자는 부담스러움 • 함께 하는 시간도 좋지만 나만의 시간도 꼭 필요함
자유↑	사랑↓	• 이성 교제, 결혼에 대하여 별로 관심이 없음 • 혼자 돌아다니는 것을 좋아함
	즐거움↑	• 일정보다 취미나 즐거움을 우선함 • 즐거운 일은 일단 저지르고 뒷일을 잘 생각하지 않음 • 도전은 쉽지만 지속성이 떨어짐, 피로감이 높음 • 쇼핑이나 영화 등을 혼자서도 잘 보고 즐김 • 버스를 타고 목적지 없이 가보거나 갑자기 훌쩍 떠남
	즐거움↓	• 장래 희망이 독거노인 • 자유 시간에 자고, 아무 것도 하기 싫음

즐거움↑	생존↓	• 교사나 부모로서 남들이 볼 땐 위험해 보이는 상황도 방치하는 경우가 있음 • 놀이를 위해 잠이나 식사 등을 포기할 때도 있음 • 새로운 것을 도전하거나 즐길 때 안전이나 안정적인 것을 잘 고려하지 않음
	생존↑	• 모래놀이나 밀가루, 물감놀이를 하고 싶지만 묻을까봐 망설임
	사랑↓	• 친구들과 노는 것보다 혼자서 책보는 것이 먼저 • 혼자 노는 경우가 많음(게임도 포함)
	사랑↑	• 많은 사람들과 어울리는 걸 좋아함, 친구들을 잘 초대함 • 놀 때 적극적임
	자유↓	• 여행을 가고 싶으나 장소나 일정을 다른 사람이 결정해 주기를 바람
	힘↑	• 인정받고 싶은 마음과 즐겁게 놀고 싶은 마음이 내적으로 대립 • 가자! 놀자! 모임의 리더가 된다. • 아이에게 뭔가를 자꾸 같이 하자고 제시하는데, 정작 아이의 관심을 존중해 주지 못할 때가 있음 • 노는 모임을 주관했는데 반응이 없으면 실망 • 즉흥적인 여행을 잘 추진함
	힘↓	• 내가 불편하지 않은 선에서 다른 사람을 배려함 • 결과물이 없어도 즐겁게 보내면 만족함

5장

────────────

욕구를 다루는
방법

욕구는 채워져야 한다!

욕구 충족

우리는 욕구를 조절해야만 하는 사회에 살고 있다. 그러다 보니 학교에서도 욕구를 계속 조절하라고만 한다. 그러나 충족되지 않은 상황에서 조절만 하려다 보면 삐뚤어지거나 왜곡된 모습으로 드러날 수밖에 없다.

우선 유아기 때 필요한 욕구가 채워져야 한다. 유아기 욕구 충족은 인성과 사회성의 밑바탕이 된다. 그것을 바탕으로 세상을 살아가게 된다. 그러다 욕구가 눌리거나 좌절하는 상황이 오고, 그것이 해결되지 않고 계속되면 우리가 흔히 말하는 '욕구 불만'이 나오게 된다. 욕구 불만은 사회에 적응적이지 못한 모습으로 드러나게 된다.

어른도 마찬가지다. 욕구가 기본적으로 채워져야 삶이 편안하다. 계속 채워지지 못하면 상한 감정이 불거져 나오게 되고, 관계 속에서도 드러나게 된다. 5가지 기본 욕구는 모든 사람에게 있고, 기본적으로는 채워져야 하는 욕구들이다. 그러나 윌리엄 글라써는 모든 욕구를 채울 수 없는 경우라면 가장 강도가 높은 욕구라도 채워지면 된다고 이야기한다.

욕구를 채우려면 우선 자신의 욕구가 무엇인지 알아야 하고, 가족이나 가까운 사람과 함께 욕구가 무엇인지 나누는 것이 필수적이다. 이를 통해 서로의 욕구를 알게 되고, 서로 채워주려는 노력을 할 수 있게 된다.

윌리엄 글라써는 다른 사람에게 욕구를 채워달라고 강요해서는 안된다고 강조한다. 내가 어떤 욕구가 높은지를 알고 나서 가까운 사람에게 이야기하면서 자신에게 맞추어주길 기대하는 것이 많은 사람들의 심정이다. 그러나 욕구는 다른 사람이 배려해 줄 수 있을 뿐이다. 보통 MBTI나 에니어그램 등의 성격 유형 검사를 하고 나서도 많은 이들이 쉽게 오류에 빠진다. "나 원래 이런 사람이니까 내가 하고 싶은 대로 내버려 둬!" 라거나 "나 원래 이런 성격이니까 당신이 나에게 맞추어 줘!" 아니면 '저런 성격이라 저런 식의 행동을 하지' 식의 판단 자료로 쓰는 경우가 생긴다. 이런 활용 방식은 오히려 자아 성찰과 대인 관계에 있어서 해가 된다.

　나는 나를 조절할 수 있을 뿐이다. 상대방에 대해서는 조절하려고 하거나 통제하려고 해서는 안된다. 나는 단지, 상대의 욕구가 채워지도록 어떻게 도와줄 수 있을까 생각하면 된다. 그러다 보면 서로 배려하는 가운데 채워지는 것이 있을 것이다.

　어떤 욕구든 충족시키는 일차적인 방법은 존중과 경청임을 알아야 한다. 존중이란, 사전에 보면 '누군가에게 그들 자신의 견해와 판단을 가질 공간을 주는 것'이라고 표현되어 있다. 다른 사람을 판단하거나, 통제 혹은 강제하지 않고 놓아두고 성장하도록 허용하는 것이다. 어떤 욕구가 높든지 그것을 이해하고 수용하는 것에서 시작된다. 욕구를 수용한다고 하면 일부 사람들은 드러난 행동이 틀렸는데 어떻게 수용할 수 있는가라고 반문한다. 물론 드러난 행동은 틀릴 수 있다. 하지만 욕구는 틀리지 않다. 밤늦게까지 게임을 하다가 다음날 지각을 했다면 잘못된 행동이지만, 게임을 통해서라도 즐거움의 욕구를 채우고자 한 것 자체가 잘못 되었다고 말할 수 없다. 욕구를 수용하고 인정해 주어야 행동을 수정하는 단계로 나아갈 수 있다. 그것이 존중이다.

　경청도 마찬가지다. 경청은 모든 욕구를 충족시키는 방법이기도 하지만 특히 사랑이나 힘의 욕구를 채우는데 있어서 매우 필수적이다.

타협하기

욕구를 다루는데 중요한 것이 타협이다. 그러나 우리는 타협에 대해 약간 부정적인 시각을 가지고 있다. 비겁한 방법으로 생각하기도 한다. 그러나 욕구로 부딪힐 때는 서로 타협을 해야 한다. 타협이란 혼자 참는 것을 말하지 않는다. 나도 양보하고, 너도 양보하는 것을 말한다. 타협의 기준은 서로가 자신에게 가장 높은 욕구를 채워주는 방향으로 하면 좋다. 가장 높은 것이 채워지면 다른 것은 좀 덜 채워져도 크게 문제를 일으키지는 않기 때문이다. 물론 둘 다 힘의 욕구가 가장 높다면 두 사람 다 서로의 욕구를 채우기는 어렵다. 이 경우, 영역을 구분하여 힘끼리 충돌되지 않도록 예방한다거나 관계적인 측면에서 다룬다면 가능할 수 있다. 기꺼이 타협할 의사가 있으면 상호 의견 차이는 충분히 극복할 수 있다. 타협에도 연습과 노력이 필요하다.

욕구 조절하기

"모든 욕구가 다 충족되어야 하는 것은 아니다. 욕구는 관계 속에서 충족되는 것이기에 모든 욕구를 충족시키면서 살 수는 없는 것이다. 가장 기본적인, 가장 원하는 욕구가 충족되면 다른 욕구는 조절할 수 있는 능력이 생긴다. 그러므로 행복해지는 방법은, 욕구 수준을 실현 가능한 수준으로 내리거나 자신의 욕구 수준에 맞게 자신의 욕구를 실현시키도록 타협하고 이해시키는 방법이다.(윌리엄 글라써)"

서로 어울려 살기 위해서는 나의 욕구 뿐 아니라 상대방의 욕구도 생각해야 한다. 그렇게 하려면 타협은 필수적이다. 타협은 또 다른 의미에서 조절하는 것이라 할 수 있다. 조절은 방향이 있어야 한다. 물론 사람마다 조절의 방향은 다르다. 건강하게 표현하고, 다른 사람에게 피해를 주지 않으면서 나 스스로를 지킬 수 있는 방향이 가장 좋다. 어떤 사람은 욕구 강도가 높아서 삶의 불편을 겪는다. 어떤 경우는 너무 약해서 문제가 되기도 한다. 그렇다고 중간쯤 된다고 문제가 없는 것도 아니다. 어떤 부분은 강해야 할 때가 있고, 또 약한 것이 필요할 때도 있다. 그렇다면 어떻게 해야 하나? 구체적인 조절 방법을 알아보자.

5가지 기본 욕구 조절하기

1. 생존의 욕구 조절하기

생존욕구가 높은 사람과 낮은 사람이 부딪힐 때

가까운 관계에서 한 사람은 생존 욕구가 높고, 한 사람이 낮다면 생활 속에 소비나 모험을 하는 부분에서 부딪힐 가능성이 늘 존재한다. 그러므로 미리부터 타협안을 만들어 놓으면 일상속의 갈등이 예방될 수 있다. 소비와 관련해서는 "내가 원하는 것보다는 많지만 협상하기 위해 노력할게요."

"저는 내가 원하는 것보다 쓰는 것을 줄일게요. 하지만 이 선이 내가 낮출 수 있는 최대치예요." 이렇게 이야기를 나누면서 두 사람이 어느 지점에서 수용이 된다면 타협은 성공한 것이다. 필요한 돈이 있어야만 집을 사려고 하는 사람과, 돈이 모자라도 대출을 통해서 집을 사 놓아야 한다는 의견이 엇갈린다면, 두 사람 다 자신의 것을 조금씩 양보하여 무리되지 않는 선에서 적절한 중간 지점을 찾는다면 타협을 할 수 있을 것이다.

생존욕구가 높을때 조절하기
- **과도한 규칙을 점검하기**

생존 욕구가 높을 때는 학교나 집안에서 규칙이 많을 가능성이 있기 때문에 자신의 규칙이 과도한 지를 스스로 점검하는 것이 필요하다. 만약 힘도 높다면 당연히 누구든지 지켜야 할 규칙으로 생각할 수 있다. 다른 사람들에게 융통성이 없다는 소리를 들을 수 있다. 이런 경우 다른 사람들과 각자 어떤 규칙을 가지고 있는지 이야기를 나누다 보면 규칙이 과도한지 부족한지가 드러난다. 자신이 당연하게 생각하는 것도 다른 사람에게는 전혀 그렇지 않은 일도 있을 수 있다. 남에게 피해를 주거나, 위험하거나, 비도덕적이지 않은 영역이라면 규칙을 허용해 보는 것도 성숙의 과정일 것이다.

또한 규칙이 내게서 나오는 것이 아니라 함께 정하는 것이라면 강압적인 느낌이 없어서 학교 아이들이나 자녀가 수용하거나 지키는데 있어서도 자발적일 수 있다.

어떤 교사는 자기 학급의 등교 시간을 다른 학급보다 30분 일찍 정해놓고 무조건 올 수 있도록 하는 경우가 있다. 물론 일찍 등교하는 습관을 통해 자기 주도적 학습을 하겠다는 취지는 좋지만 학생들 입장에서는 불만의 요소가 될 수 있다. 담임교사가 다른 학급에 비해 과도한 규칙을 정해 지키게 하는 것은 학생들의 자발성과 자율성을 저해할 수 있다.

• 스스로 돌보기

생존의 욕구가 높은 사람 중에는 규칙이나 의무를 지키는 데 관심이 많다 보니 자신의 감정이나 필요를 돌보는 면이 약할 수도 있다. 자신을 위해서는 돈을 거의 쓰지 않기도 한다. 이런 경우 자신을 돌보며 살자는 의미에서 자신을 위한 소비를 해 보는 것도 한 방법이다.

또 문제가 있을 때는 스스로 자책하는 경우가 많은데 '괜찮아'라는 말을 자신에게 해 줄 필요가 있다. 때론 책임지지 않아도 되는 때가 있음도 기억할 필요가 있다.

• 즐기기

생존의 욕구가 높고 즐거움의 욕구가 낮다면 자기가 생각하기에 의미 없다고 생각하는 일은 잘 하지 않고, 의미 없이 노는 것을 잘 하지 않는다. 그래서 이런 사람들은 "인생을 즐기며 살아라. 좀 놀아도 된다."가 필요한 부분이다. 꼭 의미가 있어야만 좋은 것만은 아니다. 때론 별 의미 없이 즐거울 수 있어도 괜찮다. 꼭 해야 할 일이 아닌 자기가 원하는 취미생활을 해 보거나, 즐거움을 함께 나눌 수 있는 자리에 가 보는 마음을 내보는 것도 필요하다.

- **과도한 걱정인지 점검하기**

  자신이 직접 당한 것이 아니지만 비행기나 배는 사고가 날 수 있으니까 절대 타지 않겠다고 하는 사람이 있다. 수많은 사람들에게는 아무렇지도 않은 것을 나는 걱정하고 있는 경우라 할 수 있다. 이런 경우는 왜 이렇게 걱정하는지 이유를 파악할 필요가 있고, 그것 때문에 시도해 보지 못하는 많은 것들을 생각하며 조금씩 시도를 해 볼 필요가 있다.

생존의 욕구가 낮을 때 조절하기

교사가 생존의 욕구가 낮으면 규칙에 대해 관심이 적고, 규칙을 고려하지 않고 행동하는 경우가 많다. 그러나 학생들을 지도하려면 안전과 규칙이 필요하다. 이러한 규칙은 아이들에게 안전한 울타리가 되기도 한다. 특히 생존 욕구가 높은 아이들에게 규칙은 안전감을 주는 것이므로 꼭 필요하다.

또 교사가 생존의 욕구가 낮을 경우, 아이들을 지도하는 데 있어서 세심하게 바라보고 챙겨야 할 부분을 놓칠 수 있다. 이런 교사라면 세밀하게 학생들을 지도할 수 있는 방법을 배워서 노력해야 한다.

생존의 욕구가 낮은 사람들의 경우, 운동을 해야 한다고 생각하지만 실제로는 잘 안되는 경우가 생기는데, 이때, 헬스클럽 연간 회원권을 선결제해서 운동을 시작하는 환경을 만드는 것도 좋다. 아니면 주변에 꾸준히 함께 할 사람이 있다면 시간 약속을 통해 스스로 안 할 수 없게 만드는 것도 한 방법이다.

생존의 욕구가 높은 아이를 돕는 법

생존 욕구가 높은 아이는 교사의 잔소리가 필요 없는 아이들이다. 스스로 알아서 자기에게 엄격한 사람이기 때문이다. 내면에 '자기 비평위원회'가 있다고 할 정도이다. 이 아이들에게는 안전한 울타리를 만들어주는 것이 필요하다. 안전하다는 느낌이 들면 두려움이나 걱정이 줄어든다.

2. 사랑과 소속의 욕구 조절하기

사랑의 욕구가 높은 사람과 낮은 사람이 부딪힐 때

늘 사랑을 표현해 주기를 원하는 친구와, 마음으로 알아주기를 바라는 친구가 서운함으로 갈등이 생기는 경우가 있다. 사랑의 욕구가 높은 사람과 낮은 사람의 갈등이다. 이 경우는 둘 다 조금씩 양보하는 것을 원칙으로 하되, 표현을 어느 정도 하는 것이 좋을지 함께 정하면 좋다. 또 어울리는 것을 좋아하고, 선물이나 음식을 자주 사 주는 남편이 있다. 그의 아내는, 자기 것은 챙기지 않고 퍼준다며 싫어한다. 이로 인한 갈등의 경우는 이야기를 통해 서로의 입장을 들어보고 타협하는 것이 필요하다. 서로 조금씩 양보하며 구체적인 횟수와 금액을 함께 정하는 것이다.

사랑의 욕구가 높은 것을 조절해야 할 때

사랑의 욕구가 높은 사람들은 혼자 있는 것이나 혼자 노는 것을 싫어해서 다른 욕구보다 외로움을 심하게 느낄 수 있다. 사랑의 욕구가 높은 사람은 혼자 있는 연습이 필요하다. "홀로 설 수 있는 사람이 함께 있어도 행복할 수 있다"는 말은 아마 사랑의 욕구가 큰 사람들에게 꼭 필요한 말일 것이다. 혼자서도 행복한 법을 배워보자.

공부를 해야 하는데 친구들과 어울리기 너무 좋아해서 공부를 뒷전에 두는 경우가 있을 수 있다. 이럴 때 조절이 필요하다.

또 내가 하는 만큼 다른 사람이 사랑해 주지 않을 때 서운함을 많이 느낄 수 있다. 이때 서운함보다 욕구로 바라보는 훈련을 한다면 주는 것만으로도 괜찮은 마음이 되지 않을까 싶다.

사랑과 힘의 욕구가 같이 높을 경우에는 사랑이라는 이름으로 힘을 쓰며 내 마음대로 하려고 하는 것은 아닌지 점검해 볼 필요가 있다. 즉 다른 사람이 원하지 않는데도 사랑을 주려고 하는지 돌아볼 필요가 있는 것이다.

관계가 우선이다 보니 자신의 감정을 다른 사람이 싫어할까봐 화를 못내는 경우가 있다. 화를 긍정적으로 보며 자기감정에 솔직해지는 것이 성숙의 길이다. 또 자기주장을 하는 것도 다른 사람이 싫어할까봐 못하는 경우들이 많다. 화를 내는 것 자체를 긍정적으로 볼 필요가 있다. 다른 사람의 감정을 해치지 않는 범위에서 자기주장을 펼칠 수 있는 방법을 깨달아야 한다.

사랑의 욕구가 낮을 때

주변에 사람이 그다지 필요하지 않고 혼자 지내도 크게 문제가 없는 사람들이 있다. 본인은 편하고 좋지만 주변 사람들이 불편해 해서 변화의 필요를 느낀다. 이렇게 낮은 사랑의 욕구를 조절하고 싶은 사람들은 여러 가지 방법으로 연습을 해 볼 수 있다. 다른 사람과 대화에서 자기 이야기를 잘 안하는 경우, 자기표현을 먼저 해 보는 것도 좋다. 주변 사람들에게, 무뚝뚝한 표정 때문에 접근하기 힘들다는 소리를 듣는 경우는 웃는 연습을 해 볼 수도 있다.

다른 사람을 따스하게 만들어주는 행동들은 참 많다. 몸살이 났다는 사람에게 커피 한잔 사 주며 힘내라고 한 마디 해 주는 것도 필요하고, 어떤 경우는 문자 서비스를 통해 커피 한 잔을 선물로 보내는 것도 좋다.

사랑의 욕구가 극단적으로 낮은 경우는 결혼 생활을 유지하기가 어려울 수도 있다. 사랑의 욕구는 낮으면서 생존 욕구나 힘의 욕구만 높은 경우는 자녀나 학생에게 폭력을 쓸 수 있는 가능성이 있다. 아동이나 여성 학대도 이런 사람에게서 나올 수 있다. 그러므로 사랑의 욕구가 낮은 사람은 다른 사람에게 관심 갖고 친절하게 배려하는 법이나 나누는 법을 배울 필요가 있다.

사랑의 욕구가 높은 사람을 돕는 방법

· 과제나 공부에서 돕기

관계가 중요한 아이들은 친구들과 노는 것에 집중하느라 과제에 집중을 못하는 경우가 있다. 이러한 아이들은 혼자 하는 것보다 친구들과 함께 하는 것이 더 능률이 오르므로 협동학습을 통해서 공부할 수 있도록 지도하면 좋다. 집에서 엄마가 과제를 하도록 도와야 한다면, 학교에서 돌아 온 후 놀이가 시작되기 전에 바로 숙제하도록 돕는 것도 한 방법이다.

· 자기주장하기

자기주장 하는 연습을 하도록 돕거나 자기주장을 할 때 잘 들어주는 것이 큰 도움이 된다.

· 늘 돕는 아이로 사는 아이

교우 관계가 더 중요해서 자기가 좋아하는 것을 친구에게 주고는 나중에 속상해 하는 아이들도 있다. 이런 경우 힘들면 안줘도 된다고 이야기해 주는 것이 도움이 된다.

사랑의 욕구가 높은 아이들은 많은 아이들을 지속적으로 잘 돕지만 때로는 지쳐있는 경우도 있다. 다른 아이들은 이런 친구가 도와주면 계속 도움을 요구하고 이를 당연하다고 여길 수 있다. 그래서 돕지 않으면 오히려 화를 내거나 울면서 자기를 먼저 봐 달라는 아이도 있다. 그러므로 거절해도 괜찮다는 메시지를 잘 전달할 필요가 있다. 힘들어 할 때 이해하고 수용하는 것이 이 아이들에게 지지와 격려가 된다.

· **욕구에 대해 이해시키기**

이 세상은 사랑이라는 것이 가장 중요한 가치로 여겨진다. 그래서 사랑의 욕구가 높은 사람들은, 사랑의 욕구가 낮거나 자유의 욕구가 높은 사람에 대해, 정이 없거나 사랑이 없다고 비판적으로 볼 가능성이 많다. 타고난 욕구에 대해 이해를 할 필요가 있고, 자유의 욕구로 대하는 것도 사랑하는 나름의 방법임을 이해할 필요가 있다.

3. 힘의 욕구 조절하기

힘의 욕구가 높은 경우

힘의 욕구를 긍정적으로 잘 사용하면 사람을 모으고 이끌고 도와가며 함께 만들어내는 사람이 될 수 있다. 반대로, 누르고 강제하고 지시하며 통제하여 내 마음 내 뜻대로 하면, 다른 사람에게 두려운 존재가 된다. 그러므로 '힘을 어떻게 쓰는 사람으로 살 것인가?'를 결정해야 한다. 힘의 욕구는 평생 그 사람 속에 있다. 눌러서 사라지는 것이 아니다. 힘을 조절해서 좋은 방향으로 그 힘을 쓰면 나중에 다른 사람에게 좋은 영향을 미치는 훌륭한 사람으로 살 수 있다.

무엇보다 힘은 가정에서는 채워지기 어려운 욕구임을 인식할 필요가 있다. 가정에서 채우려 하면 상처받는 경우가 더 많고 갈등이 생긴다. 외부의 일을 통제함으로 힘의 욕구를 채우는 것이 좋다.

• 강요가 아닌 안내와 촉진으로

강요를 하면 상대방은 부담스럽다. 특히 자유의 욕구가 높은 학생이나 자녀는 반발심이 더 생긴다. 하지만 힘을 잘 쓰는 사람은 일을 잘 촉진시키고 가이드라인을 제시하며 일 할 분위기를 만들어준다. 또 강요를 하는 사람들은 보통 권위를 내세워 상대방의 복종을 요구한다. 이들에게는 외적인 힘을 강조하는 권위주의보다 내적인 존경을 강조하는 권위를 가질 수 있도록 하는 것이 과제이다. '나를 따르라'가 아니라, 함께 협동하는 방향으로 나아가면 오랫동안 어우러진 분위기 속에서 함께 할 수 있다. 또한 내가 옳다는 것을 내려놓는 것도 필요하다. 이미 결정해 놓고 노골적으로 유도하는 것도 내려놓아야 한다. 이것이 강요가 될 수 있기 때문이다.

• '나는, 내가'라는 표현보다 '우리'라는 표현으로 나아가기

힘을 오용해서 쓰는 사람은 '나는', '내가'라는 표현을 많이 쓰지만 힘을 잘 조절하는 사람은 '우리는'이란 표현을 잘 쓴다. 힘을 오용하는 사람은 자기중심적인 경우가 많고 자기에게 관심을 집중하고 있기 때문에 '내가'라는 표현을 많이 쓴다. 힘을 조절하여 쓰는 사람은 관심이 '우리'에게 있다. '우리'라는 것은 함께 의논하고 함께 고민해 나가는 것을 말한다. 나 혼자 고민하고 나 혼자 치고 나가는 것이 아니라 함께 고민하도록 내어놓고, 함께 손잡고 나가는 것이 필요하다. 때로는 권위가 필요한 경우도 많다. 하지만 권위주의를 내세우면 내부 결속과 구성원들의 자발성이 떨어지게 된다.

- **가라고 명령하기보다 모범으로 이끌기**

  힘을 오용하는 사람은 '가라(Go)'고 말하지만, 힘을 잘 쓰는 사람은 보여주면서 '가자(Together, Let's go)'고 말한다. 가라고 명령하면서 자신은 움직이지 않는 사람과, 함께 가면서 모범을 보이는 사람은 큰 차이가 있다.

- **처벌로 문제를 처리하지 않고, 처벌 대신 그 문제에 대한 책임을 지게 하기**

  처벌은 동기를 부여하지는 못한다. 처벌받지 않도록 노력할 뿐이기에 처벌하지 않는 환경이 되면 그것을 해야 할 필요성을 못 느끼게 된다. 그러나 스스로 결정하고 책임을 지게 하면 자기 스스로 동기부여를 하게 된다.

- **마음을 헤아리기**

  귀에 듣기 좋은 말만 아니라 나와 다른 의견도 경청하는 것이 필요하다. 물론 때로는 무엇이 잘못되어 있는지 지적도 필요할 것이다. 상대방의 이야기를 경청하면서 잘못된 부분도 스스로 깨달을 수 있도록 하여 마음을 다치게 하지 않도록 해야 한다. 그래야 사람도 얻고 일도 이룰 수 있을 것이다.

- **타협하기**

  얼마만큼의 힘을 포기할까 생각하는 것이 타협이다. 결정권에 대해 타협안을 마련한다면 "지난번에는 내가 원하는 대로 했으니 이번에는 네가 원하는 대로 해." 라고 할 수도 있다. 예컨대, 서로 식성이 너무 달라서 외식 메뉴 결정이 어려운 경우, 결정하는 순서를 정해 놓을 수도 있다. 또는 결정하는 영역을 정해 놓을 수도 있겠다.

  힘의 욕구가 높은 사람에게는 "네가 결정해. 내가 따를 게." 라는 말을 해 보는 것도 성숙을 위한 행동일 수 있다.

힘의 오용을 해결하기

힘의 오용	적절한 힘의 사용
강요	안내, 촉진, 가이드라인 제시
권위 의존	협동 의존
처벌 필요	처벌 불필요
나는 ~ 한다	우리는 ~ 한다
자기 말도 무시(수시로 바뀜)	자기 말에 책임
공포 형성	믿음 형성
실수 비난	실수 조정
어떻게 할지 알고 있음	어떻게 하는지 보여줌
듣기 좋은 말만 경청	사람들에게 무엇이 잘못되어 있는지 경청하고 지적
권력을 즐김	권위마저도 즐기지 않음
반발 조성	열성 조성
'가라'고 명령	'가자'고 권면
지루한 분위기	흥미로운 분위기

R.T intensive 기초자료집(곽은진, 2016 겨울방학 특강 자료집)

힘의 욕구를 가진 사람은 다음과 같은 자기 평가 질문을 통해 힘의 욕구를 적절히 잘 사용하고 있는지 도움을 받을 수도 있다.

부정적 사용	평가 점수	긍정적 사용
비판하기	1 2 3 4 5 6 7 8 9 10	경청하기
탓하기	1 2 3 4 5 6 7 8 9 10	지지하기
불평하기	1 2 3 4 5 6 7 8 9 10	격려하기
잔소리하기	1 2 3 4 5 6 7 8 9 10	존중하기
협박하기	1 2 3 4 5 6 7 8 9 10	믿어주기
벌하기	1 2 3 4 5 6 7 8 9 10	수용하기
매수, 회유하기	1 2 3 4 5 6 7 8 9 10	불일치를 협상하기

이 평가 질문을 통해 점수가 낮게 나온 부정적인 부분을 인식하고 긍정적으로 바꾸려 노력한다면 힘의 적절한 사용에 도움이 될 것이다.

힘의 욕구가 너무 낮을 경우

교사의 경우, 힘의 욕구가 낮을 때 지나친 허용, 방임, 지시 부족, 규율이나 한계 설정에서 부족한 경우가 생길 수 있다. 교실 질서가 잡히지 않고 혼란스럽고 수업 분위기가 엉망일 수 있다. 가정에서는 부모의 힘이 낮을 경우 아이가 통제가 잘 안되거나, 자기 마음대로 하려 하거나, 불안감을 가질 수 있다. 이런 경우에는 힘의 욕구를 올리는 것이 필요하다. 규율을 정하고, 한계를 설정해 주어야 아이들도 안정감을 가질 수 있다. 사실 교사가 되면 힘의 욕구가 높아진다. 교사보다 아이들이 상대적으로 힘이 약하기 때문에 교사는 아이들에게 자기의 힘을 많이 사용하기 쉽다.

결정 장애가 있다고 느끼거나, 갈등이 싫어서 끌려 다닌다고 스스로 느껴지는 경우에는 힘의 욕구를 높이는 방안이 필요하다. 다른 사람의 결정에 따르기보다 자신이 직접 결정해 보기를 실천해 본다거나 갈등에 부딪혀 볼 필요가 있다. 또 말을 해도 더 이상 소용없다고 느낄 때 힘의 욕구가 낮으면 다른 사람보다 빨리 포기할 경우가 많다. 이 경우, 한 번 더 이야기해 보기를 선택해 보는 것도 필요하다.

힘의 욕구를 돕기

힘의 욕구를 가진 사람을 도울 때는 먼저 힘의 욕구를 채우는 것이 필요하다. 그 후 힘의 욕구를 조절하도록 돕는 것에 에너지를 쓰는 것이 좋다. 즉, 자신이 선택하고 책임지게 하는 것 등을 통해 힘의 욕구가 어느 정도 채워지면, 그 다음에 힘의 욕구를 바르게 쓰는 법을 배우고 실천할 수 있다. 힘의 욕구를 외부의 힘으로 누르려고 하면 오히려 역효과가 나타난다.

또한 힘의 욕구를 가진 아이는 다른 사람에게 예의 있게 대하는 법을 배워야 한다. 꼭 지켜야 할 대인 관계 규칙을 가르치는 것도 하나의 방법이다. 또 힘의 욕구가 높으면 드러나는 일에 집중하다 보니 대인 관계나 자기감정을 소홀히 여기는 경향이 많다. 그러므로 다른 사람을 돌보거나 마음을 헤아리는 것이 얼마나 중요한 지를 배우는 것이 필요하다. 또한 자신의 감정에 대해서도 돌아보며 표현하게 하는 것도 좋다.

힘의 욕구를 가진 아이를 다룰 때에는 단호함이 필요하다. 꼭 해야 할 일임에도 '그거 안하면 안돼요?' 하고 몇 번씩 묻는 아이들이 있다. 이런 경우에 단호함이란, 화내거나 감정을 싣지 않고, 물을 때마다 "해~" 한 마디를 하면 된다.

또한 힘의 욕구는 이기는 것을 중요하게 여기기 때문에 사소한 일에 져 주다 보면 나중에 중요하고 큰 일에는 이겨도 저항이 덜하다.

4. 자유의 욕구 조절하기

이미 우리나라 사람들은 자유의 욕구를 조절하면서 산다. 그런데 그것이 적절한 조절인지 아니면 억압인지가 중요한데 대부분은 억압인 경우가 많다. 우리나라는 상식적으로 해야 할 것이 많고, 기준도 많은 편이다. MBTI 이론에 비추어보면 우리나라 교사들 중 ISTJ 유형이 가장 많다. ISTJ 유형은 규칙과 상식을 중요하게 여기고 보수적이며 안정을 중요시 여기는 사람들로 생존의 욕구와 비슷하다. 우리나라는 ISTJ 유형을 우대하는 사회적 분위기이다 보니 자유의 욕구를 가진 사람은 적응하며 살기가 상대적으로 어렵다. 이로 인해 자신의 욕구를 억압하고 사는 경우가 많다. 다른 한편에서는 반작용으로 자기 마음대로 살고 싶은 것이 표출되어 어디까지가 자유인지가 혼동되는 시대이기도 하다.

자유의 기준을 정하기

자유의 욕구는 채우기도 어렵지만 또 가장 억압받는 욕구이기도 하다. "마음대로가 자유는 아니야"라는 동화책 이름처럼 자유는, 가장 고민이나 논란이 많은 영역이기도 하다.

그렇다면 어느 정도까지가 적절한 욕구 충족인지 구분해야 할 필요가 있다. 만약 남에게 피해를 준다거나, 비도덕적이거나, 위험한 상황이라면 자유는 제한되어야 한다. 규칙과 기준을 정할 때 '함께 정하는 것'이 필요하다. 학급에서 친구들과 함께 의논해서 정한 것은 자신이 싫더라도 지키는 것이 민주주의다. 그래야 사회가 유지되고 안정될 수 있기 때문이다. 각기 의견이 달라서 다수결로 전체 의사를 결정할 경우에는, 결정되면 모두 따르기로 미리 약속을 하는 것이 필요하다. 민주적 의사결정 과정을 통해 최종 의사가 결정되었는데도 불구하고 "그래도 나는 이렇게 할래!"의 식은 진정한 자유라고 할 수 없다. 함께 만든 약속은 함께 지킬 수 있도록 하는 것이 필요하다.

자유의 욕구가 높을 때 조절하기
・ 선 정하기 : 타협하기

자유의 욕구가 강한 사람은 힘의 욕구로 누르려 하거나 강제로 시키는 상황을 싫어한다. 그리고 사랑의 욕구가 강한 사람이 너무 세세하게 챙기면서 물어보는 말과 행동을 싫어한다. 이러한 경우 "이런 말 정도는 괜찮다", "이 정도까지는 안된다"는 구체적인 경계선을 정해줄 필요가 있다.

자유의 욕구가 높아서 이곳저곳 다니고 싶은 엄마라면, 자유의 욕구가 낮은 자녀에게는 돌아다니는 것 자체기 스트레스나 고통일 수 있음을 기억해야 한다. 그래서 마음을 서로 확인하면서 조율할 필요가 있다. 횟수를 조절하든지 시간을 조절하든지 서로 타협이 필요하다.

- **함께 규칙 만들고 지키기**

강제로 시키는 것은 싫지만 함께 규칙을 만드는 것은 꼭 필요한 일이다. 함께 만들었다면 꼭 지키자. 매이기 싫은 부분이 있겠지만 해야 할 일이 있음을 기억하자.

- **돕는 방법**

자유의 욕구가 높은 아이들은 잔소리를 하면 더 하지 않으려 하기 때문에 잔소리를 줄이는 것이 좋은 방법이 된다. 여러 가지 경험을 통해 자기가 뭘 잘 하는지 알 수 있으므로 많은 경험을 하도록 돕는 것도 좋다. 자유의 욕구가 높아서 다른 사람의 시선을 의식하지 않고 씻기 싫어하는 아이라면 이에 대하여 구체적으로 이야기하여 협상과 타협을 해야 한다. 학생이나 자녀가 자유의 욕구가 높으면 좋은 습관을 들이는데 많은 어려움이 따른다. 교사는 학생들이 좋은 습관을 가질 수 있도록 도울 필요가 있다. 자유의 욕구도 습관을 이길 수는 없다.

좋은 행동이 습관으로 체득되려면 먼저 작심삼일(作心三日)을 지나야 한다. 21일에는 뇌가 어느 정도 익숙해지며, 66일이 반복되어야 몸이 기억하여 습관이 된다고 한다. 이를 위해 오늘 해야 할 것은 꼭 하게 도와주는 것이 필요하다. 교사는 아이들과 좋은 습관에 대한 이야기를 나누고 이를 꾸준히 밀고 나가는 노력이 필요하다. 그 과정에서 부분적으로 필요하다면 보상도 좋은 방법일 수 있다.

좋아서 한 것은 아니더라도 자신이 한다고 선택했다. 그러함에도 하기가 싫어 계속 안하고 있는 아이는 어떻게 도와야 할까? 교사나 부모는 하기 싫다고 안하면 사회생활을 어떻게 하나 싶어서 "힘든 것은 알겠지만 그래도 해야 되지 않겠니?"라고 말하지만 교사나 부모가 도와주려고 하는 행동이 오히려 아이에게는 부담만 되는 경우가 생긴다.

이러한 경우는 아이의 내면을 보아야 한다. 욕구가 채워지지 않거나 꺾인 경험이 있으면 별 일 아닌 일에도 부정적 행동으로 불쑥 드러난다. '어떻게 훈련을 해야 할까?', '어떻게 사회에 적응하도록 할 수 있을까?'를 고민하기 전에 그 아이의 상처를 먼저 바라볼 수 있어야 한다. 내면의 상처를 해결하지 않고 외적인 행동을 변화시키려고 노력하는 것이 결코 쉽지 않다. 어렸을 적 상처를 잘 다루면서 습관을 함께 만들어가는 과정은 힘들지만 꼭 필요한 일이다.

자유의 욕구가 낮을 때

틀이 편안하고 틀이 없으면 오히려 불안할 수 있다. 하지만 틀에서 한 번 벗어나 보는 것도 좋은 방법이다. 자유의 욕구를 높이는 것의 중요성을 인식하고, 때로는 훌쩍 떠나보거나 혼자만의 시간을 가져 보는 것도 좋다. 또한 권위자의 지시라도 부당하다고 생각되면 과감하게 'NO!'를 외칠 수 있는 시도를 해 보는 것이 필요하다.

5. 즐거움의 욕구 조절하기

즐거움의 욕구가 높은 사람은 자신이나 주변 사람들에게 긍정적인 영향을 끼치고 특별한 해를 끼치는 것은 없다. 하지만 몇 가지 조심해야 할 것이 있다. 대개 즐거움의 욕구가 높은 사람은 호기심이 많아서 다양한 경험을 하려고 한다. 하지만 그 경험 과정에서 위험한 것에 대한 조심성을 가질 필요가 있다. 위험 표지판이 있어도 재미있다고 생각하면 이를 무시하고 장난을 치다가 사고를 내는 경우가 있다. 즐거움의 욕구가 큰 교사는 다양한 배움을 찾아서 각종 연수나 활동에 참여하는 경우가 많지만 때로는 개인적으로 쉼의 시간을 제대로 갖지 못해 슬럼프에 빠지기도 한다. 쇼핑을 좋아할 수 있지만 자기의 경제적 수준을 넘어선 과소비를 하지 않도록 스스로 점검할 필요가 있다. 그 외 즐거움의 욕구는 충분히 누리면 좋다. 함께라면 더욱 좋을 것이다.

즐거움의 욕구가 낮을 때 높이기

즐거움의 욕구가 낮을 때는 즐겁지만 무의미하다고 생각하는 일은 잘 하지 않으려는 경향이 있다. 때로는 의미가 없어도 즐거움 자체가 좋은 것임을 기억하자. 즐거움의 욕구가 높은 사람과 지내며 함께 활동해 보며 욕구를 조절할 필요가 있다. 즐겁게 웃는 분위기에 참여하고, 긍정적인 것을 많이 경험해 보면 좋다. 예술 쪽의 취미생활을 가지고 틈나는 시간을 풍요롭게 활용하는 것도 좋다. 호기심이 날 때는 과감하게 행동해 보는 반전의 삶도 시도해보면 좋다.

6장

―――――――――

갈등,
욕구 코칭으로 풀다

욕구 코칭의 철학

욕구 코칭은 단순한 기술이 아니다. 철학이 바탕이 되지 않으면 욕구 코칭은 힘들다.

1. 욕구를 알아차리는 것이 가장 큰 공감법이다.

무엇보다 마음 깊은 곳에서 아이들을 이해하고 수용하는 경험이 먼저다. 아이를 이해하고 수용하려면 욕구 자체를 이해하고 아이가 가지고 있는 욕구가 구체적으로 무엇인지를 아는 것에부터 시작된다. '아하, 이 아이는 사랑의 욕구를 충족시키기 위해 이런 행동을 하는구나'를 아는 순간 교사의 힘들었던 마음이 사그라진다. 아이가 가지고 있는 사랑의 욕구가 이해가 되면 아이가 하는 모든 행동은 소속되고 사랑받기 위한 몸부림이라는 것을 알게 된다.

이렇게 욕구를 알아차리려고 노력하거나, 욕구를 추측해서 물어보는 것은 가장 큰 공감법이다. 나아가 고조된 감정을 누그러뜨리며 자신을 객관적으로 보게 한다. 욕구를 주제로 한 대화는 그동안 했던 잘못된 방법이 아니라, 대안이 되는 다른 행동 즉 욕구 충족의 방법을 찾는 가장 자연스러운 지름길이 된다.

2. 모든 행동에는 목적이 있다.

무엇보다 모든 행동에는 목적이 있는데 이 목적이라는 것은 욕구를 기반으로 하기에 욕구를 아는 것은 행동의 이유를 아는 것이 된다.

나아가 모든 행동의 통제는 스스로에게만 할 수 있다는 것을 온전히 수용해야 한다. 그런 후 욕구를 충족해야, 조절이 가능하다는 것을 알고 욕구 충족을 위한 방법을 찾아야 할 것이다.

3. 모든 사람은 자신의 삶에 최선을 다한다.

모든 사람은 고귀한 존재이며, 자신에게 주어진 욕구를 채우기 위해 최선을 다하며 산다. 비록 그 방법이 잘못된 방법일지라도 나름의 방법으로 애쓰며 사는 것이다. 그러므로 갈등을 일으키거나, 잘못된 모습이지만 최선을 다해 애쓰며 살고 있다는 것을 인식하는 것은 상대를 향한 최대의 존중이 된다. 문제행동을 했을 때, 방법을 잘 몰랐을 뿐이며 나름의 최선이었다는 인식을 하면 아무리 잘못된 행동을 해도 긍휼한 마음이 들면서 수용할 수 있다. 그렇게 수용을 받은 사람은 자신의 잘못된 행동에서 돌이킬 힘을 얻게 된다. 그러므로 존중과 격려는 갈등해결의 가장 부드러운 처방법이다. 갈등 자체를 다루어야 할 경우도 많지만 우선 존중과 격려를 통해 딱딱하고 거친 마음을 부드럽게 하는 것이 필수적이다. 부드러워지면 갈등도 다루기가 쉬워진다.

4. 조절하려면 먼저 채워야 한다.

어떤 것이든 있어야 줄 수 있고, 받아야 사랑할 수 있는 것처럼 욕구는 먼저 채워져야 조절할 수 있다. 그러므로 욕구는 가장 기본적인 필수요소이다. 많은 아이들에게 조절을 요구해도 잘 되지 않는 이유가 이것이다.

5. 다른 사람을 내 마음대로 통제할 수 없다.

욕구코칭의 중요한 철학은 상대의 행동을 내가 좌지우지 할 수 없다는 것이다. 부모로서, 교사로서 아이들을 관리하고 무섭게 해서라도 행동하게 하며, 통제해야 할 것 같지만 실제로 행동을 통제할 수 있는 사람은 자신 밖에 없음을 인식해야 한다.

　이것은 또 하나의 존중 방법이 된다. 자기 행동은 자신만 통제할 수 있다는 것은 다른 사람을 강압하거나 억지로 하지 않겠다는 또 다른 말이다. 자기 스스로 행동을 통제할 수 있도록 통제의 자리를 각자에게 위임하는 자세가 욕구코칭에는 필수적이다.

6. 모든 행동은 자신이 선택한 것이다.

각자의 삶에서 욕구를 채우기 위해 한 행동은 모두가 자신이 선택한 것이며, 누구 때문이 아니다. 누구 때문에 기분이 나빠서 어떤 행동을 했다고 말 할 수도 없다. 이 철학은 개개인이 상황에 끌려 다니는 수동적인 존재가 아님을 뜻한다. 스스로 자신의 삶을 책임있게 선택하는, 능동적인 존재임을 표현하는 말이기도 하다. 또한 모든 행동은 본인이 선택한 것이기에 스스로 책임을 질 수 있어야 한다.

욕구 코칭의 정의

'코칭'의 사전적인 의미는 '개인의 목표를 성취할 수 있도록 자신감과 의욕을 고취시키고, 실력과 잠재력을 최대한 발휘할 수 있도록 돕는 일'이다. 개인의 변화와 발전을 지원하는 수평적이고 협력적인 파트너십에 중점을 둔다. 성취를 이루려는 개인과 적극적으로 의사소통하고, 동기부여와 믿음을 심어주며, 스스로 문제점을 찾아 해결할 수 있도록 도와주는 일이다.

개념상 코칭(coaching)은 상담(counseling)이나 컨설팅(consulting), 그리고 티칭(teaching)과는 약간 다르다. 상담의 목적은 내담자의 마음의 상처를 치유하는 것이고, 컨설팅은 의뢰인이 자신의 필요를 컨설턴트의 도움을 받아 해결하는 것이다. 티칭은 지식을 가르치고 전달하는 것이다. 그에 비해 코칭은 피코칭자 스스로 자기 문제 해결을 할 수 있도록 코치가 도와주는 것이다.

욕구를 다루는 데 있어서 상담이나 컨설팅, 티칭 등의 개념보다 코칭이 더 적절하다. 왜냐하면 욕구 코칭은 피코칭자의 문제를 욕구의 관점에서 이해하고 피코칭자가 스스로 자기 문제를 해결할 수 있도록 도와주는 접근이기 때문이다. 무엇보다 욕구는 외부에서 누군가가 다룰 수 있는 문제는 아니기에 코칭적 접근이 더욱 좋다. 그리고 코칭에서 말하는 '개인의 목표'라는 것은 개인의 내적, 심리적 욕구와 관련이 있다. 내적 욕구는 행동의 심도 깊은 목표가 된다. 특히 '자신감과 의욕을 고취시키고 실력과 잠재력을 최대한 발휘할 수 있도록 돕는다'는 코칭의 개념은 욕구에 따른 특성의 장점을 발견하도록 돕는다.

GROW 모델

일반적인 코칭의 기본 단계로 가장 많이 알려진 방식은 GROW 모델이다. GROW 모델은 '목표(Goal) - 현실(Reality) - 대안 탐색(Options) - 실천 의지(Will)'로 이루어진다. GROW 모델에 따른 코칭 단계는 다음과 같다.

· **목표(Goal)**

코칭은 코치와 피코칭자가 코칭의 주제와 목표에 대해 협의하는 것으로 시작된다. 코칭의 목표를 구체적으로 정의하는 것은, 피코칭자로 하여금 코칭 과정에 기대를 갖고 적극 참여하도록 이끌어 주며 피코칭자와 코치 사이에 신뢰 관계를 형성해 준다. 목표를 정하기 위해 질문할 때는 코치가 결정한 주제로 이끌어서는 안 되며, 성급하게 가정하거나 호기심을 충족시키기 위해 질문해서도 안 된다.

- **현실(Reality)**

코칭의 목표를 정한 후에는 목표와 관련된 피코칭자의 현실을 구체적으로 살펴보아야 한다. 현실 인식 과정에서 피코칭자는 자신을 방어하기 위해 변명하거나 합리화할 수 있으므로, 코치는 이를 사실과 감정, 해석으로 구분해서 접근하되, 성급하게 가정하거나 가치 판단을 내리지는 말아야 한다. 이 과정을 통해 피코칭자는 목표와 현실 사이의 간극을 깨달을 뿐 아니라, 코칭 주제를 둘러싼 주요 경험들을 이전보다 분명히 인식하고, 이를 새롭고 통찰력 있는 시각으로 바라보게 된다. 이러한 점에서 피코칭자의 성찰은 당면한 문제 해결을 넘어선 자신의 성장을 위한 것이라고 할 수 있다.

피코칭자의 상황을 알아보기 위해 질문할 때는 피코칭자가 방어적인 태도를 보일지라도 끝까지 신뢰하고 지지하며, 코칭은 변화될 미래를 위한 것임을 상기시켜야 한다.

- **대안 탐색(Options)**

피코칭자가 자신의 문제를 새롭게 인식하고 이를 통합적으로 바라보게 되었다면, 이제 목표를 실현시키기 위해 구체적으로 어떻게 해야 하는지에 대해 대화해야 한다. 이 과정을 통해 피코칭자는 합리적이고 현실적인 대안을 발견할 수 있으며 목표 달성을 위한 보다 분명한 행동 지침을 얻게 된다.
대안을 탐색하기 위해 질문할 때는, 코칭 주제와 관련한 피코칭자의 강점과 약점, 위기와 기회를 분석하고, SMART(Specific, Measurable, Achievable, Responsible, Time-bound) 원칙에 입각하여 행동 지침을 세워야 한다. 즉, 구체적이어야 하고, 수치화할 수 있으며, 성취 가능해야 하고, 결과를 책임질 수 있으며, 시간 제한이 있어야 한다.

- **실천 의지(Will)**

코칭의 최종 목표는 피코칭자의 행동 변화가 코칭이 끝난 후까지 지속되는 것이다. 이 단계에서는 행동 계획을 실천하겠다는 다짐 뿐 아니라, 코칭 과정 전체를 정리하는 작업이 포함된다. 피코칭자의 행동에 대하여 점검하고 피드백을 통해 긍정적인 행동이 습관화될 수 있도록 유도해야 한다.

욕구 코칭의 6단계

GROW 모델을 참고하면서 욕구의 특성을 바탕으로 한 코칭의 과정이다. 특히 교사와 아이들의 갈등 문제를 해결할 때 욕구 코칭을 하는 방법은 다음과 같다.

1. 욕구를 알아차리기 (Perceiving)

대개 많은 교사들은 문제의 행동과 결과에만 집중한다. 아이들은 드러난 결과로 인해 갈등이 첨예한 상황에서 행동과 결과를 다루면 공격당한다는 느낌이 들어 방어적이 된다. 욕구로 접근하면 내 마음을 알아주려고 노력한다는 것이 느껴지기 때문에 자기 방어의 빗장이 쉽게 풀릴 수 있다.

교사는 아이가 어떤 욕구로 이런 행동을 했을까 하는 마음을 가져야 한다. 특히 아이의 문제 행동을, 5가지의 기본 욕구의 관점에서 살펴볼 필요가 있다.

욕구 알아차리기에도 단계가 있다.

① 아이의 행동을 생각해 보아야 한다. 어떤 행동이 갈등을 야기했는지 보아야 한다.

② 아이의 행동에 대한 교사의 감정과 행동을 파악해야 한다. 교사의 감정과 행동이 어떠한 욕구에서 비롯한 것인지를 정확하게 분별하면 좋다. 예컨대, 사랑과 힘의 욕구는 다르다. 사랑의 욕구가 큰 아이들을 만날 때는 갈등 상황에서 교사가 짜증과 귀찮음, 나아가 죄책감이 든다. 그러나 힘의 욕구가 큰 아이들을 만나면 갈등 상황에서 교사는 아이를 꺾어 버리고 싶은 마음이 든다.

③ 교사의 행동에 대한 아이의 반응도 유의 깊게 볼 필요가 있다. 이를 통해서 아이의 욕구를 잘 파악할 수 있다. 교사의 제재에 대해 아이가 바로 문제 행동을 중단하면 사랑의 욕구로 인한 문제 행동이라는 것을 알 수 있다. 그런데 교사와 계속 힘겨루기를 하려고 한다면 힘의 욕구가 강한 아이라고 볼 수 있다.

④ 그렇게 파악한 욕구가 구체적으로 무엇인지 5가지 기본 욕구 중에서 추측해 보면 좋다. 한 가지일 수도 있고, 두 가지일 수도 있다. 여러 가지 욕구가 복합적으로 나타날 때에는 어느 욕구가 가장 크게 드러나느냐를 유심히 살펴야 한다.

2. 욕구에 이름을 붙이기 (Naming)

김춘수의 '꽃'이라는 시를 욕구의 입장에서 각색해 보면 각별한 의미로 다가온다. 욕구는 우리에게 욕구에 걸맞는 이름을 불러달라고 말한다.

너의 이름을 불러주기 전에는 (욕구의 이름을 불러주기 전에는)

너는 다만 하나의 몸짓에 지나지 않았다. (욕구는 몸짓과 행동에 지나지 않았다.)

너의 이름을 불러주었을 때 (욕구에 걸맞은 이름을 불러주었을 때)

너는 나에게로 와서 꽃이 되었다.

(꽃처럼 피어나서 우리에게 기쁨, 시원함, 소통을 주었다.)

욕구에 이름을 붙이면 행동도 변할 수 있다. 필자가 예전에 경험했었던 일이다. 아이 둘이 그네에서 싸우는 것을 보았다. 한 아이는 내리지 않으려 하고, 한 아이는 왜 안 내리냐고 따지는 상황이었다. "무슨 일이야?" 라고 묻는 나에게 그네에 탄 아이가 "무슨 상관이에요!"라며 화를 낸다. 욱하려는 마음이 살짝 올라 왔지만 그냥 물었다. "너 더 타고 싶구나"라고. 그런데 희한한 일이 벌어졌다. 아이는 움찔 움찔 하더니 그네에서 내렸다. 기다리던 아이는 얼른 그네를 탔다. 무엇이 이 아이의 행동을 변화시켰을까? 나는 이 아이에게 잔소리를 하지 않았다. 얼마나 탔는지 얼마나 기다렸는지 자초지종을 따지지도 않았다. 그저 아이의 욕구에 이름을 붙여주었을 뿐이다. 더 타고 싶은 마음을 읽어준 것이다. 그런데 그 표현으로 아이의 행동이 변했다. 지나가던 사람의 참견 정도로 생각해서 화를 내던 아이가 오히려 머쓱해 하며 내린 것이다. 이런 상황을 보면서 욕구를 알아주는 것이 얼마나 큰 힘이 있는 것인지를 확인할 수 있었다.

이렇게 욕구에 이름을 붙여주는 것은 닫힌 마음의 비밀번호를 누르는 것과 같다. 어느새 마음이 열리면서 전혀 예상치 못한 세계와 만날 수 있는 것이다. 때로는 '저 사람 머릿속에는 도대체 뭐가 들었는지 모르겠다.'고 답답해 하는 사람들이 있다. 또 내 이해의 틀에서 늘 벗어나는 사람들이 있다. 이런 사람들을 욕구로 볼 수 있다면 그 사람을 온전히 이해하고 수용할 수 있다. 새롭게 그 사람과 만날 수 있게 되는 것이다.

이름을 붙이는 것은 추측하는 것이다. 교사가 아이의 마음을 다 알 수 없다. 그러므로 교사는 아이의 욕구를 추측해서 물어보아야 한다.

"친구들의 관심을 원하는 거니?"
"네가 하고 싶을 때 행동하고 싶니?"
"시키는 대로 하는 게 아니라 네가 결정하고 싶은 거야?"
"네가 선택해서 행동하고 싶은 거니?"

"네가 원하는 것을 하고 싶은 거야?"

이렇게 물어보면 대부분 어린 아이들은 맞다고 생각하면 "네"라고 말하고 있는 그대로 답한다. 하지만 청소년들은 민망해서 반대로 아니라고 대답하거나 잘 모르겠다고 대답을 한다. 하지만 아이들의 행동을 보면 교사가 추측한 것이 맞는지 대충 파악이 된다. 어깨를 으쓱 한다든지 눈을 깜빡거린다든지 작은 제스처를 통해 맞다는 느낌을 어느 정도 파악할 수 있다.

욕구에 이름을 붙이는 또 다른 방법은, 아이의 표현을 욕구로 바꾸어 말하는 것이다. 부정적 표현을 긍정적으로 바꾸는 것이기도 하다. 아이가 부정적인 표현을 할 때 아이는 사실 그 말을 어떻게 바꾸어서 해야 하는지를 잘 모른다. 그러므로 '그런 말 쓰지 마라'가 아니라 욕구로 바꾸어 표현을 해 주면 좋다. 그러면 아이는 어떻게 표현하는 것이 가장 적절한 표현인지 배울 수 있게 된다. 교사가 먼저 좋은 모델링이 되는 것이 좋다.

"쟤는 바보 같아요." ➡ "친구 마음을 알고 싶니?"
"미워요" ➡ "네 마음을 알아 줬으면 좋겠어?"
"동생이 없어졌으면 좋겠어요." ➡ "너도 자유롭고 싶은 거야?", "너도 관심을
　　　　　　　　　　　　　　　　가져주면 좋겠니?" "관심이 필요하니?"
"우리 엄마는 한마디로 재수 없어요." ➡ "엄마의 따뜻함이 필요했던 거니?
　　　　　　　　　　　　　　　　　　너도 사랑받고 싶었던 거지?"

이렇게 욕구로 바꾸어 말하는 것이 가장 깊은 공감이 된다. "네가 느끼는 것은 '우울'이고, 생각하는 것은 '한심하다'니까 네가 원하는 것은 '극복'인 것 같은데?"라는 식의 느낌과 생각을 통해 욕구를 추측할 수도 있다.

수업 시간에 선생님이 제안한 것에 "하기 싫어요"라고 말하는 아이에게는

이런 질문을 할 수 있다. "함께 의논해서 결정하고 싶어?", "미리 결정된 일을 하고 싶은 거야?" "친구들이 너에게 집중해 줬으면 좋겠어?" 등등의 이야기로 마음을 읽어볼 수 있다. 아이의 행동에 제재하려는 느낌으로 다가가지 않고 마음을 읽어 보려는 노력으로 다가 가야 한다. 이는 아이에게 스스로 자신이 왜 그런지 생각해 보게 하는 좋은 계기가 될 수 있다.

3. 격려하기 (Encouraging)

격려는 모든 문제 행동을 다루는데 꼭 필요한 방법이다. 격려란 용기를 부어주는 것으로 실패에도 다시 일어나게 하며, 학생의 문제행동을 긍정적인 행동으로 변화시키는데 가장 큰 힘이 된다. 격려의 방법은 다음과 같다.

- 지금 보이는 단점을 긍정적으로 바꾸어 말하라.
- 앞으로 바뀔 모습을 상상하며 말하라.
- 공동체에 소속감을 가질 수 있는 말로 공동체에 기여하는 아이가 되도록 도우라.
- 아이가 실패했을 때 용기를 주라.
- 결과보다 과정에 관심을 가지라.

예를 들면 다음의 구체적인 격려 표현을 사용하면 좋다.

"넌 ~을 열심히(잘) 하는 것 같아."

"너의 ~가 발전한 것 같아."

"네가 ~을 해서 나(우리, 남)를 도울 수 있을 것 같아."

"함께 시도해 보자."

"실수는 아무나 할 수 있는 거야. 네가 실수를 통해 무엇을 배우느냐가 중요해."

"너는 못할 것 같아 보이겠지만 나는 네가 할 수 있을 거라고 믿어."

"포기하지 말고 계속 시도해 보렴."

구체적인 방법은 격려하기 장을 참고하면 된다.

4. 교사의 욕구를 조절하고 나 전달법으로 말하기 (Self-control)

교사와 아이가 갈등하는 경우, 어떤 욕구로 인하여 갈등을 일으키는지를 알게 되면 교사의 욕구를 조절할 수 있다. 예컨대, 힘의 욕구가 큰 교사와 힘의 욕구가 큰 아이가 부딪힌 경우, 대개 교사는 자신의 힘으로 아이를 억압하려고 한다. 또는 아이들이 해야 할 행동을 명령한다. "너 뒤로 가 있어", "눈 감고 있어", "수업 마치고 교무실로 와" 등이다. 이러한 경우, 아이가 더 강력하게 반발하거나 저항할 수 있다. 갈등이 해결되기보다 오히려 갈등이 더 크게 심화될 수 있는 것이다. 비록 아이가 교사의 힘에 눌려 순종하는 것처럼 행동할 수도 있겠지만 실제로는 마음속에 분노가 더 커질 수 있고, 기회가 되면 교사를 이기려고 하거나 부정적인 행동으로 보복하려고 할 것이다. 교사가 자기의 힘을 내려놓고, 아이의 힘의 욕구를 채울 수 있는 다른 방법을 찾으면 좋다.

특히 '너 전달법'의 명령보다는 교사가 할 수 있는 행동을 '나 전달법' 방식으로 말하는 것이 좋다. 이를 통해 자신의 행동은 자신만 통제할 수 있다는 메시지를 전달하는 것이다. 수업 준비가 안 된 아이들에게 교사가 "준비될 때까지 선생님은 수업을 시작하지 않을 거에요", "준비가 되면 바깥으로 나갈게요."라고 표현하고 그렇게 행동하는 것이다. 개별 학생의 경우, "선생님은 포기하지 않고 기다릴게", "선생님은 너를 보지 않을 거야" 등으로 이야기할 수 있다.

5. 아이의 욕구 채워주기 (Filling)

교사가 아이의 욕구를 파악했다면 이를 충족시켜 주려는 노력이 필요하다. 교사의 노력 자체만으로도 아이들에게 긍정적으로 다가갈 수 있다. 욕구 충족의 방법은 여러 가지이다. 먼저 경청과 공감을 통해 욕구를 충족시킬 수 있다. 모든 사람은 사랑과 인정의 욕구가 다 있다. 기본적인 욕구가 충족이 되면 아이들은 부드러워지고 소통할 준비가 된다.

교사가 아이의 모든 욕구를 다 채워줄 수 없다. 그러기에 교사는 아이들의 여러 가지 욕구 중 가장 큰 욕구를 충족시켜 주기 위해 노력하는 것이 필요하다.

욕구가 무엇이냐에 따라 그 충족 방법은 다르다. 사랑의 욕구는 특별한 관심을 필요로 하고, 힘의 욕구는 자신이 선택하고 돕는 것을 통해 충족된다.

6. 욕구 갈등을 해결할 수 있는, 긍정적이고 공동체적인 방법을 함께 모색하기 (Seeking)

욕구를 충족시키려는 노력과 아울러 아이들이 욕구를 충족하기 위해 취했던 방법을 평가해 보는 것이 먼저 필요하다. 적절하지 않았다면 새로운 방법, 즉 긍정적이며 공동체적인 방법을 찾아보아야 한다. 갈등 해결 방안은 자기의 자아상에도 도움이 되면서, 친구들에게 피해를 주지 않는 방법이어야 한다. 예를 들면 학교에서 자신이 할 수 있는 활동을 찾아볼 수 있다. 교사와 아이 둘이서 이야기를 나눌 수도 있고, 학급회의를 통해 공동의 해결 방법을 모색할 수도 있다.

만약 아이가 사랑의 욕구로 인해 관심을 받고 싶다면 친구들과 이 문제에 대하여 이야기하면 좋다. 힘의 욕구가 큰 아이라면 아이가 공동체에 도움을 줄 수 있는 역할을 제안하고 자원하게 하는 것도 좋은 방법이다. 지각 점검을 담당하게 할 수도 있고, 선생님에게 그 날 해야 할 일들을 정리하여 알려주는 비서 역할을 할 수도 있다.

여기서 중요한 것은 해결 방법을 일방적으로 제시하는 것이 아니라 함께 모색하는 것이다. 아이들이 능동적인 주제가 될 수 있도록 배려하는 것이 좋다.

욕구 코칭 활동지

	단계		내용
1	욕구 알아차리기	아이 행동	
		교사의 느낌과 행동	
		교사 행동에 대한 아이의 반응	
		알아차린 아이 욕구	
2	욕구에 이름 붙여주기	욕구 추측 질문하기	1. 2. 3.
3	격려하기	학생의 단점을 긍정적으로 바꾸어 적어보기	
		장점, 용기를 주는 말, 과정을 다루는 말 적어보기	
4	교사 욕구를 조절하고 나 전달법으로 말하기	아이와 부딪히는 욕구 중 조절하고 싶은 욕구와 방법	1. 2.
		'나 전달법'으로 내가 할 행동을 표현하기	
5	욕구 채워주기	교사로서 아이의 욕구를 충족시켜줄 수 있는 방법	1. 2. 3.
6	해결하는 방법을 함께 모색하기	긍정적이며 소속감을 높이는 해결방법 생각해보기	1. 2. 3.

욕구 코칭의 실제 사례

	단계		내용
1	욕구 알아차리기	아이 행동	아이가 학교에서 말을 안 한다. 담임과 둘이 있을 때는 말을 하지만 누군가 보이기만 해도 말을 멈춘다. 학원이나 집, 집단 상담에서는 말을 한다. 공부를 안 하고 의욕이 없다.
		교사의 느낌과 행동	만나서 아이가 말을 하도록 계속 설득한다. 그래도 말을 안 하니 답답하다. 포기하고 싶다.
		교사 행동에 대한 아이의 반응	선생님이 포기한 것을 더 편하게 여긴다.
		알아차린 아이 욕구	사랑의 욕구. '내게 관심을 가져주세요.' '나를 포기하지 말아주세요.'
2	욕구에 이름 붙여주기	욕구 추측 질문하기	1. 대화가 통하는 누군가가 필요하니? 2. 네 마음을 알아주면 좋겠니? 3. 마음의 상처를 이해해주길 바라니?
3	격려하기	학생의 단점을 긍정적으로 바꾸어 적어보기	1. 무기력, 의욕이 없다. → 남에게 피해를 주지는 않는다. → 자신이 한 선택에 대해 책임지고 있다.
		장점, 용기를 주는 말, 과정을 다루는 말 적어보기	1. 한다면 한다. 2. "목소리가 예쁘다." 3. "내가 너와 말하니까 기쁜데 다른 친구들도 너랑 이야기 나누면 정말 기쁠 것 같다."
4	교사 욕구를 조절하고 나 전달법으로 말하기	아이와 부딪히는 욕구 중 조절하고 싶은 욕구와 방법	1. 힘을 내려놓자: 바꿔보려고 하지 않고 마음으로 다가간다. 2. 기대 수준을 낮추자.
		'나 전달법'으로 내가 할 행동을 표현하기	1. "포기하지 않고 기다릴게." 2. "선생님은 매일 너한테 인사를 할게."
5	욕구 채워주기	교사로서 아이의 욕구를 충족시켜줄 수 있는 방법	매일 반갑게 인사를 하며, 주 1회 정기적 만남으로 사랑의 욕구를 채운다.
6	해결하는 방법을 함께 모색하기	긍정적이며 소속감을 높이는 해결방법 생각해보기	1. 학교에서 아이가 할 수 있는 활동 찾도록 돕기 2. 말하고 싶은 친구를 따로 만나 서로 좋은 점 이야기 나누기

질문하기

욕구 코칭에서 질문의 중요성

욕구 코칭에서 질문은 중요한 역할을 한다. 질문을 통해 현실적인 문제 원인을 진단하고 학생이 성찰의 과정을 통해 자기 문제를 잘 알아차릴 수 있도록 도와주기 때문이다.

· 모든 정보는 학생에게 있다. 해결할 수 있는 힘도 학생에게 있다.
· 학생이 자기 자신을 객관적으로 성찰할 수 있도록 한다.
· 학생 속에 숨겨져 있는 정답을 스스로 찾아나갈 수 있도록 한다.
· 질문을 통해 참여를 최대한 이끌어낼 수 있도록 한다.

코칭 질문의 유형

질문을 중심으로 욕구 코칭 대화를 할 때 확대 질문과 심화 질문, 탐색 질문과 집중 질문을 잘 활용하면 좋다. 특히 욕구에 이름붙이기 단계에서 활용할 수 있는 부분이 많다.

확대 질문은 여러 가지 생각을 이끌어내는 질문으로서 '그리고?', '또 다른 이유는?' 질문이다.

> 교사 : 스트레스를 받으면 이를 어떻게 해소하니?
> 학생 : 주로 영화를 많이 봐요. 재미있는 영화를 보고 나면 우울했던 기분이 싹 사라져요.
> 교사 : 그리고 또 다른 방법은?
> 학생 : 맛있는 음식을 먹으면서 스트레스를 해소하기도 해요. 종종 친구들과
>   맛집에서 먹는 즐거움을 느낄 때가 참 좋아요.

심화 질문은 근거를 물어보는 질문으로서 '왜?'라는 질문이다. 예컨대, "돈을 갖고 싶어"라는 것은 바람이고 욕구는 아니다. 돈을 원하는 것 속에 있는 숨어있는 욕구를 찾으려면 더 깊은 질문이 필요하다.

> 교사 : 돈을 가져서 얻고 싶은 건 무엇일까?
> 학생 : 집을 사고 싶어요.
> 교사 : 집을 사면 뭐가 좋은가?
> 학생 : 좋은 집이 있으면 친구들을 불러서 놀 수 있어요
> 교사 : 무엇을 하며 놀고 싶은가?
> 학생 : 사람들과 많은 이야기를 나눌 수 있고, 함께 맛난 것도 해 먹을 수도 있고...
> 교사 : 그러면 어떤 욕구가 채워지나?
> 학생 : 음… 소통 그리고 연결되는 것….

이 경우에는 소통과 연결의 욕구 때문에 돈을 갖고 싶어 했다. 그런데 재미있는 것은 소통과 연결의 욕구는 돈이 없어도 가능하다. 작은 집이어도 사람들을 부를 수 있고 만날 수 있기 때문이다. 그래서 이야기를 깊이 나누다 보면 정말 원하는 것과 만날 수 있고 다른 방법을 통해서도 채울 수 있는 기회가 생긴다.

> 교사 : 돈이 없다면 소통과 연결의 욕구가 충족되기 어려울까?
> 학생 : 꼭 그건 아니겠지만 좀 더 좋을 것 같긴 해요
> 교사 : 그렇다면 함께 놀 번듯한 내 집이 없는 경우 소통과 연결의 욕구를 채우려면
>   어떻게 하면 좋을까?
> 학생 : 함께 여행을 가서 놀 수도 있어요.
> 교사 : 또 어떤 방법이 있을까?
> 학생 : 오히려 작은 집에서 잘 놀기만 해도 소통하고 연결될 수 있을 것 같긴 해요

교사 : 무엇을 하면 소통하고 연결될 수 있을 것 같아?

학생 : 솔직한 이야기들과 몸으로 부대끼며 노는 놀이들을 통해 가능할 것 같아요.

탐색 질문은 피코칭자에게 다양한 질문을 통해서 자신의 다양한 생각과 경험을 말할 수 있도록 도와주는 질문이다.

교사 : 요즘 관심사는 무엇이니?

학생 : 최근 직접 보드 게임을 만드는 일에 빠져 있어요.

교사 : 좋은 취미를 가지고 있구나! 보드 게임을 만드는 것 외의 여유 시간에 또 어떠한 것을 하니?

학생 : 집에서 아빠와 함께 피규어를 조립하는 것도 종종 해요. 요즘 무엇인가 만드는 것이 좋더라고요. 기회가 되면 목공도 배우고 싶어요.

그에 비해 **집중 질문**은 피코칭자가 의미있는 대답이나 문제 원인을 풀어가는 실마리 표현을 제공했을 때 이를 놓치지 않고 연속 질문으로 숨겨진 원인과 욕구를 찾아내는 질문이라고 할 수 있다.

학생 : 그 녀석은 늘 건방져 보이는 행동을 해요.

교사 : 그 친구가 건방져 보인다고 했는데, 주로 어떤 행동을 할 때 그렇게 생각되니?

학생 : 제가 말을 할 때마다 중간에 끼어들어서 말허리를 자르고는 자기가 하고 싶은 말만 해요. 자기가 나보다 공부를 잘한다고 그러는 것 같아요.

교사 : 그럴 때 어떤 기분이 들어?

학생 : 나를 무시하는 것 같아요.

교사 : 무시하는 것 같을 때 어떤 감정이 들까?

학생 : 화나고 속상해요. 제가 작아지는 것 같아요.

교사 : 아~ 화나고 속상해서 초라해지는 느낌이 드는구나….

그러면 네가 원하는 건 뭘까?

학생 : 걔가 내 말 좀 끝까지 들어줬으면 좋겠어요.

욕구 코칭 질문 요령 및 질문 사례

욕구 코칭 활동의 질문 요령과 그 사례를 이해하여 잘 활용하면 좋다.

• **닫힌 질문을 열린 질문으로 전환하라.**

- 닫힌 질문 : "다른 친구들에 비해 시험 스트레스가 크니?"

- 열린 질문 : "다른 친구들에 비해 스트레스가 크게 느껴

   지는 상황은 언제이니? 그 이유는?"

• **해결을 지향하는 질문보다 호기심, 보완 요구, 사실에 근거한 질문을 던지라.**

- 해결을 지향하는 질문 : "앞으로 컴퓨터 게임을 하지 않기 위해 어떻게

   노력하는 것이 가장 바람직하다고 생각하니?"

- 호기심에 따른 질문 : "선생님에게 야단을 맞았는데도 불구하고 계속해

   서 수업 시간에 친구에게 장난을 친 이유는 무엇일까?"

- 보완 요구 질문 : "친구에게 무시당한다고 느껴지면 갑자기 화를 낸다고

   했는데, 이 경우 외에도 화를 내는 경우가 있다면 구체적으로 어떠한 상

   황이니?"

- 사실 관찰에 따른 질문 : "아까 수업 시간 내내 멍하고 있는 것을 보았는

   데, 혹시 선생님이 잘못 본 거니? 수업 시간 동안 집중이 잘 되지 않았다

   면 그 이유는 무엇일까?"

- **해석형 질문보다 피코칭자가 사용한 언어를 활용하라.**
  - 해석형 질문 : "네가 그 상황에서 친구들에게 욕한 이유는 네 뜻대로 되는 게 하나도 없으니까 일종의 심술부리기를 한 것이지?"
  - 피코칭자가 사용한 언어를 활용한 질문
    : "점심시간에 혼자 밥을 먹는 이유가 일종의 '자유 공간'을 확보하는 것이라고 했는데, 그 '자유 공간'의 의미가 구체적으로 무엇이니?"

- **소극적이거나 논점을 흐리는 답변을 끊어내고 논점에 집중하여 깊이있게 파고들어라.**
  - 소극적인 답변 : "그냥 그랬어요." "잘 모르겠어요."
  - 논점을 흐리는 답변 : 논점과 상관없는 이야기를 장황하게 이야기하는 경우
  - 논점을 되돌리는 질문 : "응, 그렇구나. 선생님은 네 이야기를 이렇게 이해했는데, 선생님이 이해한 것이 잘 이해한 것이니?", "다시 한 번 질문해도 될까? 친구는 너의 행동에 대하여 답답하다고 말했는데, 그 이유는 무엇일까? 간략하게 정리해서 다시 한 번 말해주면 좋겠어."

- **'왜' 대신에 '어떻게'라고 질문하라.**
  - '왜' 질문 : "너는 왜 그 상황에서 그 친구를 그냥 내버려두었니?"
  - '어떻게' 질문 : "네가 그 상황에서 어떻게 그 친구에게 행동하는 것이 좋았을까? 만약 다시 그 상황이 생기면 그때와는 다르게 행동한다면 어떻게 하겠니?"

욕구 코칭 대화에서의 질문

1. 감정의 원인 찾기 질문

아이의 감정을 충분히 공감한 후에는 감정을 통해 욕구를 찾을 수도 있다. "그 감정이 원하는 것은 무엇일까?"라고 질문할 수도 있겠다. 하지만 이 질문은 쉽지 않으므로 교사가 먼저, 감정이 가지고 있는 욕구를 잘 숙지하여 욕구를 추측해 볼 수 있다.

"외로워요." ➡ "네 마음을 터놓고 이야기를 나누고 싶은 거니?"

"억울해요." ➡ "네 마음을 알아주길 바라니?"

"화나요." ➡ "너를 함부로 하지 말고 존중해 주었으면 좋겠니?"

"겁나요." ➡ "누군가 너를 지켜주거나 보호해 주면 좋겠어?"

2. 욕구 탐색 질문

"이 일이 잘 해결되면 어떻게 달라지길 바라니?"

"선생님과 이야기를 하면서 어떤 변화가 있었으면 좋겠니?"

"무엇을 원하니?"

"어떻게 되었으면 좋겠니?"

"너의 삶이 어떻게 되기를 바라는가?"

"어떤 세상에서 살고 싶어?"

"지금 이 문제가 어떻게 바뀌기를 바라니?"

"지금 바라는 것이 다 이루어지면 결국 무엇을 얻게 될까?"

"만일 기적이 일어나서 모든 것이 다 뜻대로 되었다면 그 세상은 이떤 모습일까?"

"너는 친구(선생님, 부모님 등)와 어떻게 지내기를 바라니?"

3. 자기 행동 탐색 질문

"네가 원하는 것을 위해 무엇을 하고 있니?"

"친구가 화를 낼 때 넌 어떻게 행동했니?"

"친구가 때릴 때 너는 어떻게 했니?"

"그 선생님이 혼낼 때 너는 어떻게 하고 있었어?"

4. 평가 질문

"바꾸고 싶은 의지가 있다는 얘기인데 의지는 얼마나 될까? 1에서 10까지 중에서
  고른다면,"

"관계가 좋아졌으면 좋겠다고 말했는데 바뀌기를 얼마나 원하니?(1~10)"

"피하거나 말을 하지 않고 지내는 것은 어땠니?"

"지금처럼 친구들과 이야기하지 않기를 지속하면 학교에서 어떻게 될까?"

"친구들에게 하는 행동이 네가 원하는 것에 도움이 되니?"

5. 해결 방법 찾기 질문

"어떻게 하면 네가 원하는 것을 얻을 수 있을까?"

"어떻게 하면 선생님과 너의 욕구를 둘 다 존중하면서 문제를 풀 수 있을까?"

"그걸 위해 오늘 뭘 할 수 있을까?"

행동 평가하기

내가 원한 것	선택한 행동	얻은 것(대가)	다르게 행동한다면

7장
———————

아이들의 행동을
변화시키는
비밀, 격려

문제행동을 다룸에 있어 욕구를 아는 것 못지않게 중요한 것이 격려다. 소통을 가능하게 하며, 욕구를 채우기 위한 가장 탁월한 방법이기도 하다. 어떤 문제 행동이든, 어떤 욕구이든 격려는 필수적이다.

격려란?

칭찬이란, 좋은 점이나 착하고 훌륭한 일을 높이 평가하는 말을 의미한다. 그에 비해 격려는 용기를 부여해 주는 것을 말한다. 칭찬은 그 사람의 장점에 초점을 맞추어 하는 말이라면 격려는 존재 자체에 초점을 맞추어 용기를 부여하는 것이다. 물론 현실적으로 칭찬과 격려는 명확하게 구분되는 것은 아니다. 그럼에도 불구하고 이를 구분하는 것은 잘못된 칭찬 방법의 문제점을 인식하고 이를 극복할 수 있도록 도와준다. 우리는 칭찬하기 수준을 넘어 격려하기를 할 수 있어야 한다.

격려는 상대가 기분 좋은 상태일 때는 더욱 강한 의욕을 주고 침울할 때는 다시 시도할 에너지를 갖게 해 주는 것을 말한다. 교사가 아이를 신뢰하고 있음을 보여주고, 존중하고 있고, 믿고 있다는 것을 행동으로 표현하는 것을 말한다.

격려는 "나는 할 수 있어. 나는 도움이 될 수 있어. 나는 내게 일어나는 일에 영향을 미칠 수 있어"라고 생각할 수 있도록 한다. 나아가 실수와 결점이 있더라도 아이 고유의 가치가 훼손되지 않는다는 것을 보여주는 것이다.

만나면 혼나지 않을까 겁나고 두려운 사람이 있다. 반면 만나면 힘이 나고 함께 있고 싶은 사람이 있다. 무엇의 차이일까? 다른 여러 가지 이유가 있겠지만 지적하는 사람보다는 격려를 잘 해주는 사람을 만나고 싶은 것은 인지상정(人之常情)이기 때문이다.

많은 사람들이 격려가 좋다는 것은 다 알고 있다. 그러나 격려를 직접 실천하며 사는 사람은 많지 않다. 많은 사람들이 격려를 하려고 노력하지만 한계가 있다. 그 이유는 무엇일까?

격려가 잘 되지 않는 이유

예전에는 아이를 키울 때 칭찬으로 아이를 키우라는 내용이 많았다. 기맷포르는 70년대에 자신감 부족이 사회적 문제로 대두되면서 칭찬을 해 줘야 한다는 이론이 나왔다고 말한다. 필자도 칭찬을 중시여기는 풍토에서 자라났다. 필자가 아이를 한창 키웠던 15년, 20년 전쯤에도 이 현상은 지속되고 있었다. '칭찬은 고래도 춤추게 한다', '아이들에게 칭찬보다 더 효과적인 것은 없다'는 문구가 최대의 가치처럼 여겨졌다. 이에 부응하여 나도 아이를 키우면서 칭찬을 많이 해 주려고 무척이나 애를 썼던 기억이 난다. "정말 잘했다", "똑똑한데~", "멋지다", "최고다" 이런 칭찬을 하는 것이 아이를 잘 키우는 것으로 여겨졌던 것 같다.

학교에서는 선생님들의 도장마저도 칭찬 일색이었다. "와우", "최고", "잘했다", "훌륭해", "대단해", "좋아" 등으로 용기를 주려고 애썼다. 조금이라도 실패감을 느끼게 하지 않으려고 "다시 하세요", "틀렸다"는 도장은 아예 찾아볼 수도 없었다. 태권도장에서 대회를 나가면 참여한 아이들 모두가 상을 받아 왔다. 그렇게라도 자신감을 키워주고 싶은 어른들의 마음이 대세였던 것 같다.

그 후 2010년쯤부터 우리나라에 칭찬의 문제점, 역효과에 대한 연구가 발표되고, 텔레비전 다큐멘터리를 통해 알려지기 시작했다. 그러나 오랜 기간 영향을 미쳤던 칭찬의 역효과는 우리 자녀를 비롯한 우리 사회에 깊이 들어와 있음을 본다. 사회와 교육제도 뿐 아니라 사회의 모든 영역이 결과로 보여주지 않고는 살아남기 힘든 사회이다. 실패하는 걸 너무나 싫어하는 부모들은 아이의 실패가 자신의 실패처럼 여겨져 실패를 막아주려고 온갖 노력을 과도하게 기울여 왔다. 잠잘 시간이 부족할 정도로 학원으로 뺑뺑이를 돌리고, 적응이 어렵다 싶으면 외국으로 유학을 보내어 성공의 기회를 엿보지만 오히려 아이와 관계가 깨졌다는 이야기가 더 많이 들려온다. 억압은 아이의 마음에 깊은 상처로 남아 회복이 쉽지 않은 상황에 부닥치기도 한다.

결과적으로 좋은 대학에 꼭 가야하고 성공해야 한다는 생각은 격려에 대한 공부를 하고 강의를 하고 있는 내게도 문득 문득 보이는 것들이다.

많은 사람들은 과정이 중요하다는 것을 너무나 잘 알고 있다. 하지만 결과적으로도 잘 됐으면 좋겠다는 마음이 훨씬 더 크다 보니 평가적이고 결과 중심적인 대화를 만들어 내고 있는 것이다.

격려가 아닌 것

결과와 재능을 칭찬하는 것은 격려가 아니다!
우리는 '훌륭하다', '대단하다', '착하다' 등의 평가적이며 결과론적인 칭찬의 말을 많이 쓴다. 또 '와우, 천재 아냐', '똑똑하다', '탁월하다', '머리가 좋다' 등의 재능과 능력을 평가하는 말도 많이 사용한다. 이런 말들은 그 순간 분위기를 살리고 그 사람을 높여주는 역할을 한다. 그러나 이렇게 결과를 칭찬하거나 평가적인 칭찬, 능력과 재능을 칭찬하는 것은 격려가 되지 않는다. 그 사람의 어떠함에 초점을 맞춘 듯한 말이긴 하지만 또 다른 측면에서 보면 그 사람이 만들어낸 결과물에 대해 하는 말인 경우가 대부분이다. 그러다 보니 뭔가 일을 잘 했을 때만 좋은 사람이 되는 것으로 느끼게 한다. 그래서 잘 하려고만 하고, 어려워지면 노력을 중단하고, 실패하면 자신감을 잃어버린다. 실제로 격려가 되지는 않는 것이다.

'성공의 새로운 심리학'의 저자 캐럴 드웩은 수백 명의 아이를 대상으로 7회에 걸친 실험을 실시한 후, 지금까지의 연구 중 가장 명확한 사실을 발견했다고 한다. 결과에 대한 칭찬이나 사람됨에 대한 칭찬은 내적인 동기부여보다는 칭찬을 얻기 위한 행동으로 변질된다. 실제로 좋은 결과를 내지도 못했다. 시험보기 전 "너는 정말 똑똑하구나!" 등의 칭찬을 받은 아이들이 점수가 나빠지는 결과도 보였다.

드웩이 한 실험은 다음과 같다. 쉬운 시험을 본 후 두 그룹으로 나누어 한 그룹에는 '똑똑하다'는 칭찬을 해 주었고, 한 그룹에는 "수고했다", "고생 많았다"라고 이야기를 해 주었다. 그 후 쉬운 문제와 어려운 문제 중 어느 것을 선택하겠냐고 물었다. 똑똑하다는 칭찬을 들은 그룹은 대부분 쉬운 문제를 선택했다. 반면 수고했다는 이야기를 들은 아이들은 어려운 문제를 선택해서 도전하는 마음이 생기는 모습을 보였다. 칭찬은 더 잘해야 한다는 압박감을 준다.

또 한 실험은 카드에 있는 단어를 기억하는 실험이다. 카드의 단어를 칠판에 적는 과제를 주면서 적고 있는 아이들에게 "똑똑하다", "머리 좋다", "어떻게 그렇게 잘 외우냐"고 칭찬을 해 주었다. 잠시 감독관이 자리를 비운 사이 칭찬을 들은 아이들은 대부분 칭찬에 적합한 사람이 되기 위해 부정행위를 해서라도 더 많은 단어를 적어 내는 모습이 그려졌다. 재미있는 것은 어른들을 대상으로 똑같은 실험을 했는데, 놀라운 것은 재능을 칭찬받은 어른들도 잘해야 한다는 압박감에 부정행위를 하는 모습이 나온다. 성공이, 그들이 똑똑하다는 의미라면 실패는, 그들이 멍청하다는 뜻이기 때문이다. 문제는 이러한 것들이 아이들의 고정된 사고방식이 된다는 것이다.

재능을 칭찬하는 것이 어떤 결과를 만들어내는지 잘 기억해야 할 부분이다.

아이들은 칭찬받는 것을 좋아하고 칭찬을 받으면 기분이 좋아지며 만족감 또한 크다. 그러나 잠깐이다. 그들이 뜻하지 않은 어려움에 부딪히는 순간 그들의 자신감은 자취를 감추고 그들의 동기는 바닥을 친다. 그래서 중요한 것은 똑똑한 것에 가치를 부여하는 대신 아이들이 실수를 통해 배우고 도전을 즐기며, 결과와 상관없이 배우는 과정 자체를 사랑할 수 있게 격려해 주는 것이다.

칭찬의 역효과

인정이는 따로 영어를 배운 적도 없고, 쓰는 것도 못하지만 집에 있는 책에서 본 영어 단어를 줄줄 외웠고 영어 퀴즈 내는 것도 좋아했다. 그래서 스스로 영어를 잘 한다고 생각하고 있었다. 그런데 초등학교 3학년 담임 선생님이 가르쳐 주지도 않았는데 영어 받아쓰기 시험을 보게 했다. 영어를 말로 하는 것으로 생각했던 인정이는 하루 만에 쓰기를 해낼 리가 없었고 그 결과 10점을 받았다. 큰 충격을 받은 인정이는 그 다음부터는 영어를 너무나 싫어하게 되었다. 심지어 대학생이 되어서도 마찬가지였다.

인정이 부모는 아이가 한 번 실패한 것으로 왜 영어를 포기하게까지 되었는지 알 수가 없었다. 더구나 인정이는 혼자 일본어를 습득해 일본인들과 자유롭게 이야기할 수 있는 수준으로 언어력이 있는 아이이기에 더욱 안타까운 일이었다.

그러다 칭찬의 역효과에 대한 배움을 하며 인정이 엄마는 왜 아이가 포기했는지 이유를 알게 되었다. 인정이 엄마는 아이가 어렸을 적에 아이에게 많은 칭찬을 하려고 노력했다고 한다. 아이의 자신감이 높아질 것을 기대하며 더 잘하도록 돕기 위해 칭찬을 많이 했다. 또 주변 사람들도 "똑똑하다", "영재다" 등의 말을 많이 했다. 인정이는 늘 칭찬을 들었기에 계속 잘하는 모습을 보여주고 싶었는데 그것이 잘 되지 않으니까 아예 포기해 버린 것이다.

실험에서처럼 결과나 재능에 대한 칭찬은 다른 사람에게 잘 보여야겠다는 생각을 심어 주고 그 사람의 기대만큼 해야 한다는 생각으로 부담을 갖게 한다. 그 부담은 눌림이 되어 좋지 못한 모습으로 드러나기도 하고, 반대로 수단과 방법을 가리지 않고 잘하려고 한다. 그러나 실패하면 자신감이 떨어지면서 노력 자체를 중단해 버리기도 한다.

[칭찬의 역효과]
· 보여주고 싶어 하는 마음을 만든다.
· 잘할 때만 좋은 사람으로 받아들여지는 듯 착각하게 된다.
· 실패하면 자신감이 하락한다.
· 어려워지면 노력을 중단해 버린다.
· 칭찬하다가 안 하면 할 이유를 잃고 적절치 못한 행동으로 칭찬받으려 한다.

사소한 일에 칭찬하는 것은 격려가 되지 않는다.
많은 이들이 칭찬과 격려에 대하여 노력한다. 잘 해 보려고 노력하다 보니 별것 아닌 일에도 반응을 보인다. 특히 친절한 사람들이나 사랑의 욕구가 큰 사람들일수록 작은 행동에도 칭찬과 격려를 하려고 한다.

그러나 여기에 함정이 있음도 알아야 한다. 어떤 부모는 아이가 밥 먹을 때마다 칭찬을 한다. 물론 잘 안 먹어서 힘들었던 적이 있었기 때문에 그럴 수 있다. 하지만 밥 먹는 것은 일상이다. 사소한 일이다. 이런 것에 반응을 계속 보이면 아이는 스스로 해야 할 동력을 잃는다. 당연히 해야 할 일에 반응을 보이면 아이에게는 당연한 것도 당연하지 않은 것이 된다. 칭찬이나 반응을 보이지 않으면 열심히 밥 먹을 필요가 없어질 수도 있다. 처음 시도해 보는 것들에 대해 칭찬과 격려로 반응할 필요는 있지만 너무 사소한 일에 칭찬을 하다 보면 칭찬 없이는 하지 않으려 할 수도 있다. 물론 모든 사람에게 당연한 일이 어떤 아이에게는 어려운 일로 있을 경우에는 반응을 보여주면 좋다.

격려의 6가지 원칙과 구체적인 방법

"넌 안 돼", "그래 가지고 되겠냐?", "싹이 노랗다", "지난번에도 그러더니 역시나 넌 어쩔 수 없어", "저걸 혼내야지 정신을 차리지" 등의 비난은 비관적인 마음에서 나오게 된다. 이런 마음은 격려가 될 수 없다. 격려를 한다는 것은 긍정적으로 보고, 기대하고, 소망하는 것을 말한다. 그러므로 격려는 해주려는 마음만 가지고 있어도 눈빛으로 드러나서 격려가 될 수 있다. 그러나 좀 더 깊은 격려를 위해 우리는 구체적인 방법을 알아둘 필요가 있다. 그 사람의 결과가 아닌 과정을 소중히 여기는 것, 그리고 그 사람에게만 해 줄 수 있는 고유한 말, 감동과 감탄의 눈으로 보는 것, 우리에게 소속된 사람임을 자각하게 하는 것, 실패를 배움으로 이끄는 것, 긍정의 눈으로 보는 것 등이다. 다음 격려의 6가지 원칙을 기억하면 좀 더 쉽게 일상생활 속에서 격려하기를 실천할 수 있을 것이다.

1. 과정에 초점을 맞추기

과정을 본다는 것은 노력을 본다는 것이다. 작은 진보와 묵묵한 노력에도 눈길을 주는 것을 말한다. 인간은 결과가 어떻든 과정에 관심을 가져주어야 의욕이 샘솟는다.

아이가 그림을 그려왔을 때, "우와 멋지다.", "천재인데? 어떻게 이렇게 잘 그려?", "누구 닮아서 이렇게 잘하는 거야?" 이런 반응은 좋은 분위기를 만든다. 그러나 아이에게는 어떤 영향을 미칠까 곰곰이 생각해 보면 결과가 중요하다는 사실을 아이에게 은연중에 심어준 것일 수 있다. 이러한 표현보다 "색감이 참 따뜻하다", "어떤 색을 할까 고민을 많이 했나보다", "정성들인 것이 느껴져" 라고 활동한 내용과 과정에 초점을 맞추어 이야기하면 좋다. 이제 막 글을 배운 아이가 글을 예쁘게 잘 썼을 때 "우와 너 멋지다" 가 아니라 "또박또박 정성들여서 썼다는 게 보인다."는 말도 과정을 칭찬하는 표현이다.

과정에 대한 칭찬을 해 주고 싶다면 그 아이가 뭔가를 하고 있는 모습을 상상해 보면 좋다. 좀 힘든 만들기 과제를 해 온 아이를 상상해 보자. 오랜 시간 앉아서 엉덩이가 근질거렸을 텐데 오래 참으면서 했을 것이다. 하기 싫은 마음을 잘 이겨낸 것이다. 또 다른 것을 하고 싶은 유혹이 있었을 텐데 집중해서 했을 수도 있다. 아니면 손이 아픈데도 참고 했을 수도 있었을 것이다. 그러한 모습을 상상해 보면 어떤 반응을 할 수 있을까? 잘 만들었다가 아니라 그 과정에 대한 감탄을 말 할 수 있을 것이다.

"어머나 시간이 오래 걸렸을 텐데 애를 많이 썼겠네."

"오래 앉아서 만드느라 엉덩이가 근질근질했을 텐데 잘 참았네."

"집중해서 하려면 손도 아팠을 것 같은데~"

"네가 좋아하는 프로그램 볼 시간도 빼서 만든 거야? 정말 수고 많았다."

"어려운 건데 끝까지 노력한 모습이 느껴진다."

"최선을 다했다는 걸 알고 있다."

"정성이 느껴진다."

"하기 싫은 마음을 잘 이겨냈네."

이런 대화가 이루어진다면 아이는 결과물에 집중하기보다 결과물을 만드는 과정과 수고한 것에 집중할 수 있다.

과정에 초점을 맞추면 아이들도 과정 하나하나에 정성을 기울이는 모습으로 바뀐다. 과정에 관심을 기울이는 아이는, 배우는 것 자체에도 관심을 가지게 된다. 나아가 실패에 굴하지 않고 도전하는 '학습 목표를 가진 아이'로 자라날 수 있다.

캐롤 드웩이 'EBS 특별기획 실패를 이기는 힘'에서 평가목표와 학습목표를 구분해서 말한 것을 도표로 정리해 보았다.

	평가 목표	학습 목표
뜻	보여주는 것에 초점을 둠	배우는 것에 초점을 둠
행동	쉽고 안전한 길을 가려고 함 결과가 좋지 않았던 것은 안하고 싶어 함 실패하면 눈에 띄게 자신감을 잃어버림 (실패로 동기 상실, 포기) 문제가 어려워지면 노력 중단	새로운 것을 배우고 싶어함 결과가 좋지 않았던 것에 다시 도전하고 싶어함
원인	실패의 원인을 능력이 부족하다고 생각 (더 노력하지 않음, 더 나쁜 결과로 나타남)	노력이 부족하다고 생각 실패는 자연스러운 배움의 과정으로 봄
만드는 요인	능력이나 지능, 결과를 칭찬	과정이나 노력, 도전의 의미를 칭찬

이 표에서 보듯 과정에 대한 칭찬은, 좋은 결과가 나오지 않았을 때 포기해 버리는 평가목표가 아니라, 다시 도전하는 학습목표를 갖게 한다.

2. 그 순간 그 사람에게만 줄 수 있는 말을 해 주기

욕구코칭은 존중을 기반으로 한다. 그러므로 나의 존재나 내가 한 행동이 순간순간 소중히 여겨진다는 느낌을 받는 것이 욕구코칭에 중요한 밑바탕이 된다. '긍정의 훈육'의 저자 제인 넬슨은 "당신의 말이 그 사람에게 그 장소와 상황에서만 보낼 수 있는 고유한 메시지라면 그것은 좀 더 격려에 가까울 것이다"라고 했다.

누구에게나 할 수 있는 "잘했어요", "멋져요", "예쁘다" 등의 표현은 아이 마음에 큰 감동이 되지 않는다. 물론 전혀 안하던 사람이 하면 이런 말 한 마디도 감동이 되는 예는 분명히 있다. 그러나 요즘은 너무 쉽게 칭찬을 하다 보니 의미가 충분히 담기지 않은 단순한 말이 될 가능성이 많아졌다. "예뻐요"가 아니라 "빨간색도 잘 어울리네요. 평소 입던 옷과 느낌이 달라서 신선한 느낌이 들어요."처럼 그 사람에게만, 그 순간에만 할 수 있는 말들을 하는 것이 좋다.

그러나 이것은 쉽지 않다. 연습이 필요하다. 섬세하게 그 상황을 바라보는 눈과 정성이 필요하다. 또 무엇보다 그 사람을 생각하는 시간이 필요하다. 배려 깊은 격려는 아이의 고유함에 가치를 부여해 주는 것이 될 것이다.

3. 감동과 감탄으로 바라보기

아이를 보면서 감동하고 감탄할 수 있다면 그것만으로 격려가 된다. 원래 그러려니 하면서 보는 것과 새롭게 보는 것은 정말 다르다.

인간의 뇌를 살펴보면 각 부분이 서로 다른 역할들을 하는 것이 그저 신기하기만 하다. 또 나이가 들면서 뇌가 다시 리모델링되고 있다는 것도 신기하다. 피가 혈관 구석구석을 타고 다니면서 영양을 공급하는 것도 신기하다. 피부 뼈마디 하나하나 놀라움의 연속이다. 그러려니 하면서 보는 것과 그 속에서 감탄과 감동을 발견하면서 사는 것은 삶의 질에서 큰 차이를 보인다. 무엇보다 감동과 감탄으로 바라볼 때 사랑받는 느낌은 몇 곱절이 된다. 그리고 나를 보면서 인간 자체로서 감동하고 감탄해 하는 사람이 있다는 것은 그 아이에게 축복이자 자존감, 자신감의 근원이 된다. 사실 아이가 태어나서 자라나고 있는 것 자체가 감탄할 일이다.

"어머나 방학 동안 이렇게 키가 컸네. 신기하기도 해라", "우와, 네 글을 보니 감동스럽다. 네 마음을 어떻게 이렇게 표현했을까", "지난 학기에는 안하더니 이번 학기에는 네가 할 일을 열심히 하네~ 에구 자라는 모습이 어찌 이리 예쁠까?"

아들러는 아이들을 위대한 존재로 보기를 권한다. 존재 자체로 수용하면서 도전하고 더 잘 자라도록 돕는 방법으로 격려를 제시하고 있다. 위대한 존재로 본다는 것은 남보다 탁월하고 뛰어난 존재로 보는 것을 말하지 않는다. 아이의 있는 모습 그대로가 특별하며, 피어나는 생명력이 있기에 소중한 존재로 보는 것을 말한다. 이렇게 위대한 존재로 보고, 감동하면서, 있는 그대로 수용한다는 것은 쉬운 일이 아니다. 그렇게 할 때도 있지만 그렇지 못할 때도 많다. 그래서 우리는 고민한다. 아이가 잘 하고 예쁜 모습일 때는 괜찮지만 그렇지 않을 때 위대한 존재로, 빛나는 존재로 어떻게 바라볼 수 있을 것인가?

여기서 우리는 역설을 생각해 볼 수 있다. 사람은 대개 자기를 사랑하는 사람 앞에서는 무슨 행동을 해도 담대해지는 경우가 많다. 나는 춤을 잘 못 춘다. 하지만 날 사랑하는 가족 앞에서는 춤을 자유롭게 출 수 있다. 아무런 거리낌 없이 편안하고 담대하게 춤을 춘다. 또 나를 사랑한다는 확신이 드는 사람들 앞에서는 말과 행동이 거침없이 자연스럽게 나온다. 신기한 것은 그렇게 자연스럽게 행동을 하게 되면 더 사랑스러운 행동이 나온다는 것이다.

아이들의 행동에서 희망이 보이지 않더라도 존재 자체를 위대하고 사랑스럽게 본다면 아이는 사랑스럽고 위대한 사람이 되는 역설을 만날 수 있다.

미국의 사회심리학자 찰스 쿨리(Charles Horton Cooley)는 거울자아이론(Looking Glass Self)을 주장했다. "거울 속 자신을 보는 것처럼 다른 사람들이 바라보는 나의 모습, 혹은 다른 사람들이 나에게 기대한다고 생각되는 그 모습을 내 모습의 일부분으로 흡수하여 자아상을 형성해 가는 것을 의미한다." 다른 사람이 자신을 위대한 존재, 빛나는 존재, 사랑스러운 존재로 보면 아이들은 그렇게 보는 대로 살아갈 것이다.

[감동과 감탄으로 바라보는 격려의 말]
· "어머 저 표정 좀 봐!"
· "생동감이 넘친다, 와~"
· "감동이야!"
· "노력하는 모습이 어찌 이리 예쁠까?"
· "넌 참 특별한 존재야."
· "자라는 모습이 신기하기도 해라!"
· "넌 개성이 넘친다~"

4. 소속감을 불러 일으키기

격려의 말을 할 때 어떤 방향으로 성장하기를 원하는지에 대한 방향 설정이 중요하다.

아들러는 인간행위가 소속과 중요성, 유대감에 대한 열망으로부터 시작된다고 믿었다. 그 열망에 부합하도록 하는 것이 가장 큰 격려가 될 것은 자명한 일이다. 격려는 공동체에 소속감을 가질 수 있는 방향으로 가야 한다. 또 아이가 공동체적인 감각을 지닌 사람이 되는 것이 중요하다.

소속감과 사랑은 다르다. 역할과 책임은 없이 사랑만 충분히 받은 경우에는 소속감이라는 감정보다, 자기가 우위(우월)라는 생각과 우쭐한 감정을 느낀다. 소위 공주가 되어 버릇이 없거나 누군가로부터 받기만 하려 한다. 다른 모임이나 단체에 가서도 인정받으려고만 하지 어떤 역할로 소속감을 가지려고 하지 않는다.

소속감을 많이 누려본 아이들은 나중에 직장 생활에서도 자신의 역할을 잘 감당하는 사람이 된다. 소속감은 주변 사람들에게 특별한 주목을 받지 않아도, 공동체의 중심이 되지 않아도 자신이 있을 곳이라는 마음으로 살고 불평하지 않는다. 그러면서 자신이 다른 사람에게 무엇을 할 수 있는지를 생각할 수 있다. 아이들에게는 소속감에 대한 필요가 제일 크다고 볼 수 있다. 자신이 몸담고 있는 세계가, 내가 어떠하든지 나를 받아줄 수 있는 곳인지 확신을 가질 수 있기를 원하는 것이다.

모든 아이들은 공동체에 소속되기를 원한다. 소속감은 어디에서 올까? 아이가 공동체에 기여하는 느낌을 갖게 하는 것을 통해 가능하다. 공동체 속에서 역할을 감당하거나 남에게 도움이 되어서 뿌듯함을 느끼는 그 순간 소속감이 느껴진다. 사람들은 어떤 모임에 내가 필요한 사람이라는 느낌이 들 때 소속감이 생긴다.

"도와주니까 선생님이 힘이 나네. 고맙다", "네가 도와주니까 우리 반에 큰 도움이 되었다. 고마워" 이렇게 아이가 공헌했다는 느낌이 들게 하는 말은 사실 간단한 단어 하나에 있다. '고맙다'라는 말은 마음을 담는 말인 동시에, 기여를 더욱 격려하는 말로 소속감을 주는 소중한 단어이다. 감사의 말, 고맙다는 말은 가장 쉽고 단순하지만 가장 큰 역할을 하는 단어인 것이다.

무엇인가 기여를 하는 아이로 격려한다는 것은, 조건부로 여겨질 수도 있다. 혹은 존재자체를 수용하거나 있는 그대로 수용한다는 것과 배치되는 개념처럼 느껴질 수도 있다. 무엇인가를 해야만 사랑한다고 보일 수 있기 때문이다.

그러나 아이를 교육하는 사람으로서, 사회에 공헌하고 기여하는 사람으로 자라도록 돕는 것은 아이에게 줄 수 있는 최고의 선물일 것이다. 물론 이것이 지나쳐서 자기는 없이 남 눈치만 보며 남을 위해서만 사는 사람과는 분명히 구별되고 그건 따로 다룰 문제이다.

[소속감을 느끼게 하는 격려의 말]
- "네가 우리 (   )라서 참 좋다."
- "네가 어떤 모습이든 넌 우리 (   )이야."
- "우리 (   )을 위해 애쓰는 모습이 참 고맙다!"
- "넌 영원한 내 (   )야."
- "네가 옆에 있다는 것만으로도 좋아, 든든해."
- "네 도움이 큰 힘이 되었어."
- "네가 ~ 한 것이 우리 (   )에 도움이 되었어."

5. 부정적인 면을 긍정적으로 보기

격려는 존경과 신뢰가 기본이 되어야 가능하다. 특히 문제점이 드러나고 실수를 할 때는 쉽지 않지만 그럼에도 불구하고 중요한 것은 다시 존경하고 신뢰하는 눈을 가지는 것이다.

우리는 생각이 오류에 빠질 때가 많나. 몇 번 실수하면 늘 그런 사람인 것처럼 실망하고 낙담한다. 열 번 중에 한 번을 실수하지 않았다면 그 한 번을 보는 눈보다는 아홉 번의 실수를 더 보게 되는 것이 우리이다. 그러나 격려는 열 번 중에, 한 번 실수하지 않은 것을 보는 것이다. 그것이 격려를 가능하게 한다.

　이런 측면에서 아이에게 보여지는 단점을 장점으로 바라볼 수 있는 눈이 우리에게 절실하다. '거울 자아 이론'처럼 사람은 다른 사람이 부정적으로 보면 점점 더 부정적이 되어 간다. 부정적인 면을 자꾸 이야기하면 부정적인 모습이 되는 것이고, 긍정적으로 봐주면 그 말을 흡수해서 긍정적인 자아상으로까지 흡수할 수 있는 것이다.

　"고집이 너무 세요~" 라고 한다면 부정적으로만 보인다. 하지만 다른 측면에서 "의지가 강해요. 뭔가를 이루려는 집념이 강해요." 라고 이야기하면 전혀 다른 양상이 된다. 고집부리고 있는 것을 긍정적으로 바꾸어 보면서 또 이를 통해 아이에게도 좋은 방향으로 전환할 기회를 주는 것이다. 내 눈에는 단점으로 보이는 것도 개성이나 매력일 수 있다. 내가 보는 단점이 절대적이지 않다는 생각으로 때마다 단점을 긍정적인 말로 바꾸어보는 연습을 해 보자.

긍정적으로 바꾸기 사례

아래 예는 절대적인 예는 아니다. 상황과 대상에 따라 달라질 수 있다. 다양한 바꾸어 보기와 대안이 가능하다.

부정적인 면	긍정으로 바꾸어 보기
건방지다	의사를 관철하려고 한다
어둡다	차분하다
성질이 급하다	생각을 곧바로 표현할 수 있다
인내력이 없다	기분 전환이 빠르다
집중력이 적다	멀티태스킹이 가능하다
기운이 없다	충전중이다
자립심이 부족하다	다른 사람을 잘 따른다
말주변이 없다	다른 사람의 이야기를 잘 듣는다
소심하다	감성이 예민하다
거절을 잘 못한다	상대방에게 관용적이다
수다쟁이다	정보 전달력이 높다
고집이 세다	지도력이 있다
애교가 없다	똑 부러진다
겁이 많다	신중하다, 조심성이 많다
우유부단하다	급하게 결단을 내리지 않는다
기분파다	감성이 풍부하다
완고하다	신념이 강하다

6. 실패를 배움의 기회로 삼기

실패했을 때야말로 격려가 가장 필요한 때이다. 실패는 낙심하게 하고, 절망하게 하고, 자신감을 잃게 만드는 요인이 될 수 있기 때문이다. '크게 넘어진 사람이 실패한 것이 아니라 넘어졌다고 주저앉은 사람이 실패한 사람이다'라는 말이 있다. 실패를 배움의 기회와 자산으로 삼을 수 있다면 포기하지 않고 다시 일어날 수 있으며 성장이 가능하다. 아이는 경험해 본 후 깨닫는 경우가 많기에 어렵거나 위험해 보여도 경험하게 하고 실패해 보도록 허용하는 것은 배움의 길이 된다.

사실 실패가 자산이 된다는 것은 생각해 보면 알 수 있는 일이다. 하지만 현실의 실패에서 그것을 배움의 기회로 받기란 쉽지 않다. 특히 우리의 아이들이 실패했을 때 위로를 넘어서서 배움의 기회로 삼는 것도 쉽지 않다. 왜냐하면 내 실패도 긍정으로 받기가 어려운 상태이기 때문이다. 그래서 제일 먼저 해야 할 일은 교사가 먼저 실패를 긍정으로 받아들이는 생각의 전환을 하는 것이다.

실패는 과정이다

실패는 도전했다는 증거가 된다. 도전하지 않았다면 실패도 없다. 그러므로 실패는 용기있게 도전했다는 증거이다. 그리고 실패할 때 "또 실패했어!" 하고 낙심하지 말고 무거운 걸 든 만큼 근육이 생긴다고 믿어야 한다. 실패는 기회의 또 다른 이름이다. 과학자들의 실험의 과정은, 우리에게 주는 의미가 크다. 수많은 과학자들은 실패에 실패를 거듭하며 실험을 완성한다.

류가와미카는 '서른 기본을 탐하라'는 책에서 "과학자들은 실패를 실험이라고 한다. 실패는 성공에 꼭 필요한 과정이며 가장 중요한 투자다. 만약 한 번도 실패를 해 보지 않았다면 어떻게 그 뒤에 숨어 있는 성공을 가질 수 있겠는가"라고 했다. 실패를 실험이라 할 수 있는 마음, 그것이 성공을 만드는 것이다. 또 2012년 노벨생리의학상을 받은 야마니카 신야 교수는 "실패만 겹쳐, 20년 동안 매일 울고만 싶어지는 좌절의 연속이었다"고 말했다. 20년을 좌절하며 살아왔지만 그 좌절에 포기하지 않고, 다시 또 하고 또 했던 실험이 노벨상을 받게 되는 디딤돌이었던 것이다. 앞으로 나아가지 못하는 듯하고 '다시 또 그 자리'라는 좌절이 올 때에라도 실패가 위대한 스승이며 배움의 기회가 된다.

실패하는 동지로서 함께 걷기

어른이 먼저 자신의 실패를 스스로 격려해 보며 근육을 만드는 경험을 해 보면 좋다. 교사와 아이 모두의 공통점이 하나 있는데 그건 아이도 교사도 모두 실패한다는 것이다. 그러므로 함께 실패하면서 사는 인생 동지로서 서로 약함을 인정하고 격려하며 나아가는 것이 우리의 실패에 배움을 일으키는 방법일 것이다.

요즘의 세대를 N포 세대라고 한다. 한 두 가지가 아니라 여러 가지를 포기한 세대를 말한다. 현재가 그러한 시대라는 것이 얼마나 가슴 아픈 일인지 모른다. 하지만 상황이 그럴 수밖에 없을지라도 주저앉지 않고 살아가는 힘이 격려이다. 그런 시대라 어쩔 수 없다며, 해보지도 않고 포기하는 사람이 아니라, 한두 번 실패하더라도 그 실패를 배움의 기반으로 삼아 다시 이겨내는 그런 아이들로 교육하는 것이 우리 교사의 몫이 아닐까 싶다. 용기, 즉 고난을 극복할 활력을 선사하는 교사가 되어 보자. 그것은 이 좌절한 세대를 회복하고 이겨내는 작은 촛불이 될 수 있을 것이다.

실패가 배움이 되지 못하게 막는 것

실패한 상황에서 교사가 어떻게 대처하느냐가 배움이 되기도 하고, 배움을 막기도 한다.

제인 넬슨은 "야단치는데 시간을 많이 할애하면 아이는 주도성 감각을 충분히 발달시킬 수 없다. 무슨 일이 있었는지, 그 일이 왜 일어났는지, 그에 대해 아이들이 어떻게 느끼는지, 어떻게 대처해야 하는지를 야단치면서 다 말해주기 때문이다. 이렇게 모든 것을 말해주다 보면 아이는 실수를 배움의 기회로 받아들일 수 없다."고 말한다. 실제로 훈계시간이 아주 긴 교사들이 꽤 있다. 그렇게 길게 야단을 친다면 무엇이, 어떻게, 왜 그렇게 되었는지를 다 이야기해주고 있을 가능성이 크다. 그렇게 실컷 이야기하고 나면 아이는 대답할 것이 "예, 알겠습니다." 혹은 "죄송합니다. 다시는 그러지 않겠습니다." 정도의 짧은 말 밖에 없을 것이다. 아이에게 좋은 배움을 일으키지 못하고 있는 것이다. 무엇보다 교사의 기대에 미치지 못했다는 마음이 들어 죄책감이 생길 수도 있고 반대로 반항심이 생길 수도 있다. 그러나 "어떻게 된 일이야?", "원래 뭘 하려고 했던 거야?", "네가 원하는 건 뭐였어?", "네가 원하는 걸 얻을 수 있었어?", "이 일에 대해 어떤 생각이 들어?", "네가 원하는 걸 얻기 위해 어떤 행동을 하면 좋을까?" 등의 질문을 통해 자기가 왜 그런 행동을 했고, 행동의 결과가 무엇이었는지 스스로 깨달을 수 있도록 한다면 그것이 진정한 배움이 되는 것이다.

[실패했을 때 격려의 말]

- "도전한 게 중요해."
- "도전했으니 실패도 있는 거지."
- "나도 실패를 많이 한다."
- "모두가 실패한단다. 누구나 실수한단다."

- "실수를 통해 배우면 되지."
- "잘하지 않아도 자라고 있어."
- "시도하는 것만으로도 멋진 발전이란다."
- "실패는 또 다른 기회가 될거야."

격려의 균형 잡기

나 스스로를 먼저 격려하기

교사들과 세미나를 하다 보면 "나는 누가 위로해 주나요?", "내 욕구는 누가 코칭해 주나요?"라고 하소연하듯 이야기하는 경우가 있다. 아이들을 잘 이해하기 위해 배움을 하지만 내게 있는 결핍은 그대로 남아있는 것이다. 이를 위해 제일 먼저 필요한 것이 자기 격려이다.

상담을 하면서도 많은 이들에게 가장 필요한 것이 자기 격려임을 본다. 자기 자신을 부정적으로 보고, 때로는 자책하고, 후회하고, 심지어 스스로를 미워하기도 한다. 방법을 잘 모를 뿐이지 최선을 다해 살아가고 있음을 기억하자. "수고했어", "애썼어", "넌 최선을 다한 거야", "넌 열심히 살고 있어"라고 스스로에게 격려해 줄 때, 위로가 되고, 힘이 생기고 나아가 소망으로 자신을 바라보게 되는 것을 목격한다.

교사들의 자기 격려 예

격려하기의 6단계를 활용하여 자기 격려 사례를 제시하면 다음과 같다.

"방학인데도 불구하고 더 나은 교직생활을 위해 노력하고 있구나. 수고가 많다. 새로 만나게 될 아이들이 이런 선생님을 만나 참 행복할거야. 앞으로도 끊임없이 자신을 발전시키는 성숙한 사람이 되면 좋겠다."

"지난 1년 동안 무에서 유를 찾는 마음으로 열정으로 산 너에게 감동했어. 그리고 열심히 살아주어 고맙다. 지금도 최선을 다해 잘하고 있어. 올해도 즐거움이 있는 학교생활을 기대한다. 그런 선물 같은 해가 되리라 믿고 있다."

"힘든 아이들을 이해해 보려고 애쓰는 너의 마음이 기특하다. 그 마음은 분명 아이들에게 전달될 거야. 그동안도 애썼어. 아이들을 품어보려고 수고한 네 모습이 멋져! 최선을 다하고 있는 교사 OOO야. 장하다."

결과 중심 칭찬에 익숙해진 우리 마음속의 독 빼기

격려를 연습하면서 결과론적 칭찬이 없으면 허전한 느낌이 드는 것을 발견할 때가 있다. "잘했다", "훌륭하다"는 이야기를 듣고 싶은 것이다. 과정에 집중해서 칭찬을 해 줬는데 만족스럽지 않다. '왜 과정을 칭찬하는데 만족감이 없을까?' 라는 의문이 든다. 결과가 좋지 않으면 과정 자체도 만족스럽게 보지 않는 것이다. 평가적 목표로 살아왔기 때문에 과정을 이야기해 주는 것이 그다지 마음에 다가오지 않는 것이다.

결과론적이고 평가적인 목표가 몸에 밴 어른들이 과정을 칭찬한다는 것은 쉽지 않은 일이다. 우리 사회 전체가 그렇기 때문에 더욱 그렇다.

이 독은 어떻게 빼야 할까? 문득문득 보이는 몸에 밴 '평가적 목표'를 스스로 알아차리는 것이 먼저일 것이다. 아이들에게 하는 내 말은 어떤 목표에 기반을 둔 말인지 스스로 물어보자. 그렇게 알아차리고 성찰할 수 있다면 독은 조금씩 빠질 것 같다. 이 책을 쓰면서도 나는 나를 돌아보며 내게 배인 칭찬의 독을 바라보고 있고 조금씩 독이 빠지고 있는 느낌이 든다.

이 장을 읽고 있는 독자도 알아차림이 있기를 바라본다. 그렇게 칭찬의 독을 알아차리고 격려를 실천하는 사람들이 하나 둘씩 늘어나고 많아질 때 경쟁으로 점철되고 각박해진 우리 사회도 조금씩 변해가리라 기대한다. 그 변화의 한 걸음에 함께 나서 보자.

"잘했다"라는 칭찬도 필요할 때가 있다

칭찬과 격려를 이분법적으로 나누어 이건 옳고 저건 옳지 않다고 말할 수 없다. 경쟁과 비난, 다른 사람을 누르고 살아가는 풍토 속에서 칭찬은 정말 고래도 춤추게 하는 역할을 한다. 칭찬은 비난보다는 훨씬 낫다. 어떤 경우는 적절한 칭찬 한마디에 인생이 바뀌기도 한다. 어떤 중학교 학생이 공부도 제대로 못하고 늘 학교에서 뒤처지는 아이였는데 담임 선생님의 "잘 한다"는 칭찬 한마디에 인생이 바뀌었다. 공부도 열심히 하게 되었고 삶을 대하는 태도가 바뀌었다. 또 졸업하고 나서도 늘 감사히 생각하며 교사를 찾아온다는 이야기를 들은 적이 있다.

분명히 잘한다고 해야 할 때도 있다. 한 번도 칭찬을 들어본 적이 없는 아이들도 있다. 이런 아이들은 늘 자신감이 부족하고 자신을 잘 못한다고 여겨서, 잘 하면서도 자신의 진로를 정해야 하는데 망설이기도 한다. 이러한 아이들에게 "잘 한다" 한 마디는 인생을 바꾸는 한마디가 된다. 결과에 따른 칭찬이 필요할 때가 있는 것이다. 그 결과가 잘한 것인지 못한 것인지 논리적으로 파악해야 할 때가 있다.

그러므로 중요한 것은 내가 원하는 것을 위해 조정하는 칭찬, 즉 독이 되는 칭찬인가를 살펴야 하고, 지금 당장 힘이 될 것 같은데 나중에도 계속 그러할 것인가를 생각해 보아야 한다.

8장

_____

교사,
욕구로 성찰하다

욕구별 교사 유형의 특징

욕구강도 테스트로 볼 때 가장 높은 유형이 무엇이냐에 따라 교사들의 모습은 많이 다르다. 교사의 행동 특징을 통해 높은 욕구를 파악해 보는 것도 의미가 있을 것이다.

[힘의 욕구]

- 아이들에게 인정받는 교사가 되고 싶어 한다.
- 교사가 한 행동이나 업적에 대하여 스스로 뿌듯하게 생각하고 이야기한다.
- '할 수 있다', '안되면 되게 하라'고 아이들에게 강조한다.
- 아이들에게 조언을 많이 하고 잘못된 행동에 대하여 즉각적으로 지적을 잘한다.
- 교사가 원하는 대로 아이들이 행동하기를 바란다.
- 아이들이 수업 규칙을 어기는 경우, 강력하게 제재한다.
- 교사에게 대드는 학생의 경우, 그냥 넘어가거나 달래기 보다 강하게 야단을 쳐서 기를 꺾으려고 한다.
- 학교 행사 등에서 우리 학급이 1등 하기를 바란다.
- 학교 행정 업무 시 추진력이 있다고 평가받는다.
- 학교 관리자나 선배 교사들의 부당한 요구에 대하여 반발한다.

[생존의 욕구]

- 아이들에게 제시하는 규칙이 많은 편이다.
- 잔소리를 많이 하는 편이다.
- 아이들을 세세하게 챙긴다.
- 새로운 것을 도전하기 보다는 기존의 것을 강조하려는 태도를 보인다.
- 교사가 원하는 만큼 수업 진도가 나가지 않았을 때, 불편하게 생각하고 보충 수업을 시도한다.

- 교사가 담당하는 학생이나 학급이 다른 학생이나 학급에 비해 성적이 떨어질까봐 걱정이 되기도 한다.
- 아이들에게 학급 비품을 아끼고 청소를 잘하라는 말을 많이 한다.
- '위험하니까 그렇게 행동하지마', '몸을 생각해서 조심해' 등의 표현을 자주 사용한다.
- 아이들의 숙제 점검을 잘하고 안내판에 수행 평가 과제를 기록한다.
- 평상시 자기 복장이나 교실을 깔끔하게 하고 검소하게 생활하는 태도가 있다.

[사랑의 욕구]
- 아이들에게 '사랑해'라는 표현을 자주 사용한다.
- 아이들에게 '친구들끼리 서로 도와야 해'라고 자주 말한다.
- 아이의 무심한 언행에 쉽게 상처를 받거나 서운한 마음을 가진다.
- 아이들과의 친밀한 관계를 매우 소중히 여긴다.
- 개별 학생에 대한 관심이 높고, 자주 개별 상담 활동을 한다.
- 아이들의 감정이나 상태를 잘 파악하고 그에 맞는 행동을 한다.
- 아이들의 언행에 눈치를 보기도 한다.
- 아이들이나 주변 동료 교사들에게 친절하게 행동한다.
- 아이들과 함께 하는 모둠 활동이나 단체 활동을 소중히 여긴다.
- 아이들이나 주변 동료 교사들에게 선물을 잘 준다.

[자유의 욕구]
- 아이들에게 잔소리를 잘 하지 않는다.
- 학급 규칙이 적거나 허용하는 행동의 범위가 크다.
- 아이들의 필요와 욕구에 따라 세밀하게 챙겨주지 못한다.
- 어느 정도는 아이들과 거리를 두려고 한다.
- 학급에서 갈등 문제가 발생하는 경우, 잘 개입하려고 하지 않는다.
- 자신이 학급이나 학교에서 갈등의 주체가 되지 않기 위해 노력한다.

- 학생과의 개별 상담 시간이 다른 교사에 비해 짧은 편이다.
- 책상의 정리 상태가 잘 정리되어 있지 않는 편이다.
- 학교의 관행적인 행동에 대하여 답답하게 생각하고 새롭게 일 처리를 하려고 한다.
- 학교 관리자들의 요구에 대하여 부담스럽게 여긴다.

[즐거움의 욕구]

- 수업을 재미있게 하려고 노력한다.
- 창의적인 방식으로 수업 디자인을 시도한다.
- 아이들과 함께 놀기를 좋아하고 때로는 아이들보다 더 즐겁게 생각한다.
- 아이들이 좋아할만한 학급 이벤트를 자주 하는 편이다.
- 가르치는 것을 좋아하고 웃으면서 수업을 한다.
- 새로운 지식을 배우려고 하고, 각종 연수에 적극적으로 참여한다.
- 아이들에 대한 호기심이 많고, 이것저것 많이 물어본다.
- 아이들의 행동에 대하여 감탄을 잘한다.
- 수업 시간에 아이들에게 웃기는 말이나 행동을 잘한다.
- 학교 회식 시 동료 교사들에게 맛집을 잘 안내하고, 동료 교사들과 어울리고 놀기를 좋아한다.

욕구 역동으로 인한 문제 교사의 문제 유형별 분석

모든 욕구 유형들은 장점도 있지만 단점도 있다. 교사로서 문제없는 교사는 없다. 자신에게 있는 단점이나 문제가 어떤 욕구에서 기인했는지를 성찰하는 것은 교사성장에 꼭 필요한 과정이 될 것이다.

기린형 교사 (사랑 자유↑ 힘↓)

특징

사랑과 자유의 욕구가 높으며 힘의 욕구는 낮은 교사 유형이다. 친절한 교사 유형이라 할 수 있다. 아이들이 말이 많고 요구사항이 많아도 가능한 친절하게 아이들의 요구를 잘 받아들이려 노력한다. 아이들의 행동에 있어 명확하게 문제 행동이 아니면 수용 못 할 일이 많지 않다. 아주 많이 쌓이지 않으면 그냥 넘어가는 일이 많다. 힘든 일이 있는 아이들에게 상담자로서 좋은 역할을 한다.

아이들에게 자주 하는 말이 "네가 하고 싶은 대로, 네가 선택해"라는 말을 자주 한다. 편식하는 아이 같은 경우는 편식을 고치기 위해 이야기를 해 주지만 여러 번 해도 듣지 않으면 남에게 피해를 주는 것이 아니라 생각하며, 그 다음부터는 그 부분에 대해 신경을 쓰지 않는다. 아이들의 성격을 바꿀 수 없는 것이라 여기고 인정해 주거나 내버려 둔다.

아이들은 자신들을 엄하게 대하지 않고 친절하고 너그러우니 선생님을 좋아한다. 그러나 수업시간에 산만하며 집중도가 약할 수 있고, 집중도가 약한 만큼 수업시간에 장난을 치거나 수다를 떨기도 하고, 이로 인해 아이들 간에 또 다른 갈등이 생기기도 한다.

성숙의 방향

기린형 교사들은 규율과 한계를 설정할 필요가 있다. 적절한 규율은 아이들에게 안정감을 준다. 아이들과 함께 규율을 정했을 때는 봐주지 않아야 한다. 끝까지 밀고나가는 끈기가 필요하다. 아무리 상황이 안된다 하더라도 번복하지 않겠다는 마음이 필요하다. 힘의 욕구가 원래 높은 사람은 봐주는 것이 성숙의 방향이 되겠지만 기린형 교사들은 봐주지 않는 것이 꼭 필요한 성숙의 방향이다. 이를 위해서는 적절하게 힘의 욕구를 올릴 필요가 있다. '내 아이의 사춘기'를 쓴 스가하라 유코는 '미래를 내다보고, 아이에게 도움이 된다면 독하게 마음을 먹는 것이 진정한 용기이다'라고 했다. 이는 특히 기린형 교사에게 한 말이 아닐까 싶다.

캥거루형 교사 (사랑 생존 힘↑ 자유↓)

특징

힘과 사랑과 생존의 욕구가 높은 교사들이다. 반면 자유의 욕구는 조금 낮을 가능성이 크다. 사랑으로 꽉 잡는 유형이라고 할 수도 있다.

이 유형은 아이의 일거수일투족이 다 의미 있게 보인다. 다른 선생님은 신경 쓰지 않는 부분까지 신경을 쓴다. 아이들에게 파워 있게 사랑을 베푼다. 한 고등학교 선생님은 숙제를 하지 않으면 밤늦게까지 남겨서라도 숙제할 시간을 준다. 늦게 마치면 집에 데려다주는 정성까지 쏟는다. 아이들이 게임에 빠져있으면 설득하고 설득해서 스스로 온라인 게임에서 탈퇴하도록 만든다.

이 유형의 사람들은 좋은 것을 주고 싶고 가슴 깊이 좋은 것들을 심어주고 싶어 한다.

선생님들 사이에서도 이런 유형은 잘 챙기는 사람들이다. 아픈 사람이 있으면 몸에 좋은 먹거리를 먹으라고 준다. 이런 사람들은 조금 부담스럽기도 하지만 감동을 주고 결국은 많은 사람들을 변화시키기도 한다. 또 많은 사람들에게 존경을 받기도 한다. 훌륭한 선생님인 경우가 많다. 학급 운영의 기술이 많고 많은 이들에게 그것을 전수해 줄 수 있는 사람이기도 하다.

그러나 내 손안에 있는 것처럼 반 전체를 장악하고 내 앞주머니에 들어있는 것처럼 좌지우지할 수 있다. 이런 유형의 교사를 부담스러워하는 아이들이 있는데 자유의 욕구가 높은 아이들이다. 사랑이라고 느껴지기에 처음에는 수용하지만 힘이 느껴져 잠재해 있는 왠지 모를 부담감이 뒤로 도망가게 하는 요인이 되기도 한다. 그러다 폭발하기도 한다.

성숙의 방향

캥거루형 교사가 조심해야 할 것은 혹 내가 '힘'을 '사랑이라는 이름으로' 쓰는 건 아닌지 점검해 볼 필요가 있다. 본인은 사랑이라 여기지만 강제하거나 억지가 되면 받는 사람에게는 사랑이 아닐 수 있다. 건강한 캥거루형은 강제성을 내려놓고 아이 스스로 선택하게 한다.

토끼형 교사 (생존↑ 힘↓)

특징

생존의 욕구가 높으면서 힘은 낮은 교사이다. 아이들의 안전을 최우선으로 살피며 "조심해라", "옷 잘 살펴 입어라", "감기 걸린다", "천천히 해라", "꼭꼭 씹어 먹어라", "이래야 한다", "이건 고쳐야 한다" 등 세세한 영역에서 안전과 건강을 챙기는 유형이다. 이것이 많은 잔소리로 느껴질 수 있다. 안전하지 못한 상황이나, 규칙이 지켜지지 않을 때 가장 스트레스를 받는다.

또 힘의 욕구가 낮아서, 전체적인 분위기를 만드는 데는 어려움이 있다. 질서나 안전과 규칙이 원하는 만큼 잘 잡히지 않아서 자책하고 교사로서의 자질을 한탄한다.

토끼형의 교사는 늘 조심성이 많고 불안이 많은데 이 불안이 아이들에게 안정감 없음으로 영향을 미칠 수 있음을 기억해야 한다.

성숙의 방향

이 유형은 아이들이 스스로 안전을 지킬 수 있음을 믿는 신뢰가 먼저 필요하다. 믿어주면 아이들은 더 잘 할 수 있다. 잔소리가 많아지면 아이들은 자기 책임이라기 보다 선생님 탓으로 돌리게 될 가능성이 많다는 것도 기억해야한다. 또 꼭 필요한 것에 대해 추구하고 지켜나갈 수 있도록 힘을 키워야 한다. 아이들 지도방법을 배우는 것도 도움이 된다.

개구리형 교사 (자유 즐거움↑)

특징

자유와 즐거움이 높은 교사 유형이다. 아이들과 이것저것 즐겁게 활동할 수 있는 것들을 많이 한다. 다른 선생님들이 엄두를 내지 못하는 활동을 한다. 교장선생님이나 다른 선생님들이 무슨 일이 생기면 '다 선생님 책임'이라며 말리는 상황이어도 반 아이들을 데리고 물놀이나 자전거를 타러 가기도 한다. 아이들에게 즐거움과 자유를 주는 면에서는 참 좋다. 실제로 아이들은 이런 상황에서 스스로 알아서 몸을 챙긴다.

수업에서 진도에 얽매이지 않는 편이어서 수업과 상관없는 이야기를 하는 경우가 많다. 또 아이들이 "재미있는 얘기 해 주세요" 하면 잘 응해서 이야기하다 보면 진도를 못나가기도 한다. 어린 아이들이나 공부에 흥미가 없는 아이들은 재미있어 하고 좋아한다. 그러나 고등학생 쯤 되거나 공부를 하려는 아이들은 공부에 집중해 주지 않음을 힘들어 할 수도 있다.

또한 생존의 욕구가 높은 아이들은 예측되지 않는 교사의 행동에 불안을 느끼고 '오늘은 뭐해요'라는 물음을 계속 할 수 있다.

성숙의 방향

유치나 초등 교사라면 생존의 욕구가 높은 아이들도 있음을 생각하며, 기본적인 안전장치에 좀 더 신경을 쓸 필요가 있겠다. 또한 해야 할 것과 재미 중 재미를 선택하는 것이 많아지면 필요한 것을 놓칠 수 있음도 기억해야 한다.

호랑이형 교사 (생존 힘↑ 사랑 자유↓)

특징

생존과 힘의 욕구가 높지만 사랑이나 자유는 상대적으로 낮은 교사 유형이라고 할 수 있다. 이 교사의 반은 선생님의 한 마디에 통제가 된다. 수업시간에 아이들은 조용하고 선생님 말도 잘 따른다. 세밀한 부분까지 다룰 수 있고 아이들이 좋은 습관을 가지도록 지도하는 데 탁월하다. 규칙이 많지만 교사의 포스로 규칙이 지켜진다. 그러나 아이들은 선생님이 무섭다.

호랑이형 교사는 학교 행정이나 승진에 더 관심이 많아서 아이들에 대한 신경을 상대적으로 덜 쓰기도 한다. 학급에 문제가 생기면 아이에 대한 걱정보다 일처리 해야 하는 것에 짜증이 나는 경우가 많다. 아이들보다 규칙과 학급 운영이나 성적에 더 관심이 많다. 반 성적이 떨어지면 단체 기합을 주기도 한다. 환경미화든 성적이든 체육대회든 발표회든 이겨야 한다고 아이들을 압박한다. 세밀하게 정해진 많은 규칙들에 대해 지키지 않으면 벌이 있다. 규칙에 있어서 예외는 없다. 숙제는 무슨 일이 있어도 하게 만든다. 실수를 하면 엄하게 혼낸다. 아이들은 선생님에게 이의 제기를 할 수도 없고, 억울해도 억울하다 말하기도 어렵다. 오해라고 이야기하면 변명하지 말라고 더 혼내기 때문이다.

성숙의 방향

호랑이형 교사는 아이의 입장이 되어 볼 필요가 있다. 두려움 때문에 하게 되는 행동은 자기 것이 되지 않는다. 강압적으로 해서 습관이 된 듯 보이는 경우라도, 나중에 통제받지 않는 상황에서는 더 반대로 행동하게 만드는 요인이 됨을 기억해야 한다.

또한 친절하게 아이들의 이야기를 귀담아 듣는 훈련도 필요하다. 아이들과 마음과 마음이 통하는 경험이 교사로서 얼마나 보람 있는 일인지 체험해 보면 좋겠다.

뻐꾸기형 교사 (자유↑ 사랑 생존↓)

특징

자유의 욕구가 높고 생존, 사랑의 욕구가 상대적으로 낮은 교사의 경우이다. 학급 규칙은 큰 틀에서만 세우고 세세하게 많은 규칙을 좋아하지 않는다. 아이들에게 가장 많은 자유를 주는 유형이다. 아이들의 싸움도 큰 싸움이나 다치는 상황이 아니면 "싸우면서 큰다" 하면서 지켜 볼 수 있는 유형이다. 좀 위험해 보이는 놀이를 해도 크게 주의를 주지 않는다. 아이가 아프다고 하거나 다쳤다고 오면, 아주 심해보이지 않는 건 "괜찮아"라는 말로 심각해지지 않게 하려는 마음이 크다. 또 아이들이 엎드려 있건, 떠들건 선생님에게 피해가 없으면 크게 상관 않는 자유로운 분위기이다. 기린형과 비슷한 듯 하지만 아이들에 대해 관심이 그다지 많지 않다는 면에서는 다르다. 학기 초 아이들 이름도 한참동안 잘 못 외우기도 한다. 너는 너, 나는 나로 자유롭게 간섭하지 않고 살자는 마음으로 산다. 아이가 교사에 대해 마음 상해하는 일이 있더라도 아이의 감정은 아이의 감정이기에 자신과 연관시키고 싶어 하지 않는다.

성숙의 방향

뻐꾸기형 교사는 생존과 사랑의 욕구를 높일 필요가 있다. 아이들에 대해 해야 할 기본적인 것은 해야 한다. 아이들 하나하나에 대한 관심을 가져 보자. 어떤 규칙을 만들고 어떻게 학급을 운영해야 하는지 배우면 할 수 있다. 학급운영에 대한 연수를 통해 학급 안에 규칙과 안정감을 만들 필요가 있다. 또 다치거나 마음 상했을 때 '괜찮다'고 말하는 것이 생존이나 사랑의 욕구가 높은 아이들에게는 상처가 될 수 있음을 기억하자.

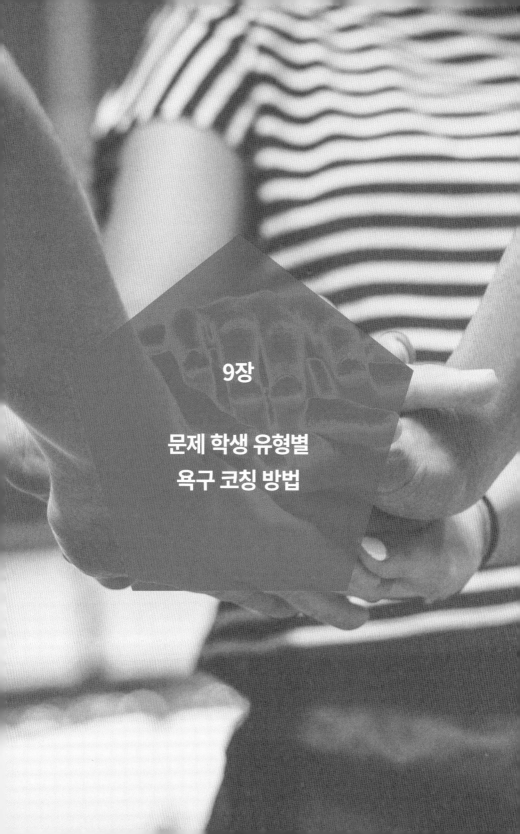

9장

문제 학생 유형별
욕구 코칭 방법

학교에서 일반적인 수업 규칙만으로 지도하기 힘든 아이들이 있다. 요즘에는, 소위 문제 학생들이 더 늘어가고 있는 추세이다. 문제 학생 유형을 욕구의 관점에서 정리하면 다음과 같다.

- 욕구 갈급(渴急)형 : (1) 자기 마음대로 하려는 아이
  - (2) 나만 집중해 주기 바라는 아이
  - (3) 산만한 아이
- 욕구 내전(內戰)형 : 예민한 아이
- 욕구 불만형 : 공격, 보복하는 아이
- 욕구 억압형 : 상대방에게 맞추어 주는 아이
- 욕구 좌절형 : 포기한 아이
- 욕구 포화(飽和)형 : 의존하는 아이

　욕구에 대한 태도에 따라 욕구 갈급(渴急)형, 욕구 내전(內戰)형, 욕구 불만형, 욕구 억압형, 욕구 좌절형, 욕구 포화(飽和)형으로 나눌 수 있다. 욕구 갈급형은 자기가 원하는 욕구를 강렬하게 원하는 아이들이다. 욕구 내전형은 내면의 욕구 갈등으로 인해 내적인 고민이 많아 늘 내면 속의 전쟁이 끊이지 않는 아이들이다. 욕구 불만형은 여러 가지 현실적인 이유 때문에 욕구가 충분히 채워지지 않아 상처받은 아이들이다. 그래서 오히려 다른 사람들에게 공격하고 보복하는 행동을 보인다. 욕구 억압형은 자기 욕구를 잘 알아차리지 못하고 다른 사람에게 맞추어 사는 아이들이다. 욕구 좌절형은 실패와 좌절의 경험을 통해 자기 욕구가 채워지지 않을 것이라고 생각하여 자포자기를 한 아이들이다. 그래서 아무것도 하기 싫어하며 내버려두기를 원한다. 욕구 포화형은 부모의 과잉보호로 생존이나 사랑의 욕구 측면에서 기대

보다 과하게 충족된 아이들이다. 욕구 포화형은 모든 사람이 자신의 욕구를 채워주는 것이 당연하다고 여기고 권위자에게 의존하거나, 명령한다.

문제 학생들을 지도할 때에는 행동 속에 감추어진 욕구들을 살펴보고 이를 긍정적으로 바라보면서 동시에 문제 해결을 위한 욕구 코칭이 필요하다. 문제 행동은 동일하다고 해도 문제 행동 속에 감추어진 욕구가 다르다면 해결 접근 방식도 달라진다.

자기 마음대로 하려는 아이 (욕구 갈급형1)

욕구 갈급형 아이들은 욕구를 충족하기 위한 목표만으로 행동하는 경우가 많다. 힘을 채우기 위해 자기마음대로 하는 아이가 있고, 사랑을 채우기 위해 자기에게만 관심을 집중해주기 바라는 아이가 있으며, 자유와 즐거움의 욕구를 채우기 위해 상황과 상관없이 산만한 행동을 하는 아이 등이 있다.

행동 특징

힘의 욕구가 높은 아이들이다. 자유의 욕구가 함께 높을 수도 있다.

예컨대, 수업 시간에 선생님이 "오늘은 그림을 그릴 거예요." 하고 말하면 "나는 안 그릴거야!" 라고 큰 소리로 다른 친구들이 듣도록 이야기한다. 이러한 아이들에게 영향을 받아 그림을 잘 그리지 않는 아이들도 생긴다. 그러면 선생님은 이 아이를 혼내거나, 그냥 무시한다. 그런데 그림 그리기 활동을 하다보면 그 아이도 언제부터인가 그림을 그리고 있다. 신생님의 말이 틀리지 않아도 일단 선생님에게 딴지를 거는 것이다.

또 어떤 아이는 수업 시간에 앉으라고 해도 앉지 않고 뒤에 서 있는 경우가 있다. 교사가 앉으라고 해도 아이는 말도 하지 않고 버티고 서 있다. 이 아이는 다른 선생님의 수업 시간에도 늘 이렇게 선생님이 이기나 내가 이기나 한 번 해 보자는 듯 버티기를 한다.

또 다른 아이는 교사가 정해준 모둠을 거부하고 다른 모둠으로 옮기겠다고 우긴다. 다른 모둠에 보내주지 않으면 자기는 수업 활동에 참여하지 않겠다고 당당하게 말한다. 친구들 사이에서도 자기가 하기 싫은 일은 다른 친구에게 시킨다. 가정에서도 엄마나 다른 가족들에게 자기가 원하는 것을 시키고, 자기 마음대로 하려고 한다.

욕구로 이해하기
한 번은 꺾어놔야 할까?
이런 아이들을 볼 때 교사는 쥐어 박아주고 싶기도 하고, 언젠가 한 번은 꺾어 놓아야 한다고 생각한다. 또 내버려 두면 버릇이 나빠지니 빨리 잡아야 한다고 말한다.

그렇다면 과연 꺾는 것이 좋은 방법일까?

사실 어떤 아이들은 더 힘센 사람에게 꺾여서 문제 행동을 하지 않기도 한다. 그래서 꺾어야 한다는 말이 나온다. 하지만 욕구라는 것이 누른다고 없어지는 건 아니라는 사실을 기억해야 한다. 풍선의 한쪽을 누르면 풍선은 눌리지만 풍선 속 공기 자체가 없어지는 것은 아니다. 눌리면서 다른 쪽으로 공기가 몰리는 것뿐이다. 선생님이 힘으로 누르면 그 아이는 자기보다 힘없는 아이들에게로 분출한다. 힘으로 누를수록 좋지 못한 방법으로 그 힘이 다른 방향으로 분출된다.

소위 '지랄 총량의 법칙'이라는 것이 있다. 힘의 욕구는 채워지지 않으면 언젠가는 채우려 한다. 그 시기가 사춘기가 될 수도 있고, 청년기가 될 수도 있고, 그때도 분출이 안 되면 40대가 되어서 이상한 행동으로 나타나기도 한다. 어릴 때 힘의 욕구가 분출되고 적절하게 해소되면 다음 시기를 편안하게 넘어가는 경향이 있지만 나이가 들어서 힘의 욕구가 분출되면 그 여파가 세게 나타난다.

힘의 긍정성을 다시 확인하기

힘의 욕구를 다룰 때 주의해야 할 것은 힘 자체를 나쁘게 보는 시각이다. 교사를 힘들게 하고 친구들을 힘들게 하기 때문에 마음대로 하려는 욕구 자체를 잘못된 것으로 인식하는 경우가 많다. 이렇게 되면 아이의 존재 자체를 부정하는 것으로 느껴서 자존감의 손상을 받을 수 있다. 힘은 잘 채워지면 긍정적인 방향으로 나타날 수 있다. 그러므로 교사는 아이를 권면하고, 안내하고, 조절해주며 지켜주는 중요한 역할을 해낼 수 있어야 한다.

아이에게 있는 힘의 욕구는 나중에 리더가 되고, 좋은 영향력을 미치는 사람이 되는데 중요한 역할이 될 수 있다. 그것을 인정해 주는 사람이 있다면 아이는 더 잘 자라날 수 있다.

인희는 힘의 욕구가 강한 아이다. 선생님의 의견도 자신이 생각하기에 아니라고 생각하면 선생님에게 따진다. 자기를 굽히지 않고 자기주장을 강하게 한다. 그러다 보니 버릇없는 아이로 비춰진다. 다른 사람이 자기에게 시키는 것도 싫어한다. 선생님이 교실이 지저분하다며 청소를 하라고 했더니 "싫은데요! 제가 왜 해야 되는데요? 전 청소 당번이 아니에요"라고 거부했다.

다행스럽게도 이 아이는 자기 존재와 힘을 인정해 주는 담임 선생님을 만나고 나서 많은 변화가 일어났다. 담임 선생님은 인희의 주장이나 의견을 잘 들어주려고 애썼다. 그러자 인희는 담임 선생님을 무척 좋아하게 되었고, 선생님의 이야기가 이해되면 바로 수용하는 모습으로 바뀌었다. 엄마도 인희의 특성을 이해하면서 힘의 욕구를 존중하려고 노력하였다. 인희는 성장하면서 힘의 욕구를 긍정적으로 사용하는 방법을 알게 되었다. 세상을 긍정적으로 변화시키고 싶은 소망을 가지게 되면서 기자가 되기로 결심했고, 현재는 신문방송학과에 진학하여 그 꿈을 펼치는 과정을 걷고 있다. 만약 어렸을 때 인희의 힘의 욕구를 부정했다면 현재의 긍정적인 모습을 보기 힘들었을 것이다. 긍정적으로 이해하고 격려해 주었을 때 건강하게 자랄 수 있었던 것이다.

고무줄 심리 이해하기

두 사람이 양쪽에서 고무줄을 쥐고 있다고 상상해 보자. 한 쪽은 교사이고 한 쪽은 아이다. 아이가 교사에게 버릇없이 대드는 것은 고무줄을 당기는 행위다. 이때 교사가 '이게 어디서 선생님에게 대들어? 나쁜 버릇을 고쳐주어야지' 하는 마음으로 아이를 야단친다면 이는 아이가 당긴 고무줄 반대쪽에서 세게 당기는 것과 같다. 양쪽에서 아이와 교사가 당기면 고무줄은 팽팽하게 된다. 교사가 고무줄을 당기면 아이는 더욱 힘껏 고무줄을 당긴다. 끊어질 듯 긴장감이 생기는 순간이다.

그런데 만약 아이가 고무줄을 당길 때 선생님이 고무줄을 놔 버리면 어떻게 될까? 그렇다면 아이는 힘을 발휘하려는 마음이 식어버릴 수 있다. 허공을 향해 힘을 부려봤자 소용이 없기 때문이다.

이 '고무줄 심리'를 잘 기억하는 것이 필요하다. 힘과 힘이 만날 때, 양쪽에서 고무줄을 당기면 당길수록 긴장만 늘어날 뿐이다. 이러한 경우, 힘을 적절하게 다루기 힘들어지게 된다. 만약 교사가 고무줄을 힘껏 당겨서 그 순간, 이기는 것처럼 보일 수도 있다. 하지만 아이 입장에서 힘에 눌려서 졌다고 여길 때는 언젠가 이겨보리라는 마음을 갖게 된다.

그런데 힘의 욕구가 약한 사람은 이기고 지는 것 자체에 대하여 별 관심이 없다. 그래서 누군가에게 져도 크게 스트레스를 받지 않는다. 하지만 힘의 욕구를 가진 사람은 꼭 이기고 싶어 하고 경쟁의식이 상대적으로 크다.

힘의 욕구가 강한 사람들은 상대가 이기려고 달려들면 더 세게 공격하는 특성이 있다. 힘의 욕구를 가진 사람의 특성 중 하나는 약한 사람에게는 부드러워지고, 세게 나오는 사람에게는 어떻게든 이기려는 마음이 든다는 것을 기억해야 한다.

욕구 코칭 방법

힘의 욕구를 가진 아이를 대할 때 반드시 패하는 방향이 있다. 그것은 그 힘을 꺾겠다고 생각하거나, 교사의 권위를 무너뜨리는 행위로 여기거나, 교사의 자존심을 상하게 한다고 생각하면 승리 대신 패배하는 방향으로 간다. 특히 교사가 아이에게 화를 낸다면 그것은 반드시 패하는 길이다. 힘은 이기려는 마음인데 교사가 그 힘을 꺾겠다고 하는 것은 전쟁을 선포하는 것이고, 아이 입장에서는 더욱 이기고 싶은 마음을 가지게 하는 계기가 된다. 교사가 화를 내거나 행동 반응이 클수록 아이는 그만큼 자신의 힘이 크다는 느낌을 받는다. 힘의 욕구가 강한 아이는 교사의 분노를 무서워하기보다 교사를 이겨보겠다는 전의를 불태우게 되는 계기가 될 뿐이다.

① 욕구 묻기

마음대로 하려는 아이는 대부분 행동 속에 '내가 선택할게요', '내가 도와줄게요' 와 같은 사인이 들어 있다.

힘과 자유의 욕구가 강한 아이에게 교사는 나음과 같은 실문을 던지면 좋다.

"아무도 널 마음대로 할 수 없다는 걸 보여주고 싶은 것이니?"

"네가 원하는 것을 하고 싶은 것이니?"

"시켜서 하는 건 싫고, 네가 하고 싶을 때 하면 좋겠니?"

"대장(리더)이 되고 싶은 거니?"

이렇게 욕구를 묻는 것은 고무줄을 놓으면서 아이에게 '나는 힘 대신 다른 방법으로 너와 이야기를 나눌 거야'라는 메시지를 주는 것이다. 버릇없는 행동이나 다른 사람을 내 마음대로 하려는 방법이 아니라 소속감과 자존감을 느낄 수 있는 방법을 이야기해 볼 수 있다.

아이들은 소속감을 갖고 싶고, 인정받고 싶은 마음으로 행동한다. 다만 그 방법을 잘 모르고 욕구를 적절하게 충족한 경험이 부족하기 때문에 엉뚱한 방향으로 그 욕구를 충족하려고 한다. 학급에 도움을 줄 수 있고, 선생님에게도 도움을 주며, 친구들에게 유익한 방향으로 힘을 충분히 발휘할 수 있다.

② 누구도 강제할 수 없다는 것을 인정하기

사람은 누구도 다른 사람을 통제할 수 없고, 강제할 수 없음을 선언적으로 이야기하는 것이다. "그래, 난 널 어떻게 할 수 없어", "너를 내 마음대로 할 수는 없지"

이것은 고무줄을 놓는 확실한 방법이다. 아이는 주먹을 더 세게 쥘 이유가 없어진다. 이겨보려는 마음을 가져봤자 싸움이 되지 않는 상황이 된다.

③ 싸우지도 말고, 포기하지도 말기

대개 교사는 마음대로 하는 아이들을 만나면 싸워서 이기려 하거나 반대로 생활 지도를 포기해 버리는 경우가 생길 수 있다. 싸우는 것도 적절하지 않지만 포기하는 것도 적절하지 않다. 포기하는 것은 고무줄을 놓는 듯 보이지만 실제로는 아이가 마음대로 힘을 부리도록 방치하는 것일 뿐이다.

교사와 힘의 욕구가 강한 아이 사이에 갈등이 일어나면 교사가 화를 내는 경우가 많다. 그런데 분노 상태에서 문제를 해결하려 하면 오히려 감정적으로 더 격해져서 문제 해결이 잘 이루어지지 않는다. 이럴 때는 잠시 냉각기를 가지는 것이 필요하다. 불은 불로 끄는 것이 아니라 물로 끄는 것이다. 냉각기를 가지는 것은 아이에게 지는 것이 아니며 오히려 지혜로운 방법이다. 아들러 심리학에서는 이를 '긍정적 타임아웃(Time-out)'이라 부른다. 타임아웃은 아이 뿐 아니라 교사에게도 필요한 시간이다. 수업시간에 생긴 문제라면, "선생님도 좀 진정된 후에 이 문제를 다루고 싶다. 그래서 시간이 좀 필요해. 이따가 다시 만나서 이야기하자."라고 이야기할 수 있다.

만약 따로 만나서 이야기했지만 교사도 자기의 감정이 격해진다면 "선생님은 잠시 진정할 시간이 필요한데 넌 어때? 10분 후에 다시 이야기할까? 어때? 넌 뭐하고 있을래?"라는 방법으로 두 사람에게 긍정적 타임아웃 시간을 가지는 것은 좋은 방법이다.

어떤 아이는 화가 나면 아무 말도 하지 않고 꼼짝 않고 가만히 돌처럼 굳어서 무슨 말을 시켜도 말을 하지 않는 아이도 있다. 이럴 때는 "시간이 좀 필요하니? 혼자 있을래?" 등의 방법으로 긍정적 타임아웃을 만들어줄 필요가 있다.

긍정적인 타임아웃 이후 다시 만나서 이야기를 하면 싸우지도 않고 포기하지도 않으면서 감정이 진정된 상태에서 이야기를 나눌 수 있다. 어떤 경우는 아이가 자신을 억지로 어떻게 하려 할까봐 방어적 자세를 취하는 경우도 많은데, 이때는 "내 의견에 동의하지 않아도 괜찮아. 우선 들어볼래?" 라고 해서 이야기를 차분하게 풀어 가는 것이 좋다.

④ 내가 할 것을 결정해서 말하기

문제가 생기면 교사는 아이에게 어떻게 할 것을 지시한다. "너 저리 가 있어"

혹은 "네가 이런 행동을 했으니 이렇게 해라" 식의 말을 한다. 이러한 말들은 자기 행동은 자기만 통제할 수 있다는 관점에서 볼 때 그리 적절한 표현이라고 보기 힘들다. 교사가 자신이 할 수 있는 행동을 결정해서 말하면 아이들에게도 자기 행동은 자기가 선택할 수 있음을 보여주는 것이 되기도 한다.

예를 들면 "선생님은 수업을 진행하지 않을 거예요", "줄을 다 섰을 때 밖으로 나갈 거예요", "선생님은 아무 말을 하지 않고 기다릴 거예요"라고 표현하는 것이다. 이렇게 교사가 선택할 수 있는 행동을 말해주는 것은 좋은 방법이다.

이렇게 친절하면서도 단호하게 말한 후에는 그 말대로 행동하는 것이 중요하다. 이때 친절함과 단호함이 아이들에게는 화를 누그러뜨리는 방법이 되기도 한다. 교사가 화를 낼 것 같았는데 화를 내지 않고 오히려 친절하면서도 단호하게 자신이 할 행동을 아이에게 이야기한다면 그 아이는 화내기도 애매한 상황이 되는 것이다.

이때 필요한 것이 '버티기'이다. 버티는 것은 힘으로 밀어붙이지도 않고 물러나면 안 되는 선에서 버티고 있는 것을 말한다. 아이가 하지 말라고 하는 행동을 계속 해도 힘으로 막기에는 한계가 있다. 교사가 아이에게 "네가 이렇게 행동할 때 난 이렇게 하겠다."고 자신의 행동을 선택하고 표현한 다음 그 선에서 물러서지 않는 것이다. 또 아이가 꼭 해야 할 것이라면 아이가 싫어해도 친절과 단호함으로 "해~"라고 이야기하는 것이다. 다른 이유를 들어 또 하지 않으려 하더라도, 친절하고 단호하게 "해~"라고 반복하면 된다. 이것이 버티기이며 물러서지 않음이다.

⑤ 아이와 함께 해결 방법을 찾기

이런 과정 이후에 아이와 함께 해결 방법을 찾으면 된다. 그 해결 방법은 소속감을 만들고, 자존감을 높일 수 있는 방법이어야 한다.

"어떻게 하면 좋을까", "어떻게 해야 우리 둘이 서로 힘을 존중하면서 문제를 풀 수 있을까"와 같은 말이다. 이런 말들은 힘의 욕구를 채우는 말이기도 하다. 아이의 의견을 묻는 것으로 존중하는 마음이 담길 수 있고, 아이가 선택할 수 있다는 메시지를 전함으로서 아이가 가지고 있는 힘의 욕구를 인정할 수 있다.

⑥ 선택하게 하기

힘이나 자유의 욕구는 누군가 자기를 어떻게 하려는 것을 싫어한다. 힘의 욕구를 채우는 방법은 존중과 경청이다. 그리고 자신이 행동을 선택하게 하는 것이다.

그러나 발달 단계를 고려한다면 어린 나이일수록 아이가 너무 많은 선택을 하게 한다면 오히려 부작용이 생긴다. 즉, 제한 없는 상황이 오히려 불안을 일으켜 안정감을 저해할 수 있기 때문이다. 그럴 때는 몇 가지 제한점을 두는 것이 필요하다. 선생님이 허용할 수 있는 범위 안에서 할 수 있는 것 중에서 제안하는 것이다. 아이가 수업 시간에 교실로 들어가려고 하지 않는다면 "먼저 들어갈래? 아니면 선생님과 맨 나중에 같이 들어갈래?" 등의 방법으로 선택하게 할 수 있다. 십대 아이들에게는 허용 범위보다는 허용 기준을 함께 정하는 것이 필요하다. 학급 회의를 통해 아이들이 어느 정도의 기준을 정할지 선택할 수 있다. 교사는 교실에서 문제가 되는 상황을 질문을 통해 제시하고 그에 맞는 교실 규칙이나 약속을 함께 만들어 가는 것이다. 여기서 교사의 역할은 그 한계를 정하는 것이다.

⑦ 행동을 평가하게 돕기

아이가 원하는 것은 어떤 것이든 괜찮고 수용되어야 한다. 하지만 행동하는 것은 언제나 괜찮은 것은 아니다. 욕구와 행동을 구분할 수 있어야 한다. 자신이 한 행동이 욕구를 충족하기 위한 행동으로 적절했는지 자기 평가를 하도록 질문을 하면 좋다. 평가는 판단하지 않는다는 느낌이 들 수 있도록 아이와의 라포(rapport)가 충분히 형성된 후에 해야 한다. 또한 아이가 자신의 욕구가 무엇인지 알아차린 후에 진행하는 것이 좋다.

"네가 한 행동이 너에게 도움이 되었니?"

"네가 하고 있는 행동은 원하는 것을 얻는데 도움이 되었니?"

"계속 애들과 싸우면 몇 주 혹은 몇 달 후에는 어떻게 될 것 같아?"

"할 수 있는 더 좋은 행동 방향이 있을까?"

자기 마음대로 하려는 아이 사례분석

초등 1학년 영경이는 수업 시간이 되면 자리에 앉지 않고 뒤에 서 있다. 교사가 "자리에 앉자!"라고 이야기를 해도 말도 않고 그 자리에 서 있다. 화난 얼굴도 아니다. 그냥 그러고 있다. 그러다 자기가 앉고 싶을 때 자기 자리로 들어가서 앉는다. 이 아이는 담임 선생님이 바뀔 때마다 이런 방식으로 선생님이 가진 힘을 테스트했다. 개인적으로 만나서 혼을 내도 크게 행동이 변하지 않는다.

이런 경우, 아이가 어떤 욕구 때문에 이러한 행동을 하는지를 먼저 파악해야 한다. 관심을 얻기 위한 행동일 수도 있고, 힘의 욕구 때문에 하는 행동일 수도 있다. 그런데 관심을 얻기 위한 아이라면 교사가 말하면 행동의 변화가 나타나지만 그대로 버텨 서 있는 것을 보면 힘의 욕구라고 볼 수 있다.

힘의 욕구라는 것을 확인한 교사는 영경이와 따로 만나서 욕구를 추측하는 질문을 했다.

"누군가 시키는 대로 하지 않는 걸 보여주고 싶은 거야?", "네 마음대로 하고 싶니?" 물었더니 "네." 하고 대답한다. 그 다음에는 교사는 아이와 힘겨루기를 하지 않겠다는 의미를 담아 "그래. 선생님도 너를 마음대로 할 수는 없지." 라고 말했다. 그러자 영경이는 조금은 당황해 하고 놀라했다. "선생님은 수업 시간에 네가 앉지 않으면 신경이 쓰이고, 다른 친구들도 수업하는데 방해가 되는데 어떡하지? 어떻게 하면 좋을까? 좋은 방법이 없을까?"하고 힘을 존중하는 말을 했더니 "그냥 앉을게요."라고 대답했다. 그러나 이런 행동이 쉽게 사라지지 않았다. 그 다음에도 그런 행동이 나타나자 교사는 힘을 빼고 "네가 앉고 싶을 때 앉아라."하고 영경이에게 선택권을 주고 수업을 진행했다. 빨리 앉으라고 압력을 가하지 않고 고무줄을 놔버리는 행동을 했더니 영경이는 다른 때보다 빨리 자기 자리에 앉았다.

그러다가 영경이가 한 달간 학급 섬김이(회장)로서 수업 시간 시작과 끝날 때 전체 인사를 하게 되었다. 그러자 자기 자리에 앉지 않았던 모습이 사라지게 되었다. 학급에서 자기의 힘을 발휘해 보는 경험을 통해 자기 힘의 욕구가 어느 정도 채워진 것이다.

나만 집중해 주기를 바라는 아이(욕구 갈급형2)

행동 특징

친구들이 자기에게 먼저 집중을 해주거나 배려해 주시 않으면 서운해 한다. 아이들이 자기를 따돌린다며 슬퍼하기도 한다. 또 단짝이 없으면 친구가 없는 것으로 여기고, 함께 노는 친구들이 있는데도 외로워하고 친구가 없다고 하소연을 한다.

주변 사람들에게 도움을 잘 받으려고 한다. 예쁘고 귀엽고 사랑스러운 모습으로 "난 잘 못하는데~ 히잉" 하거나 "이건 어떻게 하지?" 하면서 난감한 표정을 지으면 선생님이든 친구든 주변에서 자연스럽게 도와주게 만든다.

어렸을 적 엄마만 찾았던 아이들의 경우, 계속 관심을 끌어야만 사랑받는다는 인식이 박혀서 이제는 하루 종일 선생님을 부르고 찾을 수 있다. 매번 수업시간에 화장실을 가겠다고 할 수도 있다. 수업 시간에 튀는 행동을 해서 선생님이 자신의 이름을 계속 부르게 하거나, 어떤 경우는 교무실에 계속 찾아오는 경우도 있다. 이런 아이들의 특징 중 하나는 꾸중하면 바로 그 행동을 멈춘다는 사실이다. 하지만 잠시 후 똑같은 행동이나 다른 행동으로 또 선생님의 눈이 자기를 향하게 한다. 이런 행동들이 쌓이다 보면 선생님은 성가시고 귀찮고 화가 나게 된다. 그러면서도 한편에서는 아이가 원하는 사랑을 못 채우는 것 같아 미안하고 걱정도 되고 죄책감이 들게도 된다. 이 죄책감의 감정을 느낀다면 사랑의 욕구를 가진 아이를 대하고 있다고 여기면 된다.

욕구로 이해하기

이 아이들의 보이는 면은 계속 선생님을 귀찮게 하고 성가시게 하면서 자신을 봐 달라고 하지만 그 안에 숨겨진 사인을 알면 새롭게 보이는 면이 생길 수 있다. 이 아이들은 '나도 함께 하고 싶어요'라는 숨은 욕구가 있다. 사실 관심을 받고 싶은 마음은 협력하고 싶고 기여하고 싶은 욕구이기도 하다. 나아가 의사결정에 많이 참여하고 싶은 욕구이기도 하다.

이 아이들은 사랑받는 것에 관심의 초점이 있다. 그린버그는 "사랑받고 싶은 욕구에 기인하는 정서 도식이 촉발되면 상황을 수용 받느냐 혹은 거부당하느냐의 두 가지 관점에서만 보게 된다."고 표현한다. 사랑 받고 있다는 느낌이 들지 못하면 관심 받고 싶은 것에만 초점이 가서 조금만 서운해도 큰 타격을 받고 오로지 관심 받는 일에만 몰두하게 되는 것이다.

또 어떤 경우는 사랑의 욕구가 높지만 충분히 채워지지 않아서 이런 행동이 나타나기도 한다. 사랑의 욕구가 높다는 것은 사랑을 받고 싶은 양이 크다는 말과 통한다. 그러다보니 주의를 끌 때만 소속감을 느껴서 다른 사람들이 봐 주어야만 사랑받는다는 느낌을 가지게 된다.

욕구 코칭 방법

① 욕구를 묻기

수업시간에 딴 짓을 많이 하여 늘 수업에 방해가 되는 아이들 중 선생님의 주의를 끌려고 하는 아이들이 많다. 아이가 하는 행동이 관심을 원하는 것으로 보인다면 "친구들과 친하게 지내고 싶어?", "단짝이 있었으면 좋겠니?", "너에게 관심을 좀 줬으면 좋겠니?", "너만 바라봐 줬으면 좋겠니?" 라는 물음을 통해 욕구를 파악하는 것이 필요하다.

② 그 행동에 반응하지 않기

관심을 얻기 위한 마음은 충분히 수용할 수 있지만 수업 진행을 어렵게 만드는 행위나 다른 사람을 지치게 만드는 행위는 수정되어야 한다. 수업에 방해되는 행동을 할 때마다 반응을 하고 이름을 부르면서 혼내는 것은 이 아이들에게는 부적응적인 행동을 강화하는 셈이 된다. 좋은 행동으로 사랑을 받을 수 있는 경험을 해야 아이의 행동을 변화시킬 수 있다.

아이는 관심을 끌기 위한 목적으로 하는 행동이기 때문에 관심을 끌지 않는 행동은 할 필요성이 없어진다. 수업에 집중을 하거나 문제 행동을 중단했을 때 고개를 끄덕여 주면 이 아이는 '딴 짓을 할 때는 선생님이 무관심하더니 이러한 행동을 할 때 관심을 주네.'라고 생각하면서 긍정적인 방향을 생각하게 된다.

③ 도움을 요청하기

한 선생님이 음악 수업을 하고 있는데 아이가 "난 멍멍이야." 하면서 개 짖는 행동과 흉내를 내니 모든 아이들이 다 웃었다. 이 아이는 모두가 자기에게 집중해 주고 자신의 행동에 웃어주는 것이 좋아서 수업에 방해가 되는지는 생각하지 않고 기회가 있을 때마다 이러한 행동들을 계속한다. 대개 선생님들은 "수업에 방해되게 왜 개 짖는 행동을 하느냐"고 혼내겠지만 이 선생님은 아무 반응을 하지 않다가 아이가 개 짖는 소리를 잠시 멈출 때 고개를 끄덕이면서 "여기 리코더 정리하는 것 좀 도와줄래?"하고 아이에게 부탁을 했다. 그러자 이 아이는 개 짖는 행동을 멈추고 선생님을 도와주면서 뿌듯하게 생각했다. 이후 수업시간 내내 집중해서 참여를 했다. 사랑의 욕구는 도와주고 싶은 욕구라는 것을 잘 적용한 사례라고 할 수 있겠다.

④ 대안 제시하기

아이가 자신에게 관심을 계속 끌게 하려고 이것저것 해 달라고 할 때는 "혼자서 문제를 풀면 마치고 나서 따로 도와줄게." 등의 말로 관심 끌기에 선을 그으면 좋다. 그리고 교사의 상황에 대해 이야기하고 타협안을 끌어낼 수도 있다.

⑤ 해결 방법에 대하여 아이를 참여시키기

"선생님은 수업시간에 이런 상황이 힘든데 어떻게 하면 좋을까?" 하고 아이에게 물어볼 수 있다. "어떻게 하면 네 욕구도 존중하고, 선생님 욕구도 존중하면서 해결할 수 있을까?" 등의 질문을 하면 아이들은 자기가 도와줄 수 있고 스스로가 해결해 갈 수 있는 사람이라는 사실로 인해 자부심을 가지게 될 수 있다. 아이가 존중을 받는다는 느낌을 가질 수 있는 것이다. 또한 자신의 행동이 욕구를 채우기 위한 적절한 방법인지를 파악하게 한 후 적응적인 방법을 찾아가는 것도 좋다. 수업 시간이나 학급 모임에서 계속 하게 되는 행동들은 사적인 행동이라기보다 공적인 행동이다. 그러므로 이러한 행동들에 대해 학급 회의를 통해 다루는 것도 필요하다.

⑥ 특별한 만남 가지기

사랑의 욕구가 큰 아이들은 수업시간에만 다루어서는 쉽지가 않다. 오히려 평소에 따로 시간을 내어 아이와 함께 하는 시간을 가지면 수업 시간이 편해질 수 있다. 전체적으로 보면 교사의 에너지가 적게 들 수 있는 것이다. 대개 학급 운영을 잘 하는 선생님들은 수업 시간 외에 아이들을 집에 초대하거나 따로 만나 떡볶이를 먹는다거나 하면서 개별 만남의 시간을 가진다. 그러면 아이들은 선생님이 자신들에게 관심을 가지고 있고 사랑한다는 확신을 가지게 된다. 이 경우 따로 이상한 행동으로 관심을 끌 필요가 없어질 수 있다.

특별한 만남은 '특별하다'는 느낌이 들게 해야 한다. 그러기 위해서는 특별한 시간을 더 빛나게 하는 말들로 그 시간을 더 특별하게 만들어 볼 필요가 있다.

"만남을 기대하고 있어!"

"이렇게 특별한 시간을 같이 보낼 수 있어서 너무 좋다."

"너에 대해 잘 알 수 있는 시간이어서 선생님에게도 큰 의미가 있는 시간이었어."

⑦ 제스처 약속하기

사랑의 욕구가 큰 아이들은 확실하게 각인시켜주는 것이 필요하다. 선생님이 자신에게 관심을 가지고 있고, 좋아하고 있다는 사실이 확실하게 느껴지면 쓸데없는 행동을 하지 않는다. 예를 들어, 둘 만의 제스처 약속, 즉 사인을 만드는 것이다. "이 행동을 하면 선생님이 널 좋아한다는 사인이야." 하면서 제스처를 함께 만들어 보는 것이다. "선생님이 머리를 쓸어올리면서 너를 본다면 그건 '네가 좋아'라는 사인이야." 라고 이야기해 주고 약속대로 그 행동을 한다면 아이는 때마다 매우 행복해진다. 그 행복으로 다른 부적응적인 행동들을 하지 않게 될 것이다.

물론 '아이들이랑 그런 것 까지~' 라고 생각할 수도 있겠지만 이 아이들의 끝없는 욕구는 채워지지 않고는 조절이 힘들다는 것을 다시 한 번 생각할 필요가 있다. 아이의 욕구를 채우는 것이 매일 실랑이를 하는 것보다 훨씬 효율적인 방법이다. 물론 이 방법은 사랑의 욕구가 큰 아이들에게 효과적인 방법이며 어릴수록 더 효과가 있다.

조금 큰 아이들과는 둘만의 인사법을 만드는 것도 한 방법이다. 어떤 초등학교 선생님들은 하교 시 전체적으로 인사로 마무리하지 않고 한 줄로 서서 교사와 아이 간의 특별한 인사 약속을 만들어서 사용한다. 그냥 인사하기부터 악수하기, 안아주기, 독특한 포즈를 취하기 등 아이들이 원하는 다양한 포즈를 약속해서 인사를 한다. 하교할 때마다 아이들이 선생님과의 특별한 인사를 하기 위해 기쁘게 줄을 서서 인사한다.

관심을 받고 싶은 아이 사례 분석

명인이는 점심시간 배식 담당이었는데 당번 역할을 마치고 자리로 들어갔다. 그런데 다른 아이들은 명인이가 오는지 안 오는지 크게 신경 안 쓰고 재미있게 재잘거리며 밥을 먹고 있었다. 명인이는 자기 자리도 챙겨놓지 않고, 자기가 오는 것도 신경을 쓰지 않는 친구들에게 마음이 상했다. 그래서 속상한 마음으로 울면서 "친구들이 나를 소외시켰어요."라고 선생님에게로 갔다.

명인이를 어떻게 도울 수 있을까? 먼저 상황을 잘 살펴볼 필요가 있다. 사실 아이들은 의도적으로 명인이를 소외시키려는 마음이 전혀 없었다. 하지만 명인이는 소외감을 느꼈다. 여기서 명인이의 서운함은 어떤 욕구에 기인하는지 먼저 파악해야 한다. 아이들이 먼저 챙겨주길 바라는 마음이 있어서인지, 혹은 자신감이나 힘의 욕구가 적어서 "나도 끼워줘."라는 말을 먼저 못하는 것인지, 아니면 어떤 상처가 있는 것인지를 파악해야 한다.

먼저 챙겨주기를 바라는 마음이었다면 챙겨주기를 기대했던 친구에게 "내 자리를 좀 챙겨줬으면 좋았을 텐데"라는 표현을 해 보게 할 수도 있다. 아니면 친구에게 "내 자리 좀 맡아줘." 하면서 미리 이러한 일이 생기지 않도록 할 수도 있다.

자신감이 높은 아이들은 이런 상황에서 "야! 나도 같이 먹자"하면서 자연스럽게 식사 자리로 끼어들어갔을 가능성이 크다. 하지만 사랑의 욕구가 높으면서 힘의 욕구가 낮거나 자신감이 적은 아이들은 "나도 끼워줘" 라고 먼저 쉽게 이야기를 하지 못한다. 그래서 늘 교사에게 "애들이 나를 왕따시켜요" 라는 말을 할 수 있다. 자신감이 없는 경우에는 "애들아 나도 같이 먹자", 혹은 "나 먹을 자리가 없어~ 내 자리 좀 만들어 주라~" 등의 말하는 연습을 실제적으로 해보게 하는 것이 큰 도움이 된다.

또 이미 거절당하고 상처받은 경험이 있어서 못하는 경우도 있다. 이때는 친구들과 집단 상담 활동을 통해 서로에게 불편한 점에 대해 이야기를 하고, 상처에 대한 이야기를 하면서 각자 자신을 돌아보는 시간이 필요하다. 명인이가 친구들을 불편하게 한 부분이 있다면 이야기를 나누면서 바꾸어 갈 수 있는 방법이나 도울 수 있는 방법을 찾아보는 것도 한 방법이다.

산만한 아이 (욕구 갈급형 3)

행동 특징

수업 시간 내내 이리저리 움직인다. 가만히 앉아 있기도 힘들다. 계속 선생님에게 지적을 당한다. 친구들과 놀이를 해도 자기가 놀고 싶은 것이 아니면 놀다가 금세 빠져 나온다. 이렇게 되면 나머지 아이들도 놀이하기가 어렵게 되기도 한다. 이런 경험을 몇 번 한 친구들은 다음 놀이에는 그 아이를 잘 안 끼워주려고 한다. 그러나 무엇인가 자기가 관심을 가지고 있는 일에는 그 집중도가 높다.

욕구로 이해하기

이 아이들은 생존의 욕구가 낮고 자유와 즐거움의 욕구가 높은 아이들이다. 소위 '주의력 결핍 및 과잉행동장애(ADHD)'의 많은 아이들이 그냥 욕구가 높아서일 가능성이 크다. 일부 학계에서는 ADHD에 대하여 비판적인 입장을 취한다. 특정 증상을 장애로 분류할 과학적 근거가 부족하며 치료법으로 약물을 사용하는 것은 부당하고 백해무익한 개입이라고 주장한다. 프리스쿨이라는 학교를 통해 산만한 아이들을 배움의 길로 이끌고 있는 크리스 메르코글리아노는 다음과 같이 이야기한다.

"ADHD 아이들 중 대다수는 아무런 문제가 없는 아이들이다. 문제는 이들의 고유한 욕구와 개성을 받쳐주지 못하는 학교 환경에 있다. 어떤 아이들은 학습 장애가 있다는 이유로 진단을 받지만 이런 학습장애는 유기적 결함이 아니라 배움에 자신을 투자할 준비도 의지도 능력도 없는데, 공부를 강요당해서 생긴 결과다. 이들의 역기능적이고 반사회적인 행동은 일종의 조난 호출, 즉 구원해 달라는 요청이다. 욕구불만과 정서불안의 표출이지, 질병이 아니라는 말이다"

물론 뇌의 문제로 주의력 결핍이 생기고 약이 필요한 아이들도 분명 있다. 그러나 대부분의 아이들은 자연스럽고 괜찮은 아이들이다. 옛날 같으면 어느 정도의 산만함은 수용할 수 있었던 것도 지금은 부모들이나 주변 사람들이 그냥 넘기지를 못한다. 예전처럼 산으로 들로 뛰어다니며 노는 시간이 많다면 불편함을 덜 느꼈을 텐데, 지금은 학교나 학원에서 가만히 앉아 있어야 하는 시간이 훨씬 많다. 자유와 즐거움의 욕구가 높은 아이들에게 학교는 감옥처럼 느껴질 수 있다. 그러니 학교생활에 적응하기도 어렵다.

욕구 코칭 방법

① 욕구로 바라보기

아이가 하는 행동이 문제가 아니라 특성인 것을 인정할 필요가 있다. 자유와 즐거움의 욕구가 높은 아이들일 뿐이다. 이런 아이들도 잘 자랄 수 있다.

② 수업에 방해가 되는 것과 참여를 하지 않는 것을 구분하기

교사들은 아이가 수업에 집중을 하지 않으면 방해가 된다고 생각한다. 그러나 다른 아이들에게 방해가 되는 행동이 아니라면 그냥 두는 것이 실제로는 방해를 덜하게 만든다. 다른 아이들은 모두 수업에 집중하고 있는데 혼자 딴 짓을 하고 있는 상황일 때, 교사가 그러한 행동을 야단치게 되면 오히려 수업에 방해가 될 수 있다. 교사의 훈계에 대하여 그 아이가 어떤 행동을 하고 있는지 몰랐던 아이들도 그 아이를 바라보게 되고 그만큼 수업은 지연되고 있는 것이다. 원래 집중을 잘 하지 않는 아이라면 교사가 야단친다고 해서 수업 집중도가 쉽게 높아지지 않는다. 교사가 엄하게 대하면 그 아이는 가만히 있다고 해도 머릿속은 딴 생각들로 가득하게 된다. 몸이 가만히 있다고 해서 귀가 집중하는 것은 아니다. 참여를 하지 않는 아이를 크게 혼내는 교사가 오히려 수업을 방해한다. 산만한 아이는 다른 아이들의 수업에 방해가 되지 않는다면 옆에서 살짝 눈짓을 하거나 딴 짓을 할 때 집중하도록 머리를 한번 쓰다듬어 주는 정도가 오히려 적절한 개입이다.

③ 자유와 즐거움을 만끽할 시간과 공간 확보하기

우리나라의 학교 문화는 가만히 앉아서 수업하는 것이 많다보니 자유와 즐거움이 높은 아이들에게는 학교생활이 더욱 괴롭게 느껴질 수 있다. 가만히 앉아있는 시간이 많을수록 욕구 충족이 좌절되고 왜곡되어 더 산만해질 가능성이 크다. 욕구라는 에너지는 저절로 없어지지 않는다. 질량 보존의 법칙처럼 에너지는 아이 속에 늘 있다. 뛰어놀고 돌아다녀야 할 에너지를 쓰지 않으면 엉뚱한 모양으로 나타난다. 그러므로 실컷 뛰어놀고 마음껏 누릴 수 있도록 시간을 확보할 필요가 있다. 가정과 소통하여 아이가 어느 정도의 자유 시간을 가지고 있는지 체크하면 좋다. 학교에서 가만히 있지 못하는 아이들인데, 방과 후에도 여러 가지의 학원을 다니는 상황이면 학교생활에 더욱 집중하기가 어려울 것이다. 자유와 즐거움의 욕구를 누리는 시간만큼 아이는 나아질 수 있다. 아이가 충분히 놀 수 있는 시간이 확보되면 자라면서 자연스럽게 사회 속에서 적응할 수 있다.

④ 긍정성에 초점을 맞추어 격려하기

이 아이들에게 있는 긍정적인 면을 부각시켜 주는 것이 필요하다. 원하는 것을 자신이 선택 할때 집중력이 높아진다. 이 아이들은 거침없이 무엇인가를 추구할 수 있고, 창의력이 높다. 지속적인 격려를 통해 자신감을 가질 수 있어야 친구들과의 관계에서도 움츠러들지 않고 자신감 있게 자기를 표현할 수 있다.

산만한 아이 사례 분석

초등 2학년 진학이는 ADHD 진단을 받았다. 아빠는 자신도 진학이랑 비슷했다며 잘 클 거라고 엄마를 위로한다. 실제로 아빠는 사교성도 좋고 대기업에서 능력을 인정받으며 살고 있다. 그러나 엄마는 아이를 데리고 병원을 다니며 아이에게 약도 먹이고 늘 불안함을 느낀다. 문제는 진학이의 엄마는 생존 욕구가 높은 엄마라는 것이다.

반면 진학이는 생존의 욕구는 낮고 자유와 즐거움의 욕구가 높은 아이다. 이런 아이들은 자기가 원하는 것에는 집중도가 높지만 부모가 원하거나 다른 사람들이 원하는 공부에 대한 흥미를 쉽게 보이지는 않는다. 해야 한다고 말할수록 더욱 하기 싫어지기 때문에 엄마가 원하는 공부를 하지 않을 가능성이 크다.

또 실제로 진학이는 생존의 욕구가 낮아서 엄마가 하라는 행동에 대해 잘 듣고 따르지 못했다. 엄마가 있을 때는 무서워서 하지만 엄마만 없으면 진학이는 자신의 세계로 들어가 버린다. 이렇게 엄마가 원하는 행동은 하지 않고, 호기심으로 이것저것 만지고, 산만하게 행동을 하니 엄마는 아이가 문제가 있다고 여기고 오랫동안 많이 혼냈다. 결국 자존감의 문제가 생겨 진학이는 늘 자신감이 없었고, 친구들과도 어떻게 놀아야 할 지 잘 몰랐고 상대적으로 피해 의식도 컸다.

이런 아이들은 욕구로 이해해야 한다. 자유와 즐거움이 높다는 것은 새로운 것들을 만들어낼 수 있는 창의력이 크다는 것을 주목해야 한다. 긍정성에 초점을 맞추어 격려를 해 주는 것이 아이의 자존감을 높이는 데 꼭 필요하다. 자존감을 높이기 위해서는 생존의 욕구가 낮다는 것을 인정하고 있는 그대로 수용해야 한다.

교사가 생존의 욕구가 높다면 교사의 욕구를 조금 조절할 필요도 있다.

생존이 낮고 자유와 즐거움의 욕구가 큰 아이들은 규칙을 지키거나 교사가 원하는 것을 잘 하지 못할 수 있다는 것을 기억해야 한다. 아이가 실천할만한 규칙을 함께 정하는 것도 좋은 방법이다. 자유와 즐거움의 욕구가 크고 생존의 욕구가 낮은 아이들도 분명 잘 자라난다는 것도 기억해야 한다.

예민한 아이 (욕구 내전(內戰)형)

행동 특성

겉보기에는 전혀 문제가 없어 보이는데 내적 갈등이 너무 심해서 늘 불편함을 호소하는 아이들이다. 예컨대, 수업시간에 집중도 잘 한다. 장난꾸러기처럼 웃기는 말도 좋아하고, 장난도 잘 친다. 친구와의 관계에서 양보도 잘 하고, 상대방에게 맞추어 주려고 노력하며, 잘 지낸다. 당장 나타나는 갈등도 잘 보이지 않는다. 그런데 엄마에게서 듣는 이야기는 전혀 다른 모습이다. 잠자기 전 친구 관계 속에서 힘들었던 일을 떠올리며 서럽게 운다. 학교에 가기 싫다고 한다. 교사가 따로 만나서 이야기를 하려 하면 개인적으로 만나는 걸 좀 불편해 한다. 질문하는 것도 싫어하고 자기 이야기를 잘 하지 않는다. 그냥 괜찮다는 이야기만 한다. 학교에서의 모습과 엄마에게서 들리는 모습의 차이가 너무 커서 아이의 마음을 도통 알 수 없는 아이들이다.

욕구로 이해하기

모든 욕구가 다 높은 아이들이다. 이런 아이들은 내적 욕구 갈등으로 인해 마음속은 전쟁과 같다. 생존의 욕구로 잘 하고 싶고, 잘 적응하고 싶지만 불안하다. 집과 학교에서의 반응이 다른 것은 아직 학교에 적응하지 못했다는 이야기이며, 학교에서 적응하기 위해 조심하며 많은 애를 쓰고 있고 참고 있다는 것이다. 아직 안전하지 못한 곳이기에 교사나 친구들에게 자기 마음을 표현하지 못한다. 친구들과 잘 지내고 싶은 사랑의 욕구로 인해 참고 양보하지만, 속에서 솟구치는 불편함으로 인해 밤마다 울음을 터뜨리게 된다. 만약 힘의 욕구가 낮다면 표현하지 못하는 것이 크게 스트레스로 쌓이지 않을 수 있다. 그런데 힘의 욕구가 아주 높지도 않아서 생존과 사랑을 넘어서면서까지 표현하지도 못한다. 어떻게 보면 표현하고 싶고 드러내고 싶지만 불안해서 하지 못하는 딜레마 상황으로서 예민한 상태가 된다.

욕구 코칭 방법

① 인정하고 기다리기

우선 이 아이가 학교생활에 적응하는데 시간이 오래 걸리는 아이라는 것을 생각해야 한다. 어느 정도 적응하면 안전감이 느껴지기에 좀 더 편안해 질 수 있을 것이다. 좀 더 자라면서 자연스럽게 좋아지는 부분도 있다.

② 공감하기

욕구로 인한 내면의 갈등은 아이 스스로도 잘 모른다. 이런 내적 갈등을 교사가 말로 표현해 주고 이해해준다면 아이는 큰 공감을 받을 것이다. 시도하고 싶지만 두렵고, 불편해서 표현하고 싶지만 표현하면 관계가 깨질까봐 두려운 마음을 읽어주는 것이 필요하다. 그 마음을 읽어주면 아이는 자기 마음을 열고 교사와 소통을 시작할 것이다. 경청과 공감은 욕구를 채워주는 길이다.

③ 가장 드러나는 욕구를 다루기

다양하면서 높은 욕구들을 가진 아이의 욕구를 채우는 것은 힘들다. 특히 교사 입장에서 다 채워줄 수는 없다. 그러므로 아이의 가장 높은 욕구가 무엇인지를 파악해서 그 부분에 초점을 두는 것이 좋다. 왜냐하면 가장 높은 욕구를 채워주면 다른 욕구는 조금 덜 채워져도 삶의 만족도는 있을 수 있기 때문이다. 특히 친구 관계로 인해 힘들어 하는 상황을 보게 되면 관계 속 스트레스가 많으니 사랑의 욕구를 채우기 위한 특별한 시간을 가진다거나 자기표현을 잘 하도록 격려할 필요가 있다. 아이에게 있어서 생존의 욕구도 높기 때문에 교사가 안전한 대상이 되어야 자기 이야기를 할 수 있다. 또한 친한 친구들과 소그룹을 통해 속마음을 터놓는 경험을 해 봄으로써 자기 의사를 표현해도 안전하다는 체험을 직접 해 보는 것이 좋다.

④ 힘의 욕구를 좀 더 높이기

모든 욕구가 다 높지만 추진력은 약한 이유는 힘의 욕구가 다른 욕구에 끌려가기 때문이다. 다른 욕구를 끌어갈 수 있도록 힘의 욕구를 높여서 행동에 발목 잡는 것을 줄인다면, 내면적 갈등도 좀 줄어들 것이다.

예민한 아이 사례 분석

초등 2학년 명지는 학교에서는 친구들과 잘 지내고, 별로 힘들지 않게 시간을 보내는 것으로 보인다. 학교에서는 양보도 잘 하고, 수업시간에 집중도 잘 한다. 장난치는 걸 좋아해서 깔깔거리며 친구들과 놀기도 하고 친한 선생님에게 장난도 잘 치고 선생님이 제시한 방법이 아닌 다른 방법으로 문제를 풀 수 없는지 질문 하곤 한다. 그러나 집에 가면 친구들이 자기를 소외시키고, 비꼬는 말을 했다거나 놀리는 말을 했다며 밤에 펑펑 울고 자는 날이 많다. 친구 집이나 다른 곳에서는 잠이 예민해서 잘 수가 없다. 자겠다고 용기를 내서 놀다가 밤늦게라도 엄마를 불러 그냥 집에 돌아간다. 집에서는 자기주장도 확실하고 똑 부러지는데 학교에서는 자신 없어 하고, 친구들 눈치를 본다.

집에서는 혼자 몰입해서 한참을 만들기를 하고 피아노를 치는 것도 좋아하며 무엇을 하든 간에 집중해서 열심히 하는 편인데 학교에 가기 싫다고 해서 엄마가 힘들어 한다.

명지는 생존, 사랑, 자유, 즐거움의 욕구가 다 높은 아이다. 힘은 낮진 않지만 안전하지 않은 곳에서는 힘을 쓰지 않는 것으로 보인다.

남의 집에서 자지 않거나, 걱정이 많은 것은 생존의 욕구가 높은 것이다. 친구들과 관계를 소중히 여기는 것은 사랑의 욕구도 높다는 것이다. 누군가가 하라는 대로 하기를 싫어하는 모습은 자유의 욕구가 높은 것이다. 또 말로 몸으로 장난치는 것을 보면 즐거움의 욕구도 높다.

무엇보다 내면 갈등이 있는 모든 욕구 조합이 이 아이에게 해당된다. 친구와의 관계에서 친하게 지내고 싶지만 관계의 갈등이 생길까 두려워 자기 의사를 적극적으로 표현하지 못한다. 생존과 사랑이 갈등을 만드는 것이다. 또 생존과 자유, 생존과 즐거움이 함께 높아서 무엇인가를 하고 싶어서 시도를 하지만 안전이 발목을 잡거나, 불안이 발목을 잡아서 이렇게 해도 힘들고 저렇게 해도 힘들다. 예민할 수밖에 없는 욕구 성향을 가지고 있는 것이다.

이런 아이들은 라포 형성을 통해 개인적인 이야기를 할 수 있는 안전한 장을 만드는 것이 필요하다. 특히 내면 갈등에 대한 이해와 공감이 필수적이다. 이를 통해 안전한 대상이 되어 소통하는 관계를 만드는 것이 필요하다. 안전한 관계를 만들었다면 힘든 감정을 표현해도 안전하다는 경험을 해야 한다. 교사와 아이들이 함께 감정을 표현하는 기회를 가지는 것도 좋다. 예민한 아이의 성향 자체를 바꿀 수 없다. 예민함의 긍정적인 면을 찾아서 잘 격려해 주는 것이 필요하다. 불안함으로 추구하지 못했던 일 중 아주 작은 일이라도 시노해 보는 것도 좋겠다. 왜냐하면 여러 가지 일들을 시도해 보는 경험은 성취감을 높이고, 힘을 높이는 계기가 될 것이기 때문이다.

공격하거나 보복하는 아이 (욕구 불만형)

행동 특징

주변에 다른 친구를 계속 건드려서 친구들이 싫어하는 아이들이다. 규칙을 어기며 반항을 하기도 하고, 교사가 혼내면 더 크게 대들고 나가버리기도 한다. 중고등학생 쯤 되면 담배나 술 등 학교에서 하지 말라는 행동을 한다. 때로는 가출을 하거나, 집단으로 친구를 괴롭히는 행동을 하기도 한다.

욕구로 이해하기

이 아이들은 욕구 충족이 되지 않은 경험이 축적되면서 자신은 사랑받지 못하는 존재, 부족한 존재라는 생각을 한다. 똑같은 행동을 한 다른 친구는 그냥 넘어갔는데 자신은 계속 혼나는 상황에 대해 억울함이 쌓여 있고, 선생님이나 친구들에게 무시당한다고 여긴다. 똑같은 상황이라도 이 아이들은 다른 아이들에 비해 과도하게 반응해서 선생님에게 더 혼날 일을 만든다.

　　사실 아무 이유 없이 다른 사람을 괴롭히는 경우는 드물다.

　어떤 아이는 집안에 좋지 않은 일들이 생기고, 부모도 먹고 사는 문제 등으로 바쁘게 지내다 보니 자신에게 관심을 보이지 않게 되는 경우가 있다. 이 경우 아이는 '나는 사랑받지 못한다'는 생각을 하게 되고 자연스럽게 불만과 분노가 쌓여간다. 아이가 학교에서 사소한 문제이지만 화를 폭발해서 친구와 큰 싸움을 벌이게 되었고 그 결과 친구가 다쳐서 병원까지 가야 됐다. 선생님은 부모에게 아이가 요즘 안정감이 없고 걸핏하면 화를 내고 싸운다며 무슨 일이 있냐고 물었다. 부모는 그동안 아이에게 너무 무관심했음을 깨닫게 되고 아이와 따로 시간을 내서 이야기를 하였다. 아이는 이때 '무관심 가운데 사는 것보다는 문제를 일으켜서라도 관심 받는 것이 낫다'는 것을 배운다. 다시 일상으로 돌아가고 부모가 바쁘다는 핑계로 아이에게 관심이 줄어들게 되면, 다시 문제를 일으켜서라도 관심을 받는 것이 차라리 낫다고 생각할 수 있게 된다. 욕구 결핍이 문제 행동으로 표현된 것이다.

아이들이 보복하는 모습까지 가게 된 것은 주변에서 아이의 욕구를 알아차리거나, 반응해 주지 못했기 때문이다. 아이의 마음에 다가가 살펴보면, 아이는 나름의 방법으로 관심을 얻기 위해 최선을 다했다. 어떤 것이 적절한 방법인지를 잘 모르고 적절하다는 방법이라고 쓴 것은 거부당했던 경험 때문에 부적응적인 방법으로 행동하고 있는 것뿐이다. 교사가 안타깝고 불쌍하게 여기는 마음을 가지지 않고는 아이의 마음으로 다가설 수가 없다. 나름대로 노력했던 마음이 크게 무시당했다는 상처를 보듬지 않고는 아이의 마음으로 다가설 수 없다.

욕구 코칭 방법

① 상처받은 마음을 알아주기

이 아이들은 꾸중했는데 오히려 화를 내고 욕을 하기도 한다. 왜냐하면 억울하고 부당하다고 느끼며 분노가 꽉 차 있기 때문이다. 이런 패턴은 결국 화를 내거나 혼내거나 처벌을 할 때까지 화를 내게 한다. 문제는 이렇게 화를 내고 욕을 하면서 어른들 속을 뒤집어 놓고는 선생님에게 혼나면 '그것 봐? 아무도 날 좋아하지 않잖아!'라고 생각한다. 문제 행동을 통해 아무도 자기를 좋아하지 않는다는 것을 증명하고 있는 것이다.

참 답답한 노릇이다. 이런 잘못된 패턴을 끊는 방법이 무엇일까? 먼저 이 아이의 속내를 보는 것이 필요하다. '상처받은 내 마음을 알아주세요!' 가 이 아이들의 숨은 사인이다. "다른 사람을 건드리거나 피해를 주는 행동은 나쁜 행동이니 하지 마라"고 말해도 별 소용이 없다. 왜냐하면 억울함이 가시지 않기 때문이다. 상처받은 마음을 먼저 알아주어야 한다. "그 상황이라면 나라도 속상했겠다. 몰라주어서 미안해." 라는 말들이 이 아이들의 마음 문을 열게 해주는 고리가 될 수 있다.

② 사랑한다는 것을 인식시키기

나쁜 행동을 해 놓고 벌을 받으면 사랑받을 만한 존재가 아니라고 생각하는 악순환의 고리를 끊어야 한다. 이를 위해서 어떤 행동을 해도 사랑한다는 것을 알게 해 줄 필요가 있다. 문제행동을 했어도 수용하는 눈빛과 태도가 중요하다. 교사는 '문제 행동을 일으키는 너는 쳐다보기도 싫어'라는 메시지가 눈빛을 통해 전달되지 않도록 주의할 필요가 있다. 이 아이들에게는 '행동은 미워도 사람은 사랑한다.'는 것이 꼭 필요한 말이다. 말로 표현을 해 주어도 좋다. 경청하고 존중해 주는 태도는 사랑한다는 무언(無言)의 표현이 된다.

③ 벌 대신 책임을 지게 하라!

교칙에 어긋나는 문제가 발생하면 학교 상황에서 벌을 줄 수밖에 없다. 혼자 일으킨 일도 아니고, 여러 사람이 얽힌 일이라면 더욱 그렇다. 학교 교칙이 있고, 피해당한 사람이 있기에 처벌이 불가피한 상황이다. 그러나 처벌 방식이 '네가 그 행동을 했으니 어쩔 수 없어' 식의 대처 방안이 되어서는 안 된다. 억울한 마음이 먼저 잘 다루어지고 누그러지게 되면 아이는 처벌을 달게 받을 수 있다. 그리고 가능하다면 처벌의 방향이 행동에 적당한 책임을 지는 방향으로 이루어지는 것이 가장 좋다. 일주일 학교를 나오지 않는다거나, 화장실 청소를 하는 것으로 책임을 다했다고 할 수가 없다. 부정적 행동에 대한 처벌보다 피해자의 피해를 보상해주는 방식으로 책임을 지게 하는 것이다. 피해자가 원하는 방식으로 책임을 지는 행동을 해야 관계를 회복하는 방향으로 문제 해결이 가능하다. 만약 피해 학생이 다리를 다쳐서 걷기 불편하다면 피해 학생이 원하는 대로 행동을 하되, 온전히 나을 때까지 가방이나 짐을 들어주는 것 등도 좋다.

　책임을 지는 분위기는 학교 교칙이라는 큰 영역으로 가기 전에 학급 안에서 먼저 경험하게 하는 것이 필요하다. 먼저, 책임을 진다는 것은 일방적으로 부과된 것이 아니어야 한다. 규칙을 어겼을 경우, 그에 따른 책임을 함께 정하는 것이 필요하다. 그렇게 정해진 규칙은 어겼을 경우, 그에 적합한 책임을 지면 된다. 로버트 우볼딩은 '결과를 허용하는 것'을 말하면서 "결과의 부과는 비처벌적으로 행해져야 한다. 즉 화를 내거나 사적인 의도가 없어야 한다. 행동이 결과를 초래한다는 것은 당연한 사실이다."라고 말한다. 결과는 모두가 당연하게 여겨지는 것이어야 한다. 예를 들면 사회에서는 교통 법규를 위반하면 딱지를 떼이는 것이 규칙이다. 이것은 모두가 인지하는 규칙이다. 교통 법규를 위반한 후 딱지를 떼인다고 경찰에게 원망하거나 보복하지는 않는다. 경찰관의 개인적인 처벌이나 사적인 보복이 아니기 때문이다. 이처럼 학급에서 친구들과의 관계에서 벌어질 수 있는 일들에 대해 예상하고 규칙을 정해놓으면 그에 따라 자연스럽게 책임을 지게 된다. 계단에서 뛰면 위험하니 5분 정도 그곳에 서 있기로 규칙을 정했다면 교사가 화를 내면서 처벌을 하지 않아도 된다. 그냥 규칙에 따라 5분을 서 있으면 된다. 이 경우 아이의 마음에 상처를 입지는 않는다.

　여기서 중요한 것은 모두에게 규칙이 인지되어 있어야 한다는 것이다. 자기가 잘못된 행동을 했더라도 예상치 못하게 주어지는 처벌은 상처가 될 수 있다. 특히 보복하는 아이들의 경우는 더 큰 상처가 될 수 있다. 그러므로 학교 교칙이나 교실 규칙, 수업 규칙도 미리 공지되어 있어서 행동에 대한 결과를 예측할 수 있다면 아이들은 자연스럽게 책임을 질 수 있을 것이다.

④ 격려하기

이 아이들에게는 "네가 어떤 모습이어도 내 제자란 사실은 틀림없어", "네가 있어서 참 좋아", "넌 특별한 사람이야", "넌 소중한 사람이야"와 같은 격려가 필요하다. 이것은 존재 그대로 소중하다는 경험이 된다. 이런 경험이 쌓일 때에야 보복하는 행동에서 벗어날 수 있다.

⑤ 자신이 선택한 행동을 인식하게 돕기

보통 이 아이들은 공격적인 행동을 하고, 보복했던 것이 어쩔 수 없었다고 변명한다. 남 탓을 하는 것이다. 이런 아이의 행동이 바뀌도록 돕는 방법 중 하나는 자신의 행동을 스스로 선택했다는 것을 인식하게 하는 것이다. 여기에서, 놓치지 말아야 할 것은 아이의 상처와 억울함, 원망스러운 마음을 충분히 이해하고 공감하는 시간을 가진 후에야 가능한 일이기에 성급하게 접근하지는 말아야 한다.

보복하는 아이들의 경우, 상처가 있기 때문에 상처를 준 사람 때문이라고 생각하는 경향이 있다. 그러나 이 논리로 보자면 상처를 준 사람이 변하지 않는다면 이 아이는 영원히 이렇게 살 수 밖에 없는 상황이 된다. 윌리엄 글라써는 "우리가 우리의 불행을 남이나 부모 탓으로 돌린다면, 우리는 그들이 우리의 인생을 통제하고 있는 것처럼 행동하는 것이다"라고 했다. 남 탓은 '다른 사람이 자신의 인생을 통제하고 있는 것'이라고 인정하는 것이다. 이러한 사실을 아이가 깨달을 수 있도록 도와주어야 한다.

'누가 이렇게 했기 때문에 나도 이렇게 할 수 밖에 없다'는 말은 나의 성숙과 변화를 가로막는 말이다. 결국 나의 삶은 나의 것이고, 누구도 책임져 줄 수 없기에 내가 가꾸어가야 할 인생인 것이다.

엄마와의 갈등이 너무 심해서 경찰을 부를 정도였던 한 대학생은 어렸을 적에 엄마가 자신에게 신체적·언어폭력을 휘둘렀기 때문에 지금 엄마에게 욕을 하며 싸우고 있는 것이고, 엄마가 잔소리를 했기 때문에 집을 나가서 pc방에서 밤을 새는 것이라고 말했다. 그러나 상담을 지속하며 그렇게 생각하는 것이 자신의 성장에 전혀 도움이 되지 않음을 알게 되었고, 모든 행동은 자신이 선택한 것임을 인식하면서부터 엄마와의 갈등 속에서 이전과는 다른 선택을 할 수 있게 되었다.

욕구 불만인 아이의 사례 분석

초등 1학년인 진욱이는 다른 친구들을 자주 건드린다. 친구 귀에 대고 소리를 지르기도 하고 장난감을 망가뜨리거나 친구들이 하지 말라고 하는 행동을 계속하니 아이들은 선생님에게 이르고 진욱이는 결국 선생님에게 혼난다. 이렇게 계속 친구들과 문제를 많이 일으키다 보니 친구들도 진욱이와 잘 놀지 않으려 한다. 이러다 보니 진욱이는 학교에 오는 것도 싫어하게 되어 아침마다 엄마와 실랑이를 벌인다.

교사가 진욱이와 개별 상담을 진행하여 아이의 이야기를 들어 보았다. 아이는 친구가 먼저 자기 귀에 소리를 질렀는데 자기는 선생님께 이르지 않았지만 친구는 이야기해서 자기만 혼나게 되었고 그래서 억울하다고 항변했다. 친구들과 놀고 싶어서 갔는데 친구들이 끼워주지 않으면서 놀리는 말을 해서 장난감을 던졌는데 자기만 혼났다고 말했다. 아무리 그래도 다른 아이들이 싫어하는 것을 하면 안 된다고 교사가 말해보지만 아이는 계속해서 자기는 잘못이 없고 억울하다고 한다.

보복은 자신의 욕구 좌절이 쌓이고 쌓일 때 나온다. '누구도 날 좋아하지 않아', '계속 해서 이러한 일이 생기면 내가 먼저 손 봐 줄거야.' 이런 마음과 함께 공평하지 못하다 여기고 억울함이 가득하다. 그러면서 이 아이들은 자신이 얼마나 상처받았는지, 얼마나 억울한지를 알아주기 바란다. 아이러니한 것은 그런 맘이 속에 있지만 겉으로는 더 혼날 일만 하고 이해받지 못할 행동만 하고 있는 것이다. 야단치고 체벌하면 아이들은 '이것 봐, 날 좋아하지 않잖아.' 하는 자기 확신이 강화될 뿐 행동은 변화되지 않는다. 진욱이도 교사나 엄마에게 야단을 맞았지만 억울함만 더할 뿐 행동의 변화로 나아가지는 못했다.

그래서 보복하는 아이들을 다루는 것은 섬세한 주의가 필요하다. 첫째로 할 일은 상처받은 마음을 먼저 보듬는 일이다.

"다른 친구들도 너와 똑같은 일을 했는데 너만 혼나서 억울했겠다. 친구들이 놀아주지 않거나 욕한 행동은 뭐라 하지 않고 너만 혼나서 속상했겠나. 그러면 나라도 억울했겠다. 그래서 너도 억울하게 당하진 않겠다는 것을 보여주고 싶었던 거야? 그동안 네 억울한 마음은 몰라주고 선생님이 야단치기만 해서 미안해."

자신의 마음은 아무도 봐주지 않으면서 다른 친구들 편만 드는 것 같은 선생님이나 엄마가 얼마나 야속했을까 헤아려 볼 필요가 있다.

그리고 "네가 어떤 행동을 해도 널 사랑해."라는 말이 필요하다. '그것 봐? 날 사랑하지 않잖아!'의 고리를 끊어야 한다. 상처받은 마음이 회복되지 않은 채 욕구를 조절하라고만 하면 무리가 따른다.

이렇게 상처받은 아이의 마음을 보듬었다면 이 아이의 욕구가 무엇인지 파악할 필요가 있다. 어떤 욕구가 좌절되었기 때문에 진욱이는 이렇게 다른 사람들이 힘들어할 만한 행동을 주로 하게 되었을까?

아이는 사랑의 욕구가 가장 높은 것 같아 보인다. 엄마에게 부비고 "엄마 사랑해", "엄마 너무 예뻐." 이런 말을 달고 살지만 엄마는 무뚝뚝한 편이라 표현을 아끼는 스타일이었다. 사랑의 욕구가 아주 큰 아이인데 집에서도 학교에서도 채워지지 않고 있다.

보복하는 아이들은 자신을 진정으로 사랑하고 수용해주는 사람을 만나면 부드러워진다. 엄마가 사랑을 표현하고 채워주는 사람으로 변화되지 않으면 정말 그 아이의 패턴이 고정화될 수 있다.

아이를 따로 만나 문제 행동에 대한 이야기보다 힘든 것을 공감하고 수용하며 격려하는 시간을 가지면 좋다. 그러면서 선생님이 얼마나 아끼는지 이야기해 주면 좋다. 아이와 특별한 만남도 이 아이에게 새로운 전환점이 될 수 있을 것이다.

충분히 욕구를 채우면서 나아가 아이가 한 행동이 사랑의 욕구를 채우기에 적절했는지 스스로 알아가도록 질문할 필요가 있다. 아이가 자신의 행동이 적절하지 않았다는 것을 스스로 깨닫는다면 다시 그 행동을 하지 않을 것이다. 어떤 말이나 행동을 하면 친구들은 어떻게 반응할까를 생각해 보게 하고 사랑의 욕구를 채우기 위해 가장 적절한 말과 행동을 찾아가는 것이 필요하다. 자존감도 높이면서 소속감도 키울 수 있는 여러 가지 방법을 찾아야 한다.

더불어 친구들과 학교에서 소통하는 방법을 실질적으로 배울 필요가 있다. 때로는 아이들과 역할극을 해 보면서 상황에 맞는 대화 방법을 익히게 하는 것도 좋은 방법이다.

상대방에게 맞추어 주는 아이(욕구 억압형)

행동 특성

자신이 원하는 것을 잘 이야기하지 않고 다른 사람에게 맞추어 주는 삶의 방식이 몸에 밴 아이들이다. 착한 아이 콤플렉스라고 할 수도 있다. 학급에서 장애가 있는 아이들을 잘 돕기도 하고, 자기에게 편하지 않은 아이라도 놀자고 하면 같이 논다. 누구에게나 수용적이다 보니 아이들은 이 아이를 좋아하지만, 함부로 하여 상처를 준다. 그래도 별로 표현을 하지 않기에 교사나 친구들은 아무 일 없는 듯 여긴다. 그러다 상담 선생님이나 부모를 통해서 아이가 고민이 많고 괴로워하고 있다는 사실을 늦게 알게 되는 경우가 많다.

욕구로 이해하기

이 아이들은 생존의 욕구가 높아서 가족의 규칙이나 질서에 순응하는 것이 편한 아이들이다. 또 법 없이도 살만큼 스스로 규율에 엄격하다. 집에서도 학교에서도 무난하게 살아간다. 또 사랑의 욕구가 높고 자유의 욕구는 낮아서 사람에 대한 관심이 많고 친밀하고 싶기에 다른 사람이나 틀에 맞추며 살게 되는 것이다.

　　교사들에게는 조용하고 성실하여 도움이 되는 아이들이다. 그러나 이런 아이들은 자신이 정말 원하는 것에 대해서는 잘 모른다. 다른 사람이 원하는 것에만 관심을 갖고 살다보니 정작 자기 자신을 보는 시간은 없는 것이다. 그렇게 지내다 보니 불편함이 느껴지지만 다른 사람이 싫어할까봐 표현도 하지 못한다.

욕구 코칭 방법

① 억압에 대하여 관심 가지기

아무런 문제가 없는 듯 보이는 아이가 오히려 사각지대에 놓여 있음을 기억해야 한다. 주변에 유심히 살펴보면 이렇게 욕구 억압으로 맞추어주며 사는 아이들이 꽤 많다. 이제는 그런 아이들의 소리 없는 아우성에 귀 기울일 필요가 있다. 감정도 욕구도 억압되어 있기에 소리 없는 아우성은 생각보다 크다.

선희는 학교에서 모든 아이들이 싫어하는 유인이를 잘 보살펴 주는 친구다. 왕따가 될까봐 유인이를 작은 모임이라도 늘 빼놓지 않고 끼워주려고 한다. 그런데 유인이는 선희에게 신경질을 내고 문제가 생기면 선희 탓으로 돌리고 말도 함부로 한다. 모든 아이들이 싫어할만한 행동을 선희에게 하는 것이다. 선희의 속마음은 썩어간다. 하지만 선생님은 선희가 문제 아이를 잘 거두어주고 챙겨주니 고마울 뿐 그 괴로움을 모른다. 그래서 다음에도 유인이와 또 같은 짝꿍을 만들어 준다. 결국 엄마에게서 아이가 얼마나 힘든지 이야기를 듣고 나서야 선생님은 선희가 가지고 있는 괴로움을 알게 되었다.

착하고 수용적인 아이는 대부분 힘든 마음이 있다. 이런 힘든 마음을 알아주는 교사가 있다면 아이는 이를 잘 극복할 수 있을 것이다.

② 표현해도 괜찮다는 것을 가르치기

이 아이들에게는 '화내면 안 된다', '착해야 된다', '다른 사람에게 싫은 소리하면 안 된다' 등의 비합리적 사고가 내재되어 있다. 어른들은 이러한 사고가 고착되어 바뀌기가 쉽지 않지만 아이들은 몇 번 이야기만 들어도 바뀔 수 있다. "화내는 것도 괜찮아", "네가 원하는 것을 표현하는 것이 관계를 위해 더 좋아", "네가 힘든 것을 말해주면 더 친해 질 수 있어", "아니라고 말해도 돼", "거절해도 괜찮아" 이런 표현들을 직접 몇 번 연습하게 하면 아이는 익숙해져서 실천해 볼 수 있다. 아니면 표현하는 수업을 이용해서 함께 실습을 해보는 것도 방법이다.

어떻게 하는 것이 옳은 것이고, 교사가 그것을 원한다는 것을 아는 것만으로도 변화의 동력이 될 수 있다. 왜냐하면 규칙을 잘 지키고 싶고 옳은 것을 하고 싶은 아이들이기 때문이다.

③ 아이의 의견을 물어보기

이 아이들은 "뭘 먹고 싶어?" 물으면 "아무거나."라고 대답한다. 친구들이 "영화 뭐 보고 싶어?" 물으면 "난 어떤 걸 봐도 괜찮아."라며 자신의 의견을 내세우지 않는다. 학교에서 모둠 활동을 해도 친구들이 다 정하고 나면 자신이 남은 역할을 할 가능성이 크다. 이런 아이들은 자신의 의견을 이야기하는 연습이 필요하다. 처음에는 잘 선택하지 못하더라도 먼저 선택하도록 기회를 주는 것도 한 방법이다. 모둠활동을 구성하면서 첫 선택의 기회가 돌아가도록 하는 방안을 마련할 필요도 있다.

욕구 억압의 사례 분석

초등 고학년인 한 아이의 엄마가 교사에게 찾아와 울면서 하소연을 한다. "우리 아이는 정말 착하고 말도 잘 듣는 아이인데, 학교 다니면서 친구들을 잘 못 만나서 아이가 이상해졌어요. 친구들에게 끌려 다니고 친구들이 시키는 대로 하고 이제는 엄마가 하지 말라고 한 것도 친구들이 하자면 해요. 우리 아이 어떻게 해요~"

사춘기 증상이 나타나기 시작하면, 부모의 말이라면 뭐라고 해도 순종하던 아이들이, 변한다. 발달 단계상 친구가 우선시되는 시기이기 때문에 부모보다 친구를 따르는 이런 행동은 당연하다. 엄마는 친구 때문이라고 하지만 교사는 아이의 욕구로 인한 성향을 살펴 볼 필요가 있다. 순응하는 아이라면 부모 뿐 아니라 다른 사람에게도 순응하는 것이 당연하다. 부모에게만 순응하고 친구들에게는 자기주장을 강하게 할 수 있기를 바란다면 그건 욕심에 불과하다. 이 아이가 자기주장을 할 수 있는 아이로 크기 원한다면, 부모에게 먼저 자기주장을 할 수 있는 아이가 되는 것이 가장 빠른 길이다.

이 아이의 부모는 아이의 자율성을 잘 키워주지 못했을 가능성이 있다.

아이는 자기가 원하는 것을 잘 모를 가능성이 크고, 자기 의견에 대해서도 표현을 많이 못했을 가능성이 크다. 부모의 의견이 자기 의견인 것처럼 살아왔을 가능성이 큰 것이다. 친구 관계 이전에 부모가 아이의 뜻과 상관없이 마음대로 했던 것이 있다면 당장은 자기표현을 잘 하지 못하더라도 아이의 의견을 지속적으로 물어보며 아이의 자기표현을 강화할 필요가 있다.

그리고 교사는 아이와 별도의 만남을 통해 친구들과의 관계에서 자기표현을 해도 된다는 것을 가르쳐 주고, 수업시간에 자기를 표현하는 기회를 제공함으로 연습을 하면서 바꾸어갈 필요가 있다. 특히 어릴수록 바뀔 수 있는 가능성이 크다.

자포자기한 아이 (욕구 좌절형)

행동 특성

그림을 그리자고 하면 "난 못해요." 하면서 가만히 앉아 있는 아이. 바느질, 뜨개질을 하자고 해도 아무 말도 안하고 가만히 앉아만 있는 아이들이다. 좀 더 커서 중고생이 되면 공부를 포기하거나 수업시간에 그냥 엎드려 자는 아이들이다. 이 아이들은 아무것도 시키지 않는 것을 좋아하고 그냥 내버려두기를 원한다. 무엇인가 나아지기 위한 노력도 하지 않으려고 한다.

욕구로 이해하기

욕구가 좌절되었고 절망했던 경험이 큰 아이들이다. 스스로 무기력하게 느끼고 부적절하다 여긴다. 의욕도 없다. 아무것도 하지 않는 것이 오히려 편해진 아이들이다.

생존의 욕구가 높고 힘도 있는데 그것을 이룰만한 능력이 없다고 여겨질 때 포기하는 경우가 생기기도 한다. 이 아이들은 스스로 기대하는 수준이 높고 완벽주의가 있어서 '어차피 안 되는 것은 하지 않을 거야.' 라는 생각이 있기도 하다. 부모의 강박적인 요소가 영향을 미쳤을 수도 있다. 그런데 많은 교사들은 그냥 내버려만 두면 아무 문제가 없으니 상관하지 않으려고 한다.

욕구 불만(공격적)인 아이와 욕구 좌절(포기한) 아이들 중 어느 쪽이 더 심각할까?

대개 학교에서는 욕구 불만으로, 보복하거나 공격적인 아이들이 가시적인 문제들을 일으키기 때문에 다루기가 어렵고 더 심각하게 느끼는 경향이 있다. 그래서 이러한 아이를 지도하는데 에너지를 많이 사용한다.

하지만 공격적인 아이보다 포기한 아이들이 지도하기가 더욱 힘들다. 공격적인 아이는 에너지가 있기 때문에 에너지의 방향을 틀어주면 긍정적인 행동으로 변할 수 있다. 하지만 포기한 아이는 에너지를 잃어버렸기 때문에 긍정적인 행동 자체를 하지 않을 가능성이 더 높기 때문이다. 공격하거나 보복하는 것은 그래도 내 생각도 있고 내 감정도 있고 몸부림칠 수 있는 힘이라도 있다. 그런데 무기력하게 엎드려 있는 아이들은 힘도 없는 아이들이다. 실제로 뭔가 해 보기를 '포기한' 아이들인 것이다. 이 아이들에 대한 세심한 대처가 요구된다.

욕구 코칭 방법

① 공감으로 다가가기

소준이는 학교에서 함께 만들기를 하는데 안하고 가만히 있다. 그럴 때 "잘 안될 것 같아? 자신이 없어?", "그래 충분히 그럴 수 있지." 와 같은 공감을 먼저 해 주어야 한다.

많은 좌절들이 쌓여서 되지 않았던 것에 대해 누구도 공감해 주지 않았는데 공감해 준다는 것은 이 아이들에게 한줄기 빛과 같다. "선생님도 실수한 적이 있어." 등으로 자신의 실수와 고충을 이야기해줄 수 있다. 실수를 공유해 주는 것이다. 또 실수를 통해 얻은 교훈을 나눠보는 것도 좋다. 누군가 나와 비슷한 실패 경험이 있다는 것이 새로운 자극이 될 수 있다.

② 기대 수준을 낮게 해서 성공할 기회를 만들라

포기한 아이들은 자기 목표 기준이 높아서 더 쉽게 포기를 하는 경우가 있다. 이 아이들에게는 "힘들겠지만 이만큼만 해 볼까?"식의 작은 단계로 할 일을 주는 것이 중요하다. 교사가 기대 수준을 낮추고 시도 자체를 격려해서 작은 성공을 경험하게 할 필요가 있다.

그럼에도 불구하고 행동하지 않는다면 할 수 있는 만큼만 구체적으로 기술을 가르쳐 줄 필요가 있다. 이 아이들은 하지 않으려고 하기 때문에 자꾸 도와주게 된다. 이렇게 되면 결국은 자신이 직접 해 보지 못하여 '역시 나는 못해'로 생각할 수 있다. 처음에 기술을 친절하게 가르쳐 주는 정도까지만 보여주고, 직접 해 보도록 격려하는 것이 필요하다. 그리고 행동을 시작했으면 "시작했네. 시작이 중요해", "할 수 있을 거라 믿어."하면서 격려한다. 교사가 제시한 작은 목표를 이루는 것도 의미 있는 성공이기에 함께 기뻐할 필요가 있다. 작은 성공의 경험이 쌓이고 쌓이면 아이는 자기 스스로 할 수 있다는 것을 믿게 된다. 자기 효능감이 생길 수 있도록 하는 것이다. 그렇게 해서 소준이는 조금씩 선생님이 주는 과제를 해서 결국 완성을 했다.

③ 존재 자체로 귀함을 격려하라

이 아이들은 자신을 무기력하게 여기고 가치 없는 존재로 여긴다. 이 아이들에게 격려는 자신을 가치 있는 존재로 바꾸어 바라보는 시각을 만들어준다.

"사랑스러워라", "기특해라", "노력하는 모습이 어떻게 이렇게 예쁘지?", "넌 참 특별한 존재야" 등의 말로 귀함을 각인시켜 주는 것이 필요하다.

욕구 좌절 사례 분석

중학교 3학년인 연명이 갑자기 학교를 나오지 않기 시작했다. 학교를 그만두 겠다고 하는데 아무리 설득해도 학교에 돌아오려 하지 않는다. 이유를 들어 보니 친구 세 명과 친하게 지내며 놀았는데 친구들 세 명이 함께 연명에게 쌓 였던 이야기를 하며 절교를 선언했단다. 세 명의 친구들은 연명이가 다시 학 교에 와도 이제는 지쳐서 더 이상 같이 놀고 싶지는 않다고 한다.

매 주 아이에게 가정방문을 가야만 하는 담임 선생님은 난감하다. 공부는 관심이 없고 친구들과 노는 즐거움으로 학교를 다녔던 연명이는 학교에 더 이상 나올 필요가 없어진 것이다. 교사는 아이가 학교에 돌아오도록 설득하 고 지속적으로 이야기하지만 아이는 끄떡도 하지 않는다. 엄마는 미용실을 해서 밤늦게 오고, 연명이에게 관심도 없다. 아빠는 돌아가셨고, 동생들이 세 명이나 있는데 연명이가 늘 동생들을 돌봐야 되는 상황이다.

우선 연명이의 욕구를 이해해야 한다. 학교를 나오지 않는 지금의 상황은 힘과 자유의 욕구라고 볼 수 있다. 그렇지만 지금의 모습만 보면 문제의 본질 로 접근할 수는 없다. 아이가 평소에 어떤 욕구로 살았는지를 보는 것이 필요 하다. 평소 아이의 모습을 보면 자기감정을 잘 표현할 줄 모르고 자주 배가 아파서 엎드려 있었다. 사랑의 욕구라고 볼 수 있다. 스트레스 상황이 되면 관심을 받고 싶지만 엄마는 연명이를 돌봐주지 못하는 상황이고 말로 표현 할 수도 없으니 몸으로 드러내고 있는 것이다. 또 친구들에게는 잘 시키는 편 이며 고집도 세다. 친구들이 자기 제안을 거절하면 "그래? 그럼 말고." 하면서 혼자 하는 쿨한 면도 있다. 친구들과 관계에서는 좋은 관계를 맺기가 어렵다. 이러한 행동을 분석해보면 힘의 욕구와 자유의 욕구도 높은 아이라는 것을 알 수 있다.

연명이는 이런 모든 욕구에서 좌절을 맛보았다. 이러한 경우, 교사가 이 아이를 어떻게 바라보느냐가 중요하다. 교사가 먼저 포기하면 안 된다. 우선 아이의 긍정적인 면을 볼 수 있어야 한다. 아이는 무엇인가 스스로 할 수 있는 힘이 있다. 또 사람에 대한 관심이 많고 동생들을 잘 돌본다. 이런 장점을 가지고 아이를 만나 격려를 할 필요가 있다.

교사는 연명이에게 사랑의 욕구가 크다는 걸 파악하고 어떻게 접근해야 할지 감이 생겼다. 그동안 생존과 힘이 높은 선생님은 아이가 학교로 돌아와야 된다는 것만을 강조하고 설득하려고만 했지만 이 아이의 욕구로 보면 다른 방향으로 접근해야 하는 것이다. 교사는 지속적으로 아이를 만나서 이야기를 들어주고 격려해 주는 것을 해 볼 마음이 생겼다. 아이의 선택을 존중해 주면서 관계를 쌓은 후 그 선택이 아이의 욕구에 얼마나 도움이 되는지 이야기해 보면서 가장 적절한 선택을 할 수 있도록 돕는 일을 시작했다.

의존하는 아이 (욕구 포화(飽和)형)

행동 특징

의존하는 아이는 모든 사람들이 자신을 돕는 것을 당연하게 여긴다. 스스로 무엇인가를 해내기보다는 뭐든 누군가의 도움을 받아서 살아가려고 한다. 쉬운 일도 친구들에게 쉽게 부탁한다. 어른들에게도 "어떻게 하지?" 하면서 난감한 표정을 지으면 친절한 어른들이 나서서 다 도와주게 만든다. 자기만 집중해 주기를 바라는 아이의 경우는 관심을 받기 위해 적극적으로 노력이라도 하지만, 욕구 포화형은 사랑을 얻기 위해 노력하는 것은 없고, 당연한 듯 가만히 기다리고 있다는 면에서 차이가 있다.

어떤 경우는 도움을 요청하지 않으면서 막연하게 도움을 기다리다가, 도와주지 않으면 속상해 하고 힘들어하는 경우도 있다. 선생님에게 "잘 모르겠다"고 말하면서 선생님이 도와주기를 무작정 기다리고 있기도 한다. 생활적인 면에서 못하는 것이 많지만 정작 자신은 그렇게 생각하지는 않는다.

욕구로 이해하기

의존하는 아이들은 사랑의 욕구가 높고 자유의 욕구는 낮다. 생존의 욕구로 보면, 낮다고 볼 수도 있겠으나 반대로 생존의 욕구가 높은데 이 방법 외에는 자기를 지켜내는 방법을 모르기 때문에 이렇게 행동할 수도 있다. 특히 자율성의 시기나 주도성의 시기에 부모가 많은 것들을 과잉보호할 때 이렇게 되는 경우가 많다. 그래서 '나는 할 수 없다'고 생각하고 '도와주어야만 가능하다'고 여긴다.

사랑과 보호를 많이 받았기에 다른 사람이 도움을 주도록 행동을 할 줄도 안다. 어느 샌가 다른 사람에게 일이 자연스럽게 넘어가 있는 경우가 많다. 사랑의 욕구가 높고 힘이 낮은 어른들이 특히 이런 아이들에게 약할 가능성이 크다. 힘의 욕구가 큰 아이라면 다른 사람에게 당연한 듯 시킬 수도 있다.

또 부모가 모든 것을 다 결정해 주어 그냥 따르며 살아 온 경우가 많다. 부모가 공부만 잘하면 된다고 생각하고 다른 모든 면에서 다 해주었을 경우, 공부 외에는 할 줄 아는 게 없는 경우가 생긴다.

지나친 사랑을 받아서 그런 사랑이 당연하다고 여겨 자신만 집중해 주기를 바라는 경우도 있다. 특별한 보호를 필요로 했던 아이들이 지속적으로 지나친 관심을 받아서 이렇게 되는 경우도 있다. 이런 경우는 특별한 시간이 필요하지만, 제한적이어야 한다. 또 지나친 관심에 선을 그으면서 적정한 관심을 제공하는 것이 필요하다.

욕구 코칭 방법

① '도움을 받는 것이 사랑받는 것'이라는 생각을 바꾸어주기

이 아이들은 도와주지 않으면 자기를 사랑하지 않는 것이라고 속상해 하고 서운해 한다. 도와주지 않고 지켜보는 것도 사랑임을 느껴보도록 돕는 것이 필요하다. "난 네가 스스로 끝까지 하도록 돕고 싶어. 널 사랑하니까 지켜보고 있을게." 등의 말로, 도움을 주지 않으면서도 사랑하고 있음을 인식시켜줄 필요가 있다.

② 시간이 오래 걸림을 기억하고 인내하고 기다리기

한두 번 가르쳤다고 해서 쉽게 변화하는 것이 아니다. 많은 경험을 하게 하는 것이 필요하다. 나이가 어릴수록 변화의 가능성은 크다. 당장의 변화가 없더라도 인내함으로 기다리는 것이 필요하다. 또한 아이들과 함께 하면서 스스로 해 보도록 하면 좋다. 친구들에게도 해 주지 말고 "끝까지 할 때까지 격려하면서 기다려주라"고 이야기해 주는 것이 도움이 된다.

③ 기본적인 생활 기술 배우게 하기

이 아이들은 경험이 적어서 기본적인 생활 기술이 부족할 가능성도 있다. 사실 생활 속에서 스스로 무엇인가를 끝까지 해 본 적이 없기에 못하는 것이 당연하기도 하다. 그래서 이런 아이들을 '공주', '왕자'라고 부르기도 한다.

포기한 아이들과는 전혀 다르지만 새로운 기술을 배운다는 측면에서는 비슷한 방법이 필요하다. 처음엔 적절한 도움을 주면서 서서히 자신이 하도록 격려하여 스스로 해 보게 하는 것이 필요하다. 이 아이들이 처음 스스로 해 보기 시작할 때도 격려가 필요하다. 스스로 잘 할 수 있다는 자신감이 들 수 있도록 작은 것부터 조금씩 시작해 보는 것이 좋다. 그리고 조금씩 성공하는 경험을 할 수 있도록 하고 그때마다 격려로 자신이 스스로 하는 것이 얼마나 중요한지 깨닫도록 하는 것이 필요하다. 생활 기술을 익히면서도 다른 사람에게 도움을 요청하려고 한다면, 핀잔을 주거나 혼내기 보다는 스스로 해 보도록 격려가 필요하다. 왜냐하면 도움을 받는 것이 습관이 되어서 조금 하다 보면 누군가에게 맡기고 싶어지는 것이 당연한 아이들이다. 그때 애쓰고 있다면 그 과정을 격려해 주어야 한다. 그리고 포기하고 싶은 마음도 읽어주어야 한다.

"포기하고 싶은 마음이 들 텐데 잘 이겨냈구나! 장하다!"

"혼자 해 보려고 노력하고 있구나. 힘든 일일 텐데 애쓰는 모습이 참 보기 좋다!"

욕구 포화 사례 분석

7살 희지는 뭐든 잘 못하겠다고 말한다. 뻔히 보이는 것도 못 찾는다. 혼자 찾으라고 하면 울어버린다. 제대로 살펴보지도 않고 잘 못한다며 도와달라고 말한다. 그러면 선생님은 네가 할 수 있으니 해보라고 한다. 집에 가서는 선생님이 자기를 싫어한다고 엄마에게 투정을 한다. 교사는 희지를 이해할 수가 없다. 사랑을 원하는 것 같기도 한데 무엇인가 잘 보이려고 노력하는 것도 없다.

이 아이는 얼핏 자기만 집중해 주기를 바라는 아이와는 비슷한 것 같지만 욕구의 관점에서 볼 때 다르다. 자기만 집중해 주기를 바라는 아이는 관심을 얻기 위한 것이기에 선생님에게 잘 보이고 싶어 하는 행동이 많다. 그러나 의존하는 아이는 자신을 도와주는 것이 당연하다고 여기기에, 사랑받기 위해 적극적으로 하는 행동은 별로 없다. 돕지 않으면 선생님이 나를 사랑하지 않는 것이라고 여긴다. 욕구 채움이 넘치는 상황이 당연해서 늘 그렇게 받아야 하는 것으로 생각한다. 선생님에게는 별 말이 없다가 나중에 엄마를 통해 속상한 이야기를 듣게 되는 경우가 많다. 표현도 직접 하지 않고 엄마를 통해 하는 경우가 많은 것이다.

많은 아이들이 있는 수업 상황에서 교사는 그 아이만을 도와줄 수 없다. 교사가 가끔 도와줄 수는 있겠지만 늘 언제나 도움만 바라고 있는 아이에게 집중할 수 없으니까 나중에는 얄밉고 난감해진다.

일부 어른들 중에서도 이렇게 사는 사람도 있다. 일종의 공주병, 왕자병에 걸린 사람들이다. 가위나 칼로 종이를 자르는 것도 잘하지 못해서 시도 자체를 하지 않는다. 또 어떤 일은 자신이 맡아 놓고 결국은 다른 사람에게 그 일을 슬그머니 맡겨 버린다. 혼자 옷을 사러가지도 못해서 누군가를 꼭 데리고 다니고, 은행도 혼자 못 간다. 무엇이든 주변 사람의 도움을 요청해서 처리한다. 그래서 주변 사람들과 갈등이 생기고, 다른 사람들이 그 사람을 이해하기가 어려워한다. 문제를 자각하고 스스로도 바뀌려고 노력하지만 문제 해결이 쉽지 않다.

그에 비해 아직 어린 아이라면 무엇인가를 해 볼 수 있는 기회와 시간이 많다. 이 아이들은 부모가 결정을 다 해 줘서 스스로 결정을 잘하지 못하는 아이들도 많다. 이 경우, 아이가 스스로 결정할 수 있는 기회를 제공하는 것이 필요하다. 또 무엇인가를 시도해서 실패했을 때 도움을 받지 않은 것에 연연하기보다 실패가 성공의 밑거름임을 기억하며 실패에 대한 두려움을 극복하도록 돕는 것이 필요하다. 나이가 들수록 스스로 해야 할 상황이 많음을 기억하게 하고 도전하도록 격려하는 것이 필요하다. 의존하는 아이들을 돕기 위해서는 다음의 유대 속담을 기억해야 한다.

"물고기를 잡아 주지 말고, 물고기 잡는 방법을 가르쳐 주라."

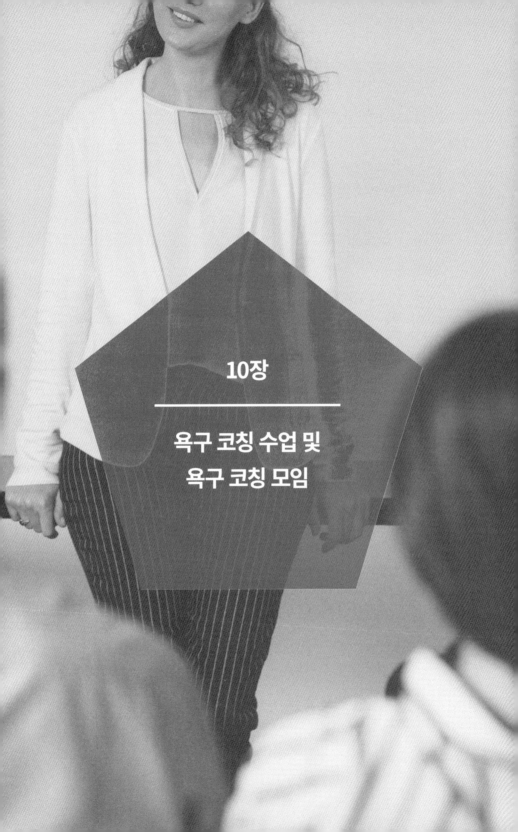

10장

욕구 코칭 수업 및
욕구 코칭 모임

교실에서 수업 시간이나 창의적 체험 활동 시간 등에서 욕구를 주제로 활용할 수 있는 다양한 사례를 제시하고자 한다.

욕구 알아차림 및 표현하기

욕구카드를 활용하기

자신의 숨어있는 욕구를 잘 알아차릴 수 있는 간단한 대화 활동이다. 도형 욕구 카드의 앞면에는 도형이나 간단한 이미지가 그려져 있고, 뒷면에는 다양한 욕구들이 기록되어 있다. 아이들이 자신이 어떤 욕구를 가지고 있는지 말로 표현하기 어려우므로 카드를 활용해 욕구를 찾아보는 연습이다.

[진행 방법1 : 이야기 속에 숨겨진 욕구를 찾아내기]

1. 진행자(교사)가 모둠별로 도형 욕구 카드 세트를 배부한다.
2. 도형 카드(앞면)를 보일 수 있도록 책상 위에 펼쳐 놓는다.
3. 참여자(학생)들이 자신의 마음 상태나 요즘 삶의 모습을 잘 표현했다고 생각하는 도형 카드를 1장 선택할 수 있도록 한다.
4. 한 사람(학생)이 자신이 선택한 도형 카드를 모둠원들에게 보여주면 나머지 모둠원들이 그 사람(학생)이 그 카드를 선택한 이유를 간단히 추측한다.
5. 추측 활동을 마치면 카드를 선택한 사람(학생)이 그 이유에 대하여 이야기한다.
   이때 나머지 참여자(학생)들은 이야기 내용에 대하여 좀 더 질문하거나 공감한다.
6. 나머지 모둠원들이 돌아가며 동일한 방식으로 대화를 진행한다.
7. 대화 활동을 다 마치면 그 중에서 가장 인상적인 사람(학생)을 이야기 주인공으로 모둠원이 선정한다. 그리고 카드를 뒤집어서 뒷면에 나온 다양한 욕구들이 잘 보일 수 있도록 펼친다.

8. 나머지 모둠원들이 이야기 주인공의 이야기 내용 속에 숨어 있는 욕구를 욕구 카드를 활용하여 2-3장 정도 고른다.

9. 나머지 모둠원들이 욕구 카드를 이야기 주인공에게 보여주면서 그 욕구를 느낀 해당 되는 부분을 분석하여 이야기한다.

10. 나머지 모둠원들이 이야기를 마치면 이야기 주인공이 모둠원들의 이야기를 들으면서 느낀 점과 자신의 욕구에 대하여 말한다.

[진행방법2 : 자신의 욕구 상태를 말하기]

1. 욕구 카드를 책상 위에 펼친다.

2. 참여자(학생)들이 각자 현재 자신에게 잘 채워진 욕구과 잘 채워지지 않거나 필요하다 고 느낀 욕구를 욕구 카드를 통해 선택한다.

3. 욕구 카드를 다른 참여자(학생)들에게 보여주면서 그 카드를 선택한 이유에 대하여 이야기한다.

도형 욕구 카드를 가지고 있지 않다면 다음 욕구 목록 리스트를 참고하면 좋다.

목표를 이루고 싶어요 (성취)	잘하고 싶어요 (능력)
사랑받고 싶어요 (애정)	성장하고 싶어요 (성장)
이해받고 싶어요 (이해)	확신을 가지고 싶어요 (확신)
사이 좋게 지내고 싶어요 (친밀)	건강하고 싶어요 (건강 관리)
관심가져 주길 바래요 (관심)	재미를 누리고 싶어요 (즐거움)
공감받고 싶어요 (공감)	안전하고 싶어요 (안전)
존중받고 싶어요 (존중)	어딘가에 소속되고 싶어요 (소속)
믿어주길 바래요 (신뢰)	좋은 영향을 끼치고 싶어요 (힘)
꼭 안아주면 좋겠어요 (스킨쉽)	내가 선택하고 싶어요 (자기 결정)
인정받고 싶어요 (인정)	도움되는 일을 하고 싶어요 (기여, 봉사)
위로받고 싶어요 (격려)	꿈과 희망을 가지고 싶어요 (꿈)
의지하고 싶어요 (의존)	배우고 싶어요 (배움)
나를 표현하고 싶어요 (표현)	새롭게 하고 싶어요 (창의)

기다려주길 원해요 (수용)	영적으로 성장하고 싶어요 (영성)
함께 시간을 보내고 싶어요 (공유)	진리를 깨닫고 싶어요 (구도)
참여하고 싶어요 (참여)	알고 싶어요 (진실, 호기심)
보호받고 싶어요 (보호)	일관성이 있으면 좋겠어요 (일관성)
평등하게 대우해 주길 원해요 (평등)	질서가 있으면 좋겠어요 (질서)
마음과 마음이 연결되고 싶어요 (소통)	의미있는 일을 하고 싶어요 (가치)
아름다워지고 싶어요 (美)	열정을 가지고 싶어요 (열정)
자유롭고 싶어요 (자유)	끝까지 하고 싶어요 (인내, 성실)
쉬고 싶어요 (쉼, 여유)	예측 가능하면 좋겠어요 (안정감)
나만의 독특함을 인정받고 싶어요 (개성)	혼자있고 싶어요 (자기 보호)
내 꿈을 이루고 싶어요 (자아 실현)	자연과 함께 하고 싶어요 (자연)
도전하고 싶어요 (개척)	벗어나고 싶어요 (해방)

[진행방법3 : 욕구 알아맞히기 게임]

욕구 자체를 이해하고 그 상황 속에 숨겨진 욕구를 분석할 수 있도록 퀴즈 게임 형태로 운영할 수 있다.

1. 진행자(교사)가 욕구 카드나 욕구 목록 리스트를 활용하여 욕구 퀴즈 문제를 만든다.
   (기존 욕구 카드 중에서 뽑아놓을 수도 있고, 목록 리스트에서 뽑은 것을 ppt나 스케치북에 써 놓을 수도 있다)
2. 참여자(학생)들을 모둠으로 구성한다.
3. 모둠 대표 참여자(학생)가 자리에 앉아 있고, 학생 뒤에서 욕구 퀴즈를 제시한다.
4. 모둠원들이 협력하여 욕구에 대하여 설명한다.
5. 모둠 대표 참여자(학생)가 정답을 알아맞히면 점수를 부여하고 틀리면 통과(패스)를 할 수 있도록 한다.
6. 모둠별로 욕구 알아맞히기 게임 활동을 한다.
7. 좋은 점수를 얻은 모둠에게 간단한 보상을 실시한다.
   * 다른 방법으로 모둠원 대표가 욕구를 설명을 하고 나머지 모둠원들이 알아맞힌다.

욕구 분석 활동

일상 대화 속에서 숨겨진 감정과 욕구를 분석하고 이를 인정하고 격려할 수 있도록 하는 것이다. 상대방의 이야기 속에 숨겨진 사실, 감정, 욕구를 단계별로 구분하여 반응할 수 있도록 하면 좋다.

일상 대화 표현 분석하기

엄마가 아이에게 한 말을 통해 아이의 감정과 욕구를 찾아보자.

"갑자기 학교 가기 싫다고? 그것도 친구 문제 때문에? 엄마가 어렸을 때는 돈이 없어서 학교를 다니고 싶어도 못 다닌 친구들도 있었는데, 자꾸 배부른 소리를 하니? 뭐해? 빨리 학교 가!"

- 사실 : 친구와의 사이가 틀어졌음
- 감정 : 친구관계에서 불편함
- 욕구 : 친구들과 사이좋게 지내고 싶음
- 욕구 분석 : 사랑의 욕구가 높은 경우, 친구들에게 사랑을 받지 못한다는 것이 심한 스트레스로 느낄 수 있음/ 힘의 욕구가 높은 경우, 친구들이 자기 뜻대로 행동하지 않는 것이 힘들 수 있음/ 자유의 욕구가 높은 경 우, 친구가 자기를 통제하려고 하기 때문에 힘들게 느낄 수 있음/ 즐거움의 욕구가 높은 경우, 친구들과 즐겁게 놀지 못해서 힘들게 느낄 수 있음/ 생존의 욕구가 높은 경우, 친구들을 통해 안정감을 얻기 힘들어서 힘들게 느낄 수 있음

[일상생활 사례 속 욕구 찾기 연습]

원하는 것 찾기

사건	느낌(감정)	원하는 것(욕구)
넘어져서 아파 운다		
밤에 집에 혼자 있는데		
전기가 나가서 깜깜하다		
아침에 학교 갈 시간에		
엄마가 소리를 지른다		
친구가 내게 욕을 한다		
친구에게 맞았다		

내가 원하는 것을 말하기

수희: 우리 같이 놀자
영철: 어떡하지? 다음 시간 숙제할 걸 안 해서(사실) 좀 불안하거든(느낌).
　　　　빨리 숙제 끝내야 맘이 편할 것 같아(원하는 것). 미안하지만 다음에 놀자...(부탁)

◆ 상황 1. 월요일 아침, 친구들이 주말에 만나서 놀았던 이야기를 한다.
　　　　　나한테는 만난다는 연락이 없었는데 기분이 나빠지고 배신감이 든다.

　　　<u>너네끼리 주말에 모여서 놀았다는 이야기를 들으니까 정말 섭섭하다.</u>
　　　　　　　　(사실)　　　　　　　　　　　　　　　　　(느낌)

　　　<u>나도 같이 놀고 싶었는데 다음번에 놀 땐 나도 불러주라~</u>
　　　　　(원하는 것)　　　　　　　　　　(부탁)

◆ 상황 2. 오후에 남아서 선생님과 같이 졸업준비 선물을 만들고 있는데 선생님은 한
　　　　　친구에게만 수고한다고 이야기하신다. 좀 서운했다. 나도 열심히 하고 있는데..
　　　　　선생님이 다른 친구만 열심히 한다고 인정하는 것 같아서 기분이 나쁘다.
　　　　　우리도 열심히 하는 것을 알아주셨으면 좋겠다.

　　　선생님, _____　_____
　　　　　　　　　(사실)　　　　　　(느낌)

　　　　　　　_____　_____
　　　　　　　　(원하는 것)　　　　　(부탁)

◆ 상황 3. 나는 친구가 새 운동화를 신고 온 것을 보고 부러워서 엄마한테 새 운동화를 사 달라고
　　　　　졸랐다. 그러나 엄마는 내 말을 들은 척도 하지 않는다. 새 것을 사 주지는 못하더라도
　　　　　적어도 내 말을 듣기라도 해 줬으면 하는 생각이 들어서 엄마에게 완전 삐쳤다.

　　　　　　_____　_____
　　　　　　　　(사실)　　　　　　(느낌)

　　　　　　_____　_____
　　　　　　　(원하는 것)　　　　(부탁)

욕구 채우기

욕구를 채우는 방법은 존중과 격려이다. 격려를 하는 학급이 되도록 격려 수업을 해 보자

돌아가며 격려하기 활동1

모임을 시작할 때 그룹별로 자기 이야기를 나누면 다른 사람들은 그 사람에게 가장 적절하다고 느껴지는 격려 단어(카드)를 골라 놓고 자기 차례가 되면 카드를 내밀면서 격려의 말을 해 준다.

돌아가며 격려하기 활동2 : 격려 연습 게임하기

카드를 무작위로 7-10개씩 나눠 가진다. 이야기주인공은 상황카드 중 원하는 것을 골라 말을 한다. 다른 사람들은 자기가 가지고 있는 격려카드 중 그 상황에 가장 적절해 보이는 카드를 정해서 내민다. 이야기 주인공은 가장 격려가 되는 단어를 고른다. 그 이유를 설명한다. 선정된 카드를 가졌던 사람은 카드를 획득하여 가지고 있는 카드의 숫자가 늘어난다. 틀린 사람들의 카드는 버려진다. 돌아가며 이야기주인공을 한다. 한 사람당 2회 정도 돌아가도록 게임을 한다.

게임이 끝나고 카드를 가장 많이 가지고 있는 사람에게는 모든 사람들이 감동 감탄 주제의 격려를 해 준다. 카드를 가장 적게 가진 사람에게는 실패에 대한 격려의 말을 해 준다.

듣고 싶은 격려의 말 나누기

요즘 상황에서 가장 듣고 싶은 격려 카드를 고른 후 돌아가며 이야기를 나눈다.

이야기 주인공은 카드를 보여주면서 왜 이런 격려가 듣고 싶었는지 상황을 이야기한다. 이야기가 끝나면 이야기 주인공이 고른 카드의 말을 모두가 함께 큰 소리로 이야기하며 격려해 준다.

자기 격려를 해 보기

자기 스스로를 부정적으로 보거나, 모든 문제를 자기 탓으로 돌리는 아이들, 혹은 어려운 상황으로 지친 아이들에게는 자기 스스로를 격려하는 것도 큰 힘이 된다.

격려의 구체적 방법을 설명한 후 그에 맞게 자신을 격려해 보게 한다. 한 번에 잘 기억하기는 어려우므로 아래의 카드를 모둠별로 나누어 주어 참고하도록 해도 좋다.

감동·감탄하기	**감동 감탄 사례** • 어머나 어떻게 이런 생각을 했지~ • 말하는 게 너무 사랑스럽다 • 우와~ 마음이 이렇게 컸구나~
단점을 긍정으로 바꿔 말하기	**긍정으로 바꾸기 사례** • 겁이 많다 ➡ 신중하다. 조심성이 많다 • 질투심이 많은 아이 ➡ 의욕이 많다 • 무뚝뚝하다 ➡ 똑부러진다

실패에 격려하기	실패에 대한 격려 사례
	• 실패는 기회의 또 다른 이름이란다
	• 도전했으니 실패도 있는 거지
	• 우와~ 마음이 이렇게 컸구나~

기여와 협력을 강조하기	협력 강조 사례
	• 도움이 되었네
	• 고마워
	• 덕분에 힘이 난다. 고마워

과정, 노력에 눈길 주기	과정, 노력에 눈길주기 사례
	• 만드느라 고민이 많았겠네~
	• 시간이 많이 걸렸겠다.
	• 수고가 많았다. 정성들인게 보인다

욕구 조절하기 : 욕구 대화 모임

욕구 대화 모임이란?

욕구 대화 모임이란 자신의 행동 속에 숨어 있는 욕구를 긍정적으로 이해하고, 자신의 욕구를 중심으로 이야기하면서 바람직한 행동의 방향을 찾도록 격려해 주는 모임을 말한다. 이렇게 새로운 방향을 찾는 것은 욕구 조절의 중요한 방법이 된다.

교사들 간에 욕구 코칭 모임으로도 가능하고, 수업 시간에 학생들과 욕구를 찾는 모임으로 활용할 수도 있다.

유의사항

첫째, 이야기 주인공의 욕구와 행동에 대하여 비판하지 않는다. 무엇보다 나의 욕구가 소중한 만큼 다른 사람의 욕구도 소중함을 인정하고, 다른 참여자들이 가지고 있는 경험과 판단으로 이야기 주인공의 이야기를 비판해서는 안된다. 다른 사람이 지적질을 하면 이야기 주인공은 마음의 문을 닫아 버리고 방어 기제를 작동하기 쉽기 때문에 결국 의미 있는 결론으로 도달하기 힘들다.

둘째, 다른 참여자들이 자기 이야기를 3분 이상 하지 않는다. 욕구 대화 모임은 이야기 주인공에 맞추어서 진행되어야 한다. 그러므로 다른 참여자들이 자신의 이야기를 길게 하면 이야기 주인공이 바뀔 수 있다. 이러한 경우가 발생하면 진행자가 적절하게 이를 통제할 수 있어야 한다.

욕구 대화 모임의 진행 단계

욕구 대화 모임은 일종의 집단 욕구 코칭 방법으로서 참여자들이 함께 집단 지성을 활용하여 문제 해결 방안에 대하여 모색하는 대화 모임이다. 일단 써클 대형으로 책상 없이 의자만으로 배치하여 앉는다. 진행자가 진행을 하고 피코칭자를 이야기 주인공으로 세워 이야기를 진행하면 좋다.

1. 이야기 주인공의 욕구 상태를 진단하기

욕구 강도 프로파일을 활용하여 이야기 주인공의 욕구 강도 점수를 공개하고 그에 대하여 함께 이야기한다. 이야기 주인공이 어떠한 욕구가 강도가 높고 그렇지 않은지에 대하여 일반적인 이야기를 나눈다. 욕구 강도 프로파일이 없다면 진행자가 간단한 욕구에 대하여 설명하고 그에 대하여 이야기 주인공의 생각을 물어볼 수 있도록 한다.

2. 이야기 주인공이 자기의 고민거리에 대하여 이야기하기

이야기 주인공이 자신의 문제점과 고민거리를 솔직하고 편안하게 이야기할 수 있도록 배려한다. 욕구 대화 모임의 참여자들은 경청하면서 질문을 통해 깊이 있는 이야기가 나올 수 있도록 한다. 문제점과 고민거리가 무엇인지를 잘 알 수 있도록 이야기한다.

3. 이야기 주인공에 대하여 격려하기

이야기 주인공의 문제점과 고민거리에 대하여 격려하는 시간을 가진다. 격려하기 활동을 통해 자기를 긍정적으로 이해하고 자기 장점을 발견하고 긍정적인 강화를 하는 시간을 가질 수 있다. 그리고 이 시간을 통해 일종의 라포를 형성할 수 있도록 노력한다. 욕구 대화 모임이 안전한 공간이라는 것을 온전히 경험할 수 있도록 해야 한다.

4. 질문을 통해 이야기 주인공이 자기의 욕구 상태를 스스로 성찰할 수 있도록 하기

이야기 주인공의 문제점과 고민거리 안에 숨겨진 욕구를 질문을 통해 찾아간다. 질문을 통해 이야기 주인공이 자기 자신을 객관적으로 바라볼 수 있도록 노력한다. 자기의 행동과 감정 속의 숨겨진 욕구와 동기를 질문을 통해 스스로 발견할 수 있도록 한다.

5. 이야기 주인공의 고민거리에 대하여 참여자들이 공동의 해결 방안을 모색하기

이야기 주인공의 고민거리에 대한 해결 방안에 대하여 다른 참여자들의 의견을 말한다. 그런데 여기에서 중요한 것은 해결 방안을 제시하는 것이 아니라 다양한 해결 방안을 모색하는 것이다.

6. 이야기 주인공이 도전 과제를 선택하고 공언하기

다양한 해결 방안들 중에서 이야기 주인공이, 자신에게 도움이 되었거나 실천하고 싶은 것이 있다면 이를 스스로 선택하고 참여자들에게 말할 수 있도록 한다. 만약 다양한 해결 방안들 중 자기의 마음에 드는 것이 없다면 욕구 대화 모임을 통해 느낀 점을 말할 수 있도록 하면 좋다.

7. 전체 참여자들이 욕구 대화 모임 활동 참여 소감에 대하여 이야기하기

이번 욕구 대화 모임 활동을 통해 참여자들이 느낀 소감을 간단히 말할 수 있도록 한다. 일종의 메타 인지 활동으로서 이번 모임을 통해 배운 것, 느낀 것, 아쉬웠던 것 등을 이야기하면서 모임을 마무리한다.

욕구 대화 모임의
진행 시나리오

1. 이야기 주인공의 욕구 상태를 진단하기

"오늘의 이야기 주인공을 소개하겠습니다. 간단하게 자기 소개를 해주시죠."

"이번 욕구 대화 모임에 참여하게 된 동기와 이유는 무엇일까요?"

"혹시 욕구 강도 프로파일을 활용하여 자신의 욕구 강도를 점검해 보셨나요? 그 결과는 어떠합니까?"

"어떤 욕구가 가장 높게 나왔고, 상대적으로 낮은 욕구는 무엇입니까?"

2. 이야기 주인공이 자기의 고민거리에 대하여 이야기하기

"이번 욕구 대화 모임을 통해 해결하고 싶은 문제점이나 고민거리가 있다면 어떠한 것이 있을까요?"

"좀 더 문제 상황을 구체적으로 설명해 주실 수 있을까요?"

3. 이야기 주인공에 대하여 격려하기

"이야기 주인공이 이렇게 자신의 문제점과 고민거리에 대하여 용기를 내어 공개해 주셔서 감사합니다. 다른 참여자들께서 이야기 주인공의 이야기를 들으면서 격려의 말씀을 해주신다면?"

4. 질문을 통해 이야기 주인공이 자기의 욕구와 상태를 스스로 성찰할 수 있도록 하기

"아까 상황에서 A의 행동을 하셨다고 했는데, 그 이유는 무엇일까요?"

"그 행동을 통해 얻고 싶은 건 뭐였을까요?"

"그 행동을 통해 원하는 것을 얻었나요?"

"다른 사람의 경우, 동일한 상황이라면 좀 더 다르게 행동했을 것 같은데, 이에 대하여 어떻게 생각하나요?"

5. 이야기 주인공의 고민거리에 대하여 참여자들이 공동의 해결 방안을 모색하기

"이야기 주인공의 고민거리에 대하여 이야기를 다 같이 들었는데요, 이번 모임에 참여하신 참여자들께서 이 문제를 해결하는데 도움이 될 만한 이야기를 해주시면 고맙겠습니다."

6. 이야기 주인공이 도전 과제를 선택하고 공언하기

"지금까지 참여자들께서 이야기 주인공에게 도움이 될 만한 여러 가지 제안이나 경험들을 말씀해 주셨는데, 이에 대하여 어떻게 생각하고 이 중에서 도전 과제로 선택하고 실천하고 싶은 것이 있었다면 구체적으로 무엇인가요?"

"만약 도전 과제가 없다 하더라도 오늘 욕구 대화 모임에 참여하면서 느낀 점을 말씀해주시면 고맙겠습니다."

7. 전체 참여자들이 욕구 대화 모임 활동 참여 소감에 대하여 이야기하기

"오늘 욕구 대화 모임 활동을 통해 참여자들이 느낀 소감을 간단히 나누는 시간을 가지도록 하겠습니다. 가급적 짧게 이야기를 해주시면 고맙겠습니다."

"오늘 모임에 참여해주신 모든 분들께 진심으로 감사합니다. 격려의 박수로 마무리하겠습니다."

나가며

나는 성숙하다! 하지만 욕구의 관점으로 보니....

"성숙이란 무엇인가?" 라는 물음에 나는 '다른 사람을 잘 수용하는 사람'이라고 어디선가 들었던 말로 대답을 했었다. 나는 다른 사람을 잘 수용하는 편이다. 아주 크게, 나에게 상처를 주지 않으면 부족하고 흠이 많아도 그러려니 하면서 받을 수 있었다. 아마도 '수용이 성숙'이라는 말이 나를 높여줄 수 있는 말이었기에 난 그걸 마음에 담아놓았다. 은근히 성숙한 사람이라고 내면에서 자랑 질을 하고 있었다. 그러면서 다른 사람을 좀 내려다보고도 있었던 듯하다.

그러나 욕구를 연구하면서 다소 교만했던 내 마음이 와장창 깨졌다. 나의 욕구를 살펴보면, 힘의 욕구가 약하고 자유의 욕구가 높은 편이다. 이런 사람은 '그럴 수 있지 뭐', '어쩔 수 없지 뭐' 라는 말을 잘 한다. 원래 그렇게 타고난 것이다. 그냥 수용을 잘 하는 욕구 형태를 띄고 있는 것이다. 이것은 다른 사람을 있는 그대로 수용하는 모습으로 비춰진다. 그래서 좋은 사람으로 보인다.

반대로 '어쩔 수 없지 뭐' 라는 말이 짜증나고 싫은 사람들이 있다. 힘의 욕구가 강한 사람들이다. 이들은 상황을 수용하기보다 어떻게든 행동해야 한다는 마음을 가지고 변화에 초점을 둔다. 그래서 다른 사람과의 관계에서 마음에 들지 않으면 어떻게든 바꾸려고 하다 보니 부딪히게 되고 수용하지 못하는 것처럼 비춰진다. 성격이 까탈스러운 사람처럼 보인다. 하지만 갈등 상황을 통해 변화를 향해 나아가게 된다.

다른 측면에서 보면 '어쩔 수 없지 뭐'라는 생각을 가진 사람은 갈등 상황에서 무력하고 어쩔 수 없어 하는 모습을 보이게 된다. 수용하려는 마음이 앞

서다 보니 교육하는 사람으로서 틀을 만들고 습관을 만드는 일은 약해진다.

결론적으로 내가 잘했던 '수용'은 성숙이 아니었던 것이다. 나의 성숙은 '어쩔 수 없지 뭐'를 넘어서는 것, 부딪혀 보고 틀을 만들고 변화로 나아가는 그것이 성숙인 것이다.

사전에도 성숙이라는 말은 '몸과 마음이 자라서 어른스럽게 되다' '경험이나 습관이 쌓여 익숙해지다'라고 표현되어 있다. 자라나는 것이 성숙인 것이다. 이것을 바탕으로 성숙을 다시 내 말로 바꾸면 '내 모습에서 나아간 것, 발전한 것'으로 보면 되지 않을까 싶다. 또 다른 말로 '안 해 보던 것을 해 보는 것'이 성숙이지 않을까 싶다. 단순히 보이는 모습으로 그 사람의 성숙 정도를 쉽게 판단할 수 없는 것이다.

가족회의를 하기로 정해 놓고 빠지지 않고 하는 가정이 있다. 나는 이런 집을 보면 부럽기 그지없다. '나는 왜 이렇게 안될까?' 하면서 자책하기도 한다. 그런 집이 성숙한 가정으로 보인다. 이런 사람들은 정말 성숙한 것일까?

욕구로 보면 힘의 욕구가 높고 생존의 욕구가 높은 사람은 틀을 잘 만들고 그것을 다른 사람에게 잘 적용시킨다. 힘이 변화를 만들어가기 때문이다. 원래 이런 욕구 형태를 띠고 있는 사람에게 가족회의로 늘 모이는 것은 원래 타고난 성향일 수 있다. 나에게는 너무나 부러운 사람이지만 그 사람의 입장에서는 성숙일 수도 있고 아닐 수도 있다. 그 사람에게서 타고난 성향이 아님에도 불구하고 후천적으로 노력하고 훈련해서 나온 모습이라면 성숙하다고 말할 수 있을 것이다. 나는 이런 생각을 하면서 위로를 얻는다.

"성숙은 무엇일까?" 각자 주어진 욕구에 따라 선품이 나오는데 그로 인해 드러나는 '멋진 모습'은 보기에 좋지만 성숙이라 할 수 없다. 내가 수용을 잘 한다고 칭찬받을 일도 아닌 것이다. 내게 없는 모습을 발전시키고 안 해 보던 것을 해 보며 나아가는 것이 성숙이며 달란트를 남기는 것이리라. 자책할 필요 없이 내게 없던 모습을 훈련하는 차원으로 나아가면 되는 것이다.

참고문헌

1. 윌리엄 글라써 저, 김인자 외 역(1998), "행복의 심리", 한국심리상담연구소

2. 윌리엄 글라써 저, 우애령 역(2003), "결혼의 기술", 하늘재

3. 도날드 캡스 저, 문의경 역(2011), "인간발달과 목회적 돌봄", 이레서원

4. 제프리영 공저, 이은희 역(2015), "심리도식치료", 학지사

5. 루시루, 한국nvc센터 역(2008), "비폭력대화", 한국NVC 센터

6. 레슬리 그린버그, 이흥표(2015), "심리치료에서 정서를 어떻게 다룰 것인가", 학지사

7. 루돌프 드레이커스 공저, 전종국 공역(2013),
   "아들러와 함께 하는 행복한 교실 만들기", 학지사

8. 제인넬슨 공저, 조고은 역(2017), "긍정의 훈육 0-3세편", 에듀니티

9. 제인넬슨 공저, 조고은 역(2017), "긍정의 훈육 4-7세편", 에듀니티

10. 제인넬슨 공저, 김성환 외 역(2014), "학급긍정훈육법", 에듀니티

11. 이와이 도시노리 저, 황세정 역(2015), "만화로 읽는 아들러 심리학", 까치

12. 도다 구미 저, 이정환 역(2015) "가슴에 바로 전달되는 아들러식 대화법", 나무생각

13. 기시미 이치로 저, 오시연 역(2015), "엄마가 믿는 만큼 크는 아이", 을유문화사

14. 나오미 글라써, 조성희 역(1998), "마음의 병을 고친 사람들 이야기", 사람과 사람

15. 제인 넬슨 공저, 박예진 역(2017), "아들러의 긍정 훈육법", 학지사

16. 이사벨 브릭스 마이어스 외(2003), "MBTI의 개발과 활용", 한국심리검사연구소

17. 엘리자베스 와겔리 저, 김현정 외 역(2013),

   "에니어그램으로 보는 우리 아이 속 마음" 연경미디어

18. 돈 리처드 리소 외 저, 주혜명 외 역(2015), "에니어그램의 지혜", 한문화

19. 기맷포르 저, 이종은 외 역(2016), "내 아이를 위한 최선", 즐거운학교

20. 김성은 저(2009), "아이가 원하는 사랑을 주세요", 북스캔

21. 크리스 메르코글리아노, 조응주(2009), "가만히 있지 못하는 아이들", 민들레

22. 크리스 메르코글리아노 공양희역(1998),

   "두려움과 배움은 함께 춤출 수 없다", 민들레

23. 김현수(2015), "중2병의 비밀", 덴스토리

24. 김정규(2017), "게슈탈트 심리치료", 학지사

25. 스가하라 유코 저, 이서연 역(2010), "내 아이의 사춘기", 한문화

26. 김현섭(2013), "수업을 바꾸다", 한국협동학습센터

27. 김현섭(2017), "철학이 살아있는 수업 기술", 수업디자인연구소

28. 김현섭 외(2014), "사회적 기술", 한국협동학습센터

29. EBS 다큐멘터리 "동기 부여"

30. KBS 다큐 "칭찬의 역효과"

욕구강도 프로파일 (청소년용)

이름 :

▪ 아래의 A~E 박스 안의 질문에 점수로 답해 보세요.
▪ 전혀 그렇지 않다(1) 별로 그렇지 않다(2) 때때로 그렇다(3) 자주 그렇다(4) 언제나 그렇다(5)

A	돈이나 물건을 절약한다 (　) 돈으로 살 수 있는 것에 만족을 느낀다 (　) 나의 건강에 관심을 가지고 있다 (　) 균형 잡힌 식생활을 하려고 노력한다 (　) 각자의 성(남자답고 싶다, 여자답고 싶다)에 관심을 가지고 있다 (　) 상식이나 규범에서 벗어나지 않으려 한다 (　) 돈이 있으면 저축을 하는 편이다 (　) 부득이한 경우가 아니면 모험은 피하고 싶다 (　) 외모가 단정해 보이는 것이 좋다 (　) 쓸 수 있는 물건은 버리지 않고 간직한다 (　) 점수합계:
B	나는 사랑과 관심을 많이 필요로 한다 (　) 다른 사람의 고민이나 상황에 관심이 있다 (　) 친구를 위해 시간을 낸다 (　) 새학기 처음 만난 친구에게 말을 건다 (　) 사람들과 함께 있는 것을 좋아한다 (　) 아는 사람과는 가깝고 친밀하게 지낸다 (　) 선생님이 내게 관심을 가져주기 바란다 (　) 다른 사람이 나를 좋아해 주기 바란다 (　) 다른 사람들에게 친절하게 대한다 (　) 부모님이 나의 모든 것을 좋아해 주기 바란다 (　) 점수합계:
C	내가 하는 일에서 사람들로부터 인정받고 싶다 (　) 다른 사람이나 친구에게 충고나 조언을 잘 한다 (　) 다른 사람이나 친구에게 무엇을 하라고 잘 시킨다 (　) 옳다고 생각되면 주장하고 이루어내려 한다 (　) 사람들에게 칭찬 듣는 것을 좋아한다 (　) 친구가 무리한 부탁을 할 때 거절할 수 있다 (　) 내가 하는 일에서 최고가 되고 싶다 (　) 집단의 리더가 되고 싶다 (　) 내가 속한 집단이 내가 원하는 방향으로 나아가기(변화되기) 원한다 (　) 내가 이룬 것과 재능을 자랑스럽게 여긴다 (　) 점수합계:

D	사람들이 내게 어떻게 하라고 지시하는 것이 싫다 (　) 내가 원하지 않는 일을 하라고 하면 싫다 (　) 다른 사람에게 어떻게 살아야 한다고 강요하면 안된다고 생각한다 (　) 누구나 자유롭게 선택할 수 있도록 존중해 주어야 한다 (　) 내가 하고 싶은 일을, 하고 싶을 때 하고 싶다 (　) 다른 사람 눈치를 보지 않고 내가 하고 싶은대로 살고 싶다 (　) 누구나 인생을 자기 뜻대로 살 권리가 있다고 믿는다 (　) 한 가지를 오래 하는 것이 어렵다 (　) 친구의 의견이 나와 달라도 존중한다 (　) 계획된 일이 다르게 진행되어도 크게 상관없다 (　)
	점수합계:
E	큰소리로 웃기 좋아한다 (　) 유머를 사용하거나 듣는 것이 즐겁다 (　) 나 자신에 대해서도 웃을 때가 있다 (　) 뭐든지 유익하거나 새로운 것을 배우는 것이 즐겁다 (　) 흥미있는 게임이나 놀이를 좋아한다 (　) 여행하기를 좋아한다 (　) 독서를 좋아한다 (　) 영화나 음악감상을 좋아한다 (　) 호기심이 많다 (　) 새로운 방식으로 일하거나 생각해 보는 것이 즐겁다 (　)
	점수합계:

욕구강도 순위

	A 생존의 욕구	B 사랑의 욕구	C 힘의 욕구	D 자유의 욕구	E 즐거움의 욕구
점수					
순위					

욕구강도 프로파일 (어린이용)

이름 :

▪ 아래의 A~E 박스 안의 질문에 점수로 답해 보세요.
▪ 전혀 그렇지 않다(1) 별로 그렇지 않다(2) 때때로 그렇다(3) 자주 그렇다(4) 언제나 그렇다(5)

A	돈을 아껴쓴다 (　)
	돈이 생기면 모으거나 저축한다 (　)
	몸이 아프면 낫기 위해 열심히 노력한다 (　)
	밥 먹을 때는 골고루 먹으려고 한다 (　)
	학교의 규칙을 지키는 것이 편하다 (　)
	선생님이나 부모님이 싫어할 만한 일은 하지 않는다 (　)
	하던 대로 하는 것이 편하다 (　)
	위험해 보이는 일은 하지 않는다 (　)
	옷이나 머리를 깔끔하게 하는 것이 좋다 (　)
	쓸 수 있는 물건은 버리지 않고 간직한디 (　)
	점수합계:
B	관심과 사랑을 받지 못하면 힘들다 (　)
	친구에 대해 궁금한 것이 많다 (　)
	친구가 도움이 필요할 때 잘 돕는다 (　)
	힘들거나 불편한 사람을 보면 도와주고 싶은 마음이 든다 (　)
	사람들과 함께 있는 것이 좋다 (　)
	친한 친구와 자주 만나고 이야기도 많이 한다 (　)
	나누어 주는 것을 좋아한다 (　)
	다른 사람이 나를 좋아해 주면 좋겠다 (　)
	친절한 편이다 (　)
	친구들과 함께 모여 놀거나 과제를 하는 것이 편하다 (　)
	점수합계:
C	내가 한 일에 대해 인정받고 싶다 (　)
	다른 사람이나 친구가 잘못했을 때 잘못에 대해 이야기한다 (　)
	다른 사람이나 친구에게 무엇을 하라고 잘 시키는 편이다 (　)
	놀거나 뭔가를 결정할 때 내가 낸 의견으로 정해지면 좋겠다 (　)
	쉽지 않은 상황이라도 내가 원하는 것을 하고 싶다 (　)
	친구가 무리한 부탁을 할 때 거절할 수 있다 (　)
	내가 하는 일에서 최고가 되고 싶다 (　)
	모든 친구들이 내 말대로 따라주면 좋겠다 (　)
	어른도 잘못 생각할 때는 말해줘야 한다고 생각한다 (　)
	내가 해낸 것과 능력이 자랑스럽다 (　)
	점수합계:

D	교사나 부모님이 나에게 뭔가를 시키면 부담스럽다 ( ) 친해도 가끔 만나는 것이 좋다 ( ) 좋은 것도 강요하면 안된다고 생각한다 ( ) 누구나 자유롭게 선택할 수 있도록 존중해 주어야 한다 ( ) 내가 하고 싶은 일을, 하고 싶을 때 하기 원한다 ( ) 나 혼자 있는 시간이 필요하다 ( ) 정해진 계획이 불편하다 ( ) 한 가지를 끝까지 하는 것이 어렵다 ( ) 친구의 의견이 나와 달라도 괜찮다 ( ) 계획과 다르게 진행되어도 괜찮다 ( )
	점수합계:
E	큰소리로 웃기 좋아한다 ( ) 유머를 사용하거나 듣는 것이 즐겁다 ( ) 나 자신에 대해서 웃을 때가 있다 ( ) 새로운 것을 배우는 것이 즐겁다 ( ) 흥미있는 게임이나 놀이를 좋아한다 ( ) 여행이 좋다 ( ) 독서를 좋아한다 ( ) 영화를 즐겨본다 ( ) 호기심이 많다 ( ) 새로운 방식으로 생각해 보는 것이 즐겁다 ( )
	점수합계:

욕구강도 순위

	A 생존의 욕구	B 사랑의 욕구	C 힘의 욕구	D 자유의 욕구	E 즐거움의 욕구
점수					
순위					

욕구코칭을 위한 개인 면담 기록지

(마음의 병을 고친 사람들, 나오미글라써)

자기가 누구이며 무엇을 원하는지 알아보기

이름 _____ / 나이 _____ / 학년 _____

복학여부 _____ / 전학여부 _____

학교는 무엇을 위해 있는가에 대한 사진은? _____

학생으로서 내가 해야 할 일은? _____

좋아하는 과목? _____ / 이유는? _____

어려운 과목? _____ / 이유? _____

공부가 가장 잘 될 때는 하루중 언제? _____

장소는? _____

공부가 가장 잘 될 때?   혼자 ___ / 친구들과 ___ / 그룹공부 ___ / 선생님과 ___

좋아하는 선생님? _____

좋은 선생님이란? _____

소장하고 있는 책은? _____

학교에서의 소속, 힘, 재미, 자유 등 기본 욕구 충족하기

어디 있을 때 소속감을 느끼는가? _____

친하게 지내며 대화하는 사람은? _____

어디 있을 때 재미있는가? _____

어디 있을 때 중요하다고(힘과 가치) 느끼는가? _____

어디 있을 때 자유롭게(결정과 선택) 느끼는가? _____

학생들이 행복해 하고 위의 욕구들을 충족할 학교상은? _____

교내 활동의 참여 여부(운동, 학보, 미술, 밴드 등) _____

개인 및 가족 사항

가족에 대한 그림 : 함께 살고 있는 가족은? _____ / 독방여부? _____

집안에서 맡은 일은? _____

자발적으로 한다 _____ / 시킬 때 한다 _____ / 다른 사람 일을 간섭한다 _____

나는 어떤 가족 구성원인가? _____

존경하는 인물? _____ / 친한 친구? _____ / 비밀을 나누는 사람은? _____

리더형인가 추종형인가? _____ / 나만의 특별한 장소를 갖고 있는가? _____

여가는 어떻게 보내는가? _____ / 혼자 시간 보내기를 좋아하나? _____

좋아하는 음악 _____ / 영화 _____ / TV프로그램 _____

색깔 _____ / 음식 _____ / 책 _____ / 재능 _____

독서는 : 재미있다 _____ / 힘들다 _____ / 지겹다 _____ / 기타 _____

만약 복권에 당첨되었다면? _____

다른 사람들이 나를 어떤 사람으로 기억해 주기를 원하는가? _____

중시하는 규범이나 가치관은? _____

자기 자신에 대해 좋은 점은? _____

다른 사람은 나의 어떤 점을 좋아할까? _____

현재 학교에서 나가고(품행과 성적면) 있는 방향은? _____

진정 원하는 방향은? _____

학교의 이미지를 어떤 식으로 나타내고 싶은가? _____

나의 미래에 대한 사진은? _____

수업디자인연구소
INSTRUCTION DESIGN INSTITUE

수업디자인연구소(www.sooupjump.org)는
수업 혁신과 교사들의 수업 성장을 돕기 위해 수업 관련 콘텐츠를
지속적으로 연구 개발하고, 연수와 출판을 통해 콘텐츠를 확산하고,
수업 전문가를 지속적으로 양성하고
수업공동체 운동을 지원하고자 합니다.

활동 방향

1. 수업 혁신을 위한 다양한 콘텐츠 개발 및 보급

2. 지속적인 수업 성장을 위한 수업 코칭 활동

3. 수업 전문가 양성

4. 수업공동체 지원 및 좋은 학교 만들기 활동

5. 교육디자인네트워크 활동 및 교육관련 단체들과의 연대 활동

활동 내용

1. 수업 혁신 콘텐츠 개발 연구
(질문이 살아있는 수업, 수업공동체 만들기, 철학이 살아있는 수업 등)

2. 수업 혁신 콘텐츠 보급 (출판 및 학습도구 제작 등)

3. 외부 연구 프로젝트 추진
(교육부 주관 인성교육 및 자유학기제 자료 개발, 비상교육 주관 질문이
살아있는 교과수업 자료집 시리즈 등)

4. 교원 대상 연수 활동
(서울 강남, 경기 광명, 구리남양주, 군포교육지원청 등 주관 연수,
각종 교사학습공동체 및 일선 학교 대상 연수,
온라인 원격 연수(티스쿨원격연수원, 티쳐빌원격연수원 등))

5. 수업 혁신 콘텐츠 온라인 홍보
(홈페이지, 블로그 및 각종 SNS 활동 등)

6. 수업 전문가 양성 프로그램
(수석 교사 및 일반 교사 대상 수업 디자이너 아카데미 운영)

7. 수업콘서트 (교사들을 위한 수업 이벤트)

8. 수업 코칭 활동
(개별 및 단위학교, 교육청 주관 수업코칭 프로그램 수업코치 및 해드코
치)

9. 교사 힐링 캠프 (교사 회복 프로그램)

10. 학교 내 교사학습공동체 지원 및 외부 교육 단체 및 기관 연대

김현섭 소장
(연락처) 010-7590-1359 / eduhope88@hanmail.net

부모교육디자인 연구소
(욕구코칭연구소)

부모교육디자인연구소(Spring center)는
교육의 중요한 주체인 부모들의 내면과 자녀와의 관계를 회복하고
지속적인 성장을 돕는 공간이 되고자 합니다.

spring center

- spring(샘) : 부모 역할로 메마르고 지친 부모들에게 샘 같은 공간

- spring(봄) : 봄의 약동하는 에너지를 얻는 공간

- spring(도약) : 아픔과 상처, 한계를 뛰어넘는 공간

김성경 소장
(연락처) 010-7714-1359 / chogirl88@hanmail.net

활동 방향

1. 배움으로 부모의 관점과 관계 삶이 바뀌는 공간

2. 지친 부모들에게 회복과 에너지를 주는 공간

3. 부모 자녀의 상처가 다독여지고 한계를 뛰어넘는 공간

4. 부모교육, 육아모임, 부모 자녀 상담을 통한 회복의 공간

활동 내용

1. 부모 역할 배움터 : 아들러부모교육, 부모 집단상담,

2. 자녀 이해하기 : 발달단계, 기질, 욕구

3. 육아 모임 : 육아스터디, 교제, 공동체적 양육, 육아속풀이 마당

4. 상담 : 개인 심리 상담, 부모자녀 관계 상담, 자녀 상담

욕구코칭연구소

인간의 내면 깊은 욕구를 통해 자신과 상대방, 나아가 관계속

갈등에 대한 이해를 넓힐 수 있도록 연구와 강의, 집필로

부모와 교사를 돕는다.

1. 욕구코칭 강의

2. 개별 욕구 코칭

3. 부부 대상 욕구 세미나

교육디자인 네트워크
EDUCATION DESIGN NETWORK

교육디자인네트워크
(www.edudesign21.net)는
교육 혁신을 위한 씽크탱크 및
액션 탱크 역할을 지향합니다.

- 현장 교원과 연구자를 중심으로 따뜻한 전문가주의와 실천연구 조직

- 교사는 연수받는 존재에서 연구하고 공유하는 존재

- 이론과 경험, 정책과 현장, 교육과 연구, 초등과 중등의 이분법 극복

- 각 영역별 연결과 협업, 소통과 나눔이 있는 플랫폼 조직

- 학습공동체, 연구공동체, 역량공동체, 실천공동체

- 연구자, 학부모, 교원, 전문직원 등이 함께 어우러지는 공동체를 지향합니다.

교육디자인네트워크(대표 김현섭, 이사장 안종복)는

수업디자인연구소(김현섭 소장), 교육정책디자인연구소(김성천 소장),

역량교육디자인연구소(권순현 소장), 진로디자인연구소(황우원 소장),

교육과정디자인연구소(장슬기 소장), 부모교육디자인연구소(김성경 소장),

유아교육디자인연구소(이선혜 소장), 교육리더십연구소(안종복 소장)

8개 연구소가 함께 하는 플랫폼 조직입니다. 새내기 교사 아카데미,

월례 정기 공개 특강 등을 개최하고 있고, 앞으로 다음과 같은

다양한 활동을 진행하고자 합니다.

- 네트워크 협의회 운영을 통한 각 연구소별 소통과 협업, 연대 강화
- 교사 성장 단계별 아카데미 공동 운영(예: 새내기, 수석교사, 전문직원, 학부모 등)
- 연구소의 연구 및 실천 성과 홍보(예: 뉴스레터, 블로그, 페이스북 페이지 등)
- 논문과 보고서, 저서를 통한 출판 운동
- 각 연구소의 컨텐츠를 결합한 학교혁신 운동
- 분야별 컨설팅(예: 연구, 수업 등)
- 정기모임을 통한 학습
- 각 연구소 사업 홍보 및 지원 등의 사업

변미정 간사
연락처 031-502-1359 / eduhope88@naver.com
주소 서울) 서울시 종로구 세종대로23길 47. 미도파광화문빌딩 411호
　　　군포) 경기도 군포시 대야2로 147, 2층 201호